U1008358

跨文化交际视域下的英语翻译研究

郑　晨◎著

吉林出版集团股份有限公司
全国百佳图书出版单位

图书在版编目（CIP）数据

跨文化交际视域下的英语翻译研究 / 郑晨著 . -- 长春 : 吉林出版集团股份有限公司 , 2024.5
ISBN 978-7-5731-4811-7

Ⅰ . ①跨… Ⅱ . ①郑… Ⅲ . ①英语－翻译－研究 Ⅳ . ① H315.9

中国国家版本馆 CIP 数据核字（2024）第 079767 号

跨文化交际视域下的英语翻译研究

KUAWENHUA JIAOJI SHIYU XIA DE YINGYU FANYI YANJIU

著　　者　郑　晨
责任编辑　林　丽
封面设计　李　伟
开　　本　710mm × 1000mm　　1/16
字　　数　230 千
印　　张　13.75
版　　次　2024 年 5 月第 1 版
印　　次　2024 年 5 月第 1 次印刷
印　　刷　天津和萱印刷有限公司

出　　版　吉林出版集团股份有限公司
发　　行　吉林出版集团股份有限公司
地　　址　吉林省长春市福祉大路 5788 号
邮　　编　130000
电　　话　0431-81629968
邮　　箱　11915286@qq.com
书　　号　ISBN 978-7-5731-4811-7
定　　价　83.00 元

版权所有　翻印必究

作者简介

郑　晨，女，汉族，1988年生于山东省淄博市。毕业于上海外国语大学高级翻译学院，研究方向为跨文化交际、中英翻译。现就职于淄博职业学院国际学院。曾获全国高等院校英语教学精品课大赛二等奖，两次校级“优秀教师”称号，主持或参与省级课题共4项，出版教材1部，发表论文若干。

前　言

随着我国与世界其他国家之间的交往不断加深，在跨文化交流的背景下，英语的翻译活动也在不断增加。因为与外国人在思想、语言等方面存在差异，所以在翻译时经常会遇到一些问题。不管采取何种方式处理这些问题，都要先有跨文化意识。通过总结现实生活和翻译实践中的种种文化现象可以发现，跨文化意识在促进双方沟通交流方面起着越来越重要的作用。

语言作为文化的一种载体，是文化中不可缺少的一部分。随着人们对于语言和文化这二者关系的研究不断加深，一个新兴的学科应运而生——跨文化交际学。谈到翻译，就需要谈到语言和文化的关系，就需要探讨不同文化之间存在的差异。既然所有语言文本均不可能脱离文化背景而孤立存在，那么翻译就不仅和语言有关，也和文化存在一定关联。翻译就其实质而言，是将一种语言所承载的文化意蕴转化成另外一种文化形态的一种广义上的文化翻译。因此，翻译可以被看作一种跨文化交际的行为，是不同国家、不同民族、不同文化背景下的人与人之间的一种沟通、交流活动。

本书主要内容为跨文化交际视阈下的英语翻译研究，共分为六章内容。其中第一章主要介绍了跨文化交际概述，共分为三节，分别是跨文化交际的基本知识、跨文化交际的言语交际、跨文化交际的非言语交际；第二章主要介绍了跨文化交际中的英语翻译，共分为四节，分别是英语翻译的基本知识、跨文化交际中的英语翻译困难、跨文化交际中的英语翻译原则、跨文化交际中的英语翻译策略；第三章主要介绍了英语翻译中的跨文化意识，分为以下三节内容，分别是跨文化语篇与跨文化转换策略、英语翻译中的跨文化意识研究、英语翻译者的跨文化意识培养；第四章的主要内容为跨文化交际视域下英语翻译技巧与方法探索，主要从跨文化交际视域下英语词汇翻译、跨文化交际视域下英语句式翻译、跨文化交际视域下英语语篇翻译、跨文化交际视域下英语修辞格翻译这四个方面进行介绍；第五章的主要内容为跨文化交际视域下不同类型的英语翻译研究，共分为以下四个方面的内容，分别是跨文化交际视域下科技英语翻译、跨文化交际视域下旅游英语翻译、跨文化交际视域下新闻英语翻译、跨文化交际视域下商贸英语翻译；第六章主要对跨文化交际视域下英语翻译教学进行阐述，共分为两个方面的内容，分别是跨文化交际视域下英语翻译教学理论构建、跨文化交际视域下英语翻译教学策略研究。

在撰写本书的过程中，作者得到了许多专家学者的帮助和指导，参考了大量的学术文献，在此表示真诚的感谢。但由于作者水平有限，书中难免会有疏漏之处，希望广大读者与同行及时指正。

郑 晨

2023 年 3 月

目 录

第一章　跨文化交际概述……………………………………………………1
第一节　跨文化交际的基本知识……………………………………………1
第二节　跨文化交际的言语交际……………………………………………6
第三节　跨文化交际的非言语交际…………………………………………22

第二章　跨文化交际中的英语翻译…………………………………………40
第一节　英语翻译的基本知识………………………………………………40
第二节　跨文化交际中的英语翻译困难……………………………………55
第三节　跨文化交际中的英语翻译原则……………………………………63
第四节　跨文化交际中的英语翻译策略……………………………………68

第三章　英语翻译中的跨文化意识…………………………………………77
第一节　跨文化语篇与跨文化转换策略……………………………………77
第二节　英语翻译中的跨文化意识研究……………………………………80
第三节　英语翻译者的跨文化意识培养……………………………………87

第四章　跨文化交际视域下英语翻译技巧与方法探索……………………94
第一节　跨文化交际视域下英语词汇翻译…………………………………94
第二节　跨文化交际视域下英语句式翻译…………………………………107
第三节　跨文化交际视域下英语语篇翻译…………………………………124
第四节　跨文化交际视域下英语修辞格翻译………………………………134

第五章　跨文化交际视域下不同类型的英语翻译研究……139
第一节　跨文化交际视域下科技英语翻译……139
第二节　跨文化交际视域下旅游英语翻译……151
第三节　跨文化交际视域下新闻英语翻译……164
第四节　跨文化交际视域下商贸英语翻译……173

第六章　跨文化交际视域下的英语翻译教学……192
第一节　跨文化交际视域下英语翻译教学理论构建……192
第二节　跨文化交际视域下英语翻译教学策略研究……201

参考文献……211

第一章 跨文化交际概述

本章主要介绍了跨文化交际概述，共分为三节，分别介绍了跨文化交际的基本知识、跨文化交际的言语交际和跨文化交际的非言语交际。

第一节 跨文化交际的基本知识

跨文化交际的英文表述为“Intercultural Communication”，也有一些学者用“Cross-Cultural Communication”进行表述。

自 20 世纪 50 年代以来，学者开始从不同的角度来研究跨文化交际行为，跨文化交际逐渐在世界范围内发展成为一门学术及应用科学。

美国是跨文化交际研究的发源地。美国是一个移民国家，各国移民传承和弘扬自己民族的文化，从而形成了多元文化的融合。在文化融合时，常引发碰撞。因此，跨文化交流成为很多美国学者和各界人士广泛研究和关注的焦点。

其他国家也开始越来越重视并关注跨文化交际方面的研究。1972 年，日本在东京召开了第一届国际跨文化交流研讨会。

美国在 1974 年创立了跨文化教育训练与研究学会（SIETAR，Society for Intercultural Education，Training and Research）以促进跨文化教育的培训和研究。20 世纪 70 年代，一些海外的大学开始提供跨文化交流课程，并陆续公开了有关该主题的文章。

20 世纪 80 年代初期，我国胡文仲教授开始专注于跨文化交际学的研究，并且出版了一系列书籍，如《跨文化交际学概论》《跨文化与语言交际》等。这些书籍探讨了跨文化交际的基本概念和原则。之后，一些关于跨文化交流的研究论文和著作相继问世。

随着科技的快速进步，不同民族、种族、地区、行业和群体之间的交流越来越普遍。因此，研究跨文化交流的重要性也在不断加强。人们开始从人类学、社会学、心理学及语言学等角度对跨文化交际中的文化差异现象进行研究，并作出了各自的分析和阐述。也有学者称之为“比较文化”（Comparative Culture）。一方面，它主要考察不同国家的政治、经济制度和人们的生活方式、生活习惯；另一方面，它还属于应用语言学范畴，研究语言与文化二者之间的关系。在全球化的今天，跨文化交际已成为促进个人和群体之间、国家和民族之间交流的重要手段。它不仅可以增加相互之间的了解，减少误解，还可以预防冲突，同时在经济、政治和文化等方面都有着广泛的应用。现今，跨文化交际学已经成为一门被众多国际学者广泛重视的学科，其涵盖人类学、语言学、心理学、传播学以及社会学等各个领域，是一门具备综合性特征的学科。

一、跨文化交际的定义

随着对跨文化交际研究的不断深入，对其定义的理解也呈现出多样化的趋势。从社会学和文化学的角度来看，“跨文化交际”指的是不同文化理念与不同符号体系中的人与人之间的交际，是一种在不同文化背景中的人与人之间所进行的交换想法、交流讯息的活动。

跨文化交际是指拥有不同文化背景的人们通过应用一些符号对概念进行创设以及对所创设的概念进行研究分析的互动交流过程。当两个文化之间存在极大且明显的差异时，使用特定符号所产生的意义会因为不同的文化背景而产生不同的诠释和期待，而这些诠释和期待的差距会直接影响交流的有效性。因此，在跨文化交际过程中，交际环境、符号运用的恰当性和有效性、认知程度、交际动机或者目的等都影响交际的结果。

首先，交际环境影响到交际者的跨文化交际能力，因为这种环境决定交际行为发生时交际者之间的关系以及交际状态。

其次，交际符号运用的恰当性和有效性影响或者限制交际者在一定交际场合下对符号所表示含义的解读，乃至交际的结果发生。

再次，认知程度决定交际者对交际对象的民族个性、生存环境、风俗习惯和行为规则等的了解程度。例如，在中国，时钟是不能被当作礼品来送人的，因为“送钟”与“送终”同音，后者表示一个人生命的终结，因而以时钟作为礼品是中国人忌讳的。

最后，交际动机或者目的影响到人们在交际过程中的情感表达方式的选择等。

二、跨文化交际的分类

跨文化交际包括来自不同文化结构体系中的人与人之间进行的交际。根据不同的标准和要求，跨文化交际的分类也不同。

第一，按照跨文化交际范畴的不同可以分为“宏观跨文化交际”（Macro-Cross-Cultural Communication）和“微观跨文化交际”（Micro-Cross-Cultural Communication）两种。

“宏观跨文化交际”是指跨越国界的不同民族和种族之间的交流，这些交流通常会涉及不同的观念和习俗。比如，中美两国人之间的交流。

“微观跨文化交际”是指来自不同文化背景的个人之间进行的交流，这些人可能是同一个国家内不同民族、种族、地域的人。例如，中国汉族人和回族人之间的交流。

第二，根据交际群体（circles of colony）的不同可以分为“文化圈内的交际”（In-Group Communication 或者 Inter-Cultural Communication）和“文化圈际的交际”（Out-Group Communication 或者 Intra Cultural Communication）。

“文化圈内的交际”是指同一主流文化内不同个体之间的交际。例如，同属阿拉伯文化圈的不同国家的个体之间或者同一国家不同地域之间个体的交际。同属于中国大文化圈的南方地区和北方地区有很多不同的习惯性差异。比如，南方人喜欢用“我的乖乖”来表示惊讶，如“我的乖乖，速度这么快呀！”但是在淮河以北的很多地方，“我的乖乖”却不能乱用，否则会招来敌对情绪，甚至会引发冲突。因为在淮河以北的很多地方，“我的乖乖”相当于南方人常用的口头禅“老子（怎样怎样）……”

来自不同文化圈的个体因文化差异而导致交际的表达方式、表达含义存在差别。例如，某人在和一外国朋友交谈时，当谈及自己父母的职业时说“My parents are peasants”，没想到他的这个外国朋友显露出一脸的惊愕之色，认为该人对其父母存在偏见。原来，在英语中表示“农民”的词有两个：一个是“peasant（a crude uncouth ill-bred person lacking culture or refinement）”，相当于汉语中具有轻蔑色彩的词语“乡下佬、乡巴佬”“不是很有教养、粗鲁的人”；另外一个是

“farmer（a person who operates a farm）”，是一个中性词语，只是表示一种职业。

第三，根据交际群体的不同可以分为“跨种族的交际”（Interracial Communication）和“跨民族的交际”（Inter ethnic Communication）。

“跨种族的交际”是指来自不同种族的个体之间的交际，如白种人与黄种人之间的交际。

“跨民族的交际”是指来自同一国家或者不同国家的不同种族的个体之间的交际。例如，在中国，汉族特有的药叫“中药”，藏族特有的药叫“藏药”。汉语中“赤脚医生”是对应英语里的“Bare Feet Doctor”“Red Feet Doctor”“Local Doctor”“Village Doctor”还是“Farmer Doctor”？根据汉语词典的解释，赤脚医生在20世纪六七十年代指农村里又务农又行医的医务工作人员，其对应的英文应该是“Local Doctor”“Village Doctor”“Farmer Doctor”，其中“Farmer Doctor”最能传递其真实含义。

三、学习跨文化交际的意义

人们生活在世界上就离不开与他人交往，而生活在不同社会、地域的不同民族、种族群体所接触的事物、生活环境、生活方式、生产和生活观念等文化存在差异，这些势必会对交际产生影响。Smith（史密斯）说：“Whenever people interact they communicate. To live in societies and to maintain their culture they have to communicate.”（只要人们有接触就有交际的存在。只要人们生活在一定的社会群体中并维护其社会文化的生存与发展，他们就需要交际。）

然而，跨文化交际涉及言语交际、非语言交际、交际手段、思维模式、价值观念、认知行为等多种交际因素。由于文化背景的不同，在人们的交际过程中往往会出现沟通受阻、合作受挫、交际失误的结果。

在跨文化交际过程中，文化观念往往成为影响人们交际的主要因素。

人们长期生活在一定的社会环境中，必然会受到一定的影响，进而形成一个展现自己情感、态度、立场和观念的用以判断是与非、好与坏、成与败的标准模式。

在一定文化环境中属于正确得体的行为与言语，在另外一个新的文化环境中则有可能被认为是错误或者不得体的行为或言语。

在跨文化交际过程中，常常会出现因文化价值观念、礼俗原则、社会关系等方面的冲突而导致交际失败的案例。因此，学习和研究跨文化差异具有重要意义。有效的跨文化交际取决于多方面因素，但主要受两大方面因素的影响：一是文化，二是交际。

在与不同民族和种族人群交往的过程中，要遵循一定的原则，既要尊重对方，又要不委屈自己。如果不懂得交际对象的文化，难免会冒犯对方或者给自己带来羞辱。

随着科技的发展，世界变得越来越小，跨民族、跨种族和跨地域的政治、经济、科技等方面的交往越来越频繁。在世界范围内，跨文化交流具有文化传递的功能，是向大国文化的趋同，也是弱小文化的适应与变异。

交际障碍的形成与产生，低效的交流和沟通，相互间的误解与冲突，通常都是由跨文化交际中的文化差异造成的。学习跨文化交际的知识，认识跨文化交际的本质，了解跨文化交际的过程，是为了克服跨文化交际的障碍，避免跨文化交际的失误，寻求解决跨文化交际冲突的途径，是适应时代发展的迫切需要。

我们学习跨文化交际，是为了学习、了解异域文化和交际规则，适应和尊重异域文化，维护本族和本域文化的发展，减少矛盾和纠纷，以利于交际。

学习跨文化交际，就是了解什么是交际？交际的方式和原则是什么？什么是文化？文化是怎样影响交际行为的？怎样克服跨文化交际中出现的失误？通过学习可以发现跨文化交际失误的原因，有利于我们解决在跨文化交际中产生的问题，解释交际双方在交际过程中出现的文化冲突现象，消除误解，实现交际双方的沟通和谅解，最终实现成功且有效的交际。

通过学习掌握跨文化交际的基本原则和策略，以应对各种不同场合、不同种类的交际，达到成功、高效的交际目标。正如唐太宗所说："以铜为鉴，可以正衣冠；以史为鉴，可以知兴替；以人为鉴，可以明得失。"①

学习跨文化交际，可以帮助我们克服文化障碍，实现政治、经济、科技等领域顺畅而有效的交流和沟通。通过学习还可以帮助我们增强文化意识，学会尊重他们的文化行为和习俗，改进我们的交际方式和交际策略。

① 吴兢. 贞观政要 [M]. 长沙：岳麓书社，2000.

第二节　跨文化交际的言语交际

语言是交际的工具，也是文化的载体，在跨文化交际中具有重要地位。作为交际工具，不同的文化群体凭借语言进行沟通和理解；作为文化载体，不同的文化群体通过各自的语言展现不同的文化特征。

无论普通言语交际还是跨文化言语交际，都要涉及静态的语言系统和动态的言语过程，都要遵循语言系统规则、言语行为和交际规则及话语组织规则。“静态的语言系统”指语音、词汇、语法三种语言要素。在跨文化交际中主要介绍词汇、句法、语篇三个方面的跨文化差异；“动态的言语过程”指言语行为规则、言语交际规则及话语组织规则，如合作原则、礼貌原则、言语行为理论等。

一、语言要素与跨文化交际

语音、词汇与语法是语言的三要素，三者之中，语音对跨文化交际的影响没有其他两个方面那么直接和明显，词汇与跨文化交际的关系最直接。

（一）词汇与跨文化交际

词汇是记录和反映世界的语言符号，它代表着特定的对象或现象，人们通过词汇来表达对世界的认识。不同的民族由于在自然、地理、宗教及价值观念等方面的差异，对世界的认识也各不相同，并通过语言和词汇系统表现出来，这使得相同的事物在不同的文化中可能具有不同的所指，一种文化的词汇系统不能与另一种文化的词汇系统完全对应，同样的词汇反映的可能不是同一事物。因此，词汇及其语义是跨文化交际实践与研究的重要方面，理解不同文化之间词汇、语义的差异可以帮助我们进行跨文化交流。

词汇对文化的反映方式各不相同：有的词本身指代该民族特有的事物事件，如汉语中的“长城”“空城计”；有的词多个义项中的一个义项与文化相关，如“牛”“红”。前者是与文化直接相关的词汇，后者与文化的关系通过词汇不同层次的语义显示出来。

1. 与文化直接相关的词汇

词汇分为基本词汇和一般词汇。基本词汇很稳定，千百年来为不同的社会服务，不同社会中基本词汇的重合度较高，比如“火”“人”；一般词汇则有较大的灵活性，不同的社会中差异较大，有的一般词汇与文化直接相关，其概念意义中含有明确的民族文化信息和深层的民族文化，特别是古语词、方言词及熟语，古语词常表示该民族历史上或精神层面的特有事物或现象，如汉语中的“鼎”“阴阳”“生肖”；方言词体现不同的地域特征，如四川话的“瓜”、上海话的“侬”；熟语是定型化了的固定短语，是特殊的词汇。熟语源远流长，是民族文化长期积累的成果，体现民族的物质文化、精神文化或心理文化的各个方面，各民族语言中都有丰富的熟语，成语是其中重要的一类。

成语是人们长期以来习用的、简洁精辟的定型词组或短句。成语来自神话传说、寓言、历史事件、文人作品、摘录于文人作品中的名句、摘录于文人作品中引用的民间口头熟语，是民族文化的长期沉淀，具有丰富的文化内涵。汉语中有丰富的成语，如“一视同仁”来自唐代韩愈的《原人》[①]，指同样看待，不分亲疏厚薄。英语 bone of the bone and flesh of the flesh 意思是骨中之骨、肉中之肉，比喻血缘上的亲属关系或思想上的团结一致，出自《圣经》上帝造人的神话。上帝造了世界和亚当后，发现亚当孤独无伴，就趁他熟睡的时候，从他身上取下一根肋骨，造成一个女人夏娃，领到他面前，从此两人结为夫妻。除此之外，例子众多，不再赘述。

2. 词汇的语义

语义指的是语言中词语的意义。语义的异同与文化密切相关，是跨文化交际中的重要问题。

（1）指示意义与隐含意义

在日常交往中，词语本身所指称的意义是明确的，称为指示意义（denotation）；有的意义是暗含在词语背后的，称为隐含意义（connotation）。一个词除了具有字面的指示意义外，还可能具有隐含意义。指示意义也称为字面意义、概念意义或明指意义，隐含意义也称为联想意义、引申意义或暗指意义，它是在特定的社会和语境中产生并表现出来的意义。例如，“海”的指示意义是“大洋靠近陆地的部分”，隐含意义可以指“连成一片的很多同类事物”。熟语常常通过指示意义来体现民族文化，基本词汇和大部分一般词汇则有所不同，它们常常通过隐含意义

① 李志敏. 唐宋八大家名篇鉴赏 [M]. 北京：京华出版社，2011.

来表现文化特质。例如，“海”字的隐含意义还可以是“从外国来的”，因此，汉语中有“海归”一词指代“在海外留学或工作后归国的人员”。四川话的“海椒”一词指代来自外国的辣椒。

由于客观世界的相似性和民族文化的特异性，不同民族之间指示意义相同的词语可能隐含意义不同。例如，“胖”这个词在汉语和德语中的指示意义都是“脂肪多”，但在汉语中还有传统和现代两种隐含意义，传统的含有富足的意义，现代的含有形象差、不注重体型的意义，现代的“胖”的意义与德语中“胖”的意义相同。因此，词语的隐含意义与文化密切相关，对一个词的理解不仅要明白其指示意义，还要掌握其隐含意义，并在交际中准确地理解和使用。要特别注意由于文化不同而形成的词汇意义的差异，特别是隐含意义的异同，以保证双方相互的准确理解及顺畅交流。

（2）跨文化交际中的语义差异

语义的差异，特别是隐含意义的差异，对跨文化交际有至关重要的影响。两种语言的指示意义和隐含意义的异同有四种情况。

第一，指示意义相同，隐含意义不同或截然相反的词汇。

在不同文化中，同一事物可引起完全不同的联想，在词汇意义上的表现是词语指示意义相同，隐含意义不同，即词汇具有不同的文化内涵或文化意义。比如“乌鸦”一词，在不同的民族语言中具有不同的隐含意义。在汉语中乌鸦代表着不吉利，如“乌鸦嘴”指的是说不吉利的话，然而在很多民族及其语言中，乌鸦代表着吉利，受到人们的喜爱和尊敬。在日本乌鸦是至高无上的神鸟，也被看作孝心的代表；在缅甸，很多商店的店名是“金乌鸦”。再如“绿色”在英语和汉语中的含义差异较大，在英语中 green 有丰富的含义，可以指未成熟的、无经验的、易受愚弄的，也可以指面色苍白，有病容，还可以指人精力充沛，其他还可以代指嫉妒、眼红，如 green-eyed。而汉语的“绿色”主要是一种颜色，嫉妒是用相反的颜色“眼红”来表示的，“眼睛都绿了”则是“饥饿”“贪婪”的意思。

隐含意义有差异的词汇在跨文化交际中比较常见，在面对不同的文化时要注意各民族对世界的不同认识，并注意其体现在语言符号上的差异。

第二，指示意义相同，隐含意义部分相同的词汇。

在不同的文化之间，有些词语会在一些方面引发不同民族的共同联想，在其他一些方面则引起不同的联想。这些词汇的指示含义相同，隐含意义的部分也相同。其中相同的部分能够反映出不同文化中存在的共同点，不同的部分则体现了各文化之间的差异和个性。比如在中西方文化中，“玫瑰”这种花朵都代表着美丽和爱情，这一点是普遍认同的。但是在英语中，短语“under the rose”的意思却是“秘密地”“私下地”“暗中地”。这个短语的来源可以追溯到古罗马的神话故事：据传，小爱神丘比特为了保护其母亲维纳斯的名誉，送给沉默之神哈伯克拉底一束玫瑰，请求他不要将维纳斯的风流韵事传扬出去。哈伯克拉底收下了这束玫瑰，并且守口如瓶，将这个秘密保护了起来。

第三，指示意义相同，但是在一种语言中具有非常丰富的隐含意义，而在另外一种语言中却没有隐含意义的词汇。

一个单词在不同的语言中可能具有的含义是截然不同的，这是因为它受到了不同民族文化的影响。有些语言赋予了这个词汇丰富的联想意义，而在其他的语言中，它却可能只是一个简单的语言符号。例如龟这种动物在不同民族语言中有不同的象征意义，在东方文化中具有长寿、吉祥、显贵、神力等多种象征意义，是四灵之一，人们在家中养龟以图吉利，也有龟鹤延年的说法。

再如蓝色在中国文化中没有特别含义，而在英语中则含义丰富，可以指心情忧伤、沮丧，如 blue Monday；指社会地位高、出身名门，如 blue blood。另外还有很多由 blue 组成的固定用语，如 bluestocking 指女学者和女才子，blue moon 指很长的时间，blue in the face with cold 指冻得发紫，out of blue 意思是意想不到，one in a blue 意为千载难逢，drink till all blue 意思是一醉方休，习语 true blue will never stain 意思是真金不怕火炼。

第四，文化中的词汇缺项。

每个民族都有其自己文化中独特的词语，而这些词语只能在一种文化中出现，不能在其他文化中显现出来，这就是多种不同文化之间的词汇缺项。词汇缺项反映了各个民族独特的物质世界和精神世界，比如儒家“五常”之一的“义”，反映的是中国古代一种含义极广的道德范畴，意思是公正合宜的道理或正义。表面上看，似乎与英语中的 justice 对应，但实际上，“义”反映的是一种人身依附关系，平行于儒家哲学中的“忠”和“孝”，“忠”代表道德原则，“孝”代表家庭中前辈和后辈的依附关系，“义”用来指代除这两种关系以外的兄弟姐妹，社会中不那么容易区分上下级关系的个体之间的道德原则。这种“义”与西方强调个人主义的哲学思想截然不同，难以找到对应的词项。汉语中有很多带有“义”的词语，如不仁不义、见利忘义、假仁假义、背信弃义、成仁取义、大仁大义、慷慨就义、不义之财、春秋无义战、大义凛然等，中国人也喜欢用“义”字作为人名，这反映了中国人的哲学观和道德观。

以上介绍的是跨文化交际中语义的四种差异。然而，客观世界的相似性与人类思维的相似性决定不同文化背景的人对世界的认识也是相似的，因此，不同民族的词汇会出现相同的情况。有的是完全相同，即两种语言中的词汇不仅指示意义相同，隐含意义也完全相同，如汉语“小菜一碟”和英语 a piece of cake 意思相同，都指的是没有难度的事。

（二）语法与跨文化交际

语法是组织成句的规则，每种语言都有自己的语法系统。每个社会都会使用某种特定的语言，并遵循这种语言的语法规则。语法规则的差异体现了深层文化的差异。

世界语言数千种，根据不同的标准可以分成不同的类型。根据语言起源发展和谱系分类法，可以分为汉藏语系、印欧语系、阿尔泰语系、乌拉尔语系等十多种；根据构词方式进行分类，可以分为孤立语、黏着语、屈折语和多式综合语四种类型。不同民族的语言在语法上的系统差异体现了各民族文化起源和随之定型的思维方式及认知方式的差异。

1. 跨文化交际中语法类型的差异

汉语在谱系上属于汉藏语系，在构词方式上属于孤立语，语素绝大部分是单音节的，句子中的词缺少严格意义的形态变化。比如在“你读完这本书了吗”这个句子中，“你”“读”“完”“这”“本”“书”“了”“吗”每个词由单音节语素构成，在句子中没有任何形态变化，名词“书”没有阴性、阳性的变化，动词“读”没有时态的变化，代词“你”没有格的变化，同时，在这个句子中补语“完”、时态助词“了”、语气助词“吗”则表达着丰富的语法意义，因此，大多数学者认为虚词和语序是汉语的主要语法手段。由于缺少形态变化，汉语与印欧语言相比在句法上具有两个特征：词组构造与句子构造一致，词类和句子成分不对应。

西方语言属于印欧语系，在构词方式上属于屈折语，有多种表示各种语法意义的词缀，动词、名词、形容词等常可以加词缀使词形发生变化，表示特定的语法意义。比如英语中有表示名词单复数的 -s，表示动词时态的 -s、-ing 和语态的 -ed 等，这些形态不仅是构词的形式，也是使句子成立的语法手段，因此，印欧语系形态变化丰富，词类功能比较单纯。比如“I have told him.”这句话中，I 是主语，形态上是代词的主格形式，told 是谓语，是动词的过去分词形式，him 是宾语，是代词的宾格形式，整个句子的句法成分和词类是对应的。

因此，多数学者认为汉语与印欧语系各语言的差异是形合和意合的对立，汉语重意义、重内容、轻形式，印欧语重形式、轻内容。印欧语以英语为例，英语高度形式化、逻辑化，句子成分必须完备，各种组成部分很少省略，主语更不能省略。而汉语则对于形式没有那么注重，语法的结构不必完备，动词的功能也不像英语那样明显，强调意合，轻分析，在表示动作和事物关系上几乎完全依赖意合。比如“这本书不想看了，太难了”在英语和汉语中所采用的语法手段完全不同，在英语中需要说成“I don't want reading this book.It is too hard”，这个句子主谓宾句子成分完备，各个词的词形变化与它的语法成分一致；而在汉语中第一个小句主语和谓语的语义关系没有表示被动的形式标志，第二个句子则没有主语。因此，王力先生提出汉语是“人治”的语言，是主观的，印欧语系是“法治”语言，是客观的。

2. 跨文化交际中的认知与语序差异

不同语言的思维方式差异体现在认知方式上。由于语言具有线性特征，人们说话时只能按照时间的先后依次说出一个个的音节，因此，语言具备时间相似性这一特点。语言成分的顺序和物理世界的顺序，抑或是人们对于事物的认识顺序是相互平行的。其能够表现为时间顺序原则、时间范围原则以及时空范围原则。

在没有时间词或时间状语的并列复合句中，起作用的是时间顺序原则，“两个句法单位的相对次序决定于它们所表示的概念领域里的状态的时间顺序”，比如“我回家拿钥匙”，事件的顺序和语言成分的次序是一致的，先回家再拿钥匙。这条原则在许多语言里是一致的，比如英语中这句话可以翻译为 I will go back to get keys，语序与汉语一致。

在有时间词或时间状语的句子中，不同语言语序是不一致的，在汉语中起作用的是时间范围这一原则，即“如果句法单位 X 表示的概念状态在句法单位 Y

所表示的概念状态的时间范围之中，那么语序是 YX”。这条原则要求时距小的成分排在时距大的成分之后，比如“昨天他去北京了”，“他去北京了”这一状态在“昨天”的范围之内，因此，主要动词“去”放在时间词之后。而英语则不遵循这条原则，时间词放在主要动词的前后都可以，He went to Beijing yesterday 和 Yesterday he went to Beijing 都对。

在汉语中时间范围原则还可以更普遍地体现在空间上。不管是时间还是空间，大范围成分始终是先于小范围成分的，例如汉语地址的写法是从大到小，“中国四川省成都市一环路南一段 24 号”，英文则刚好相反，小范围成分在大范围成分前，写成 No.24 South Section 1，Yihuan Road，Chengdu，China。从时空范围原则来看，汉语由大到小的语序反映了使用这一语言的民族的认知策略，汉语母语者习惯从整体到局部，采用“移动自我”的策略，移动自己而逐渐接近客体，在经历小的局部之前先经历整体；英语从小到大的语序反映了该民族的认知策略，英语母语者习惯从局部到整体，采用“移动客体”的策略，目标客体从包容它的大客体中向认识主体走来，在经历大的整体之前先经历局部。如果与更深层的文化相关联，可以说汉英认知策略的差异体现了汉族整体性思维方式以及群体性取向，及西方民族分析性思维方式和个人主义取向。

二、语篇与跨文化交际

语篇是大于句子的语言单位，是语言的成品。语篇按照一定的规律进行组织，反映了该民族的思维模式。

（一）跨文化交际中的语篇差异

在语言层面，语篇差异表现为文章结构的差异。下面对中文和英文的语篇结构进行异同对比。

东方的语篇结构与思维方式是归纳式和螺旋式，西方的是演绎式和直线式，大量的研究材料证实了这一看法。然而，实际情况要复杂得多，并不是所有东方的语篇结构都是归纳式，所有西方的语篇结构都是演绎式。实际生活中西方人也常用归纳式，比如在向对方借钱时，一般会先说明各种情况和原因，再在合适的机会提出请求；东方人也常用演绎式，比如会直接跟熟人提出“我们一起去吃饭吧”。

语篇结构的跨文化差异是相对的，归纳式和演绎式只是反映了文化的整体定势。在整体定势之外，还必须考虑个体的因素，主要是各种语境因素。语篇作为语言的成品，是人们在具体社会情境中的语言实践。每次实践都涉及各种不同的语境因素，如交际目的、交际对象、交际场合等，语篇的结构方式受这些因素的影响。前面提到的借钱的行为类型是请求，说话人不能肯定对方是否接受，因此选择归纳式进行表达；而邀请行为发生在关系密切的朋友之间时，无须说服对方接受邀请，因此直接提出想法。许力生对比研究了英语和汉语的语篇，发现总体而言，英语语篇是直线结构，只有极少数非直线的；就具体篇章中的段落而言，有半数全部段落都是直线式的，只有三分之一的段落采用非直线式的。汉语篇章同样如此，既有直线式的，也有非直线式的。但是，汉语篇章中没有一篇是全部使用直线式的，也没有一篇是全部使用非直线式的，直线式和非直线式各占一半。

（二）文化差异与语境

语篇并不是独立存在的，它存在于特定的语境之中，其构建方式实际上是人们在特定文化的具体语境中使用语言完成其交际任务的习惯性方式和程序。由于交际任务不同，形成不同类型的语篇，比如叙事型语篇、描述型语篇、议论型语篇。不同文化和亚文化中的语篇具有不同的特征。以“东方”“西方”为基础或者以“归纳式”“演绎式”为类型进行语篇对比显得过于笼统，不能反映每种文化内部亚文化的差异，也不能反映不同语篇类型的特征和不同亚文化中语篇的差异。

在对叙事性语篇的研究中，坦能（Tannen）发现英语与希腊语有不同的语篇结构。英语叙事性语篇结构倾向于简单、如实记述事情，而希腊语则常常加入一些评论和解释，希腊人认为这些评论和解释是必不可少的。医学论文语篇结构的研究成果显示，英语与法语论文描述病情发展过程的方式也有所不同。英语论文一般按时间顺序同时描述几种病情症状的发展变化，法语论文则将几种症状分开，各自从头到尾描述，并在描述某个症状时提出对发展趋势的推测。

三、语用与跨文化交际

学会一种语言的语音、词汇、语法，不等于就会使用这种语言进行得体的交际，还要了解并遵循这个社会或群体所共享的言语规则或言语使用规则，即语用规则。语音、词汇、语法是语言的内部系统，是语言的静态层面；语用规则反映的是在特定社会规范的制约下人们使用语言的规则，是语言的动态层面。

人们在不同的社会中会用不同的语言风格进行交流，这种语言风格的差异是普遍存在且有系统性的，这反映了不同社会的文化差别。然而，在跨文化交流中，缺乏对文化价值、社会规范和语用规则的差异性认识，往往会导致人们以本文化的标准和社会规范来理解他人的行为，进而产生语用迁移，从而致使交流失败。语用失误或语用失败是由于跨文化交际中的语用规则迁移不当所导致的。在互相交流时，不同文化背景的人们往往会直接把自己语言的表达方式翻译成目标语言，无法很好地遵循交际规范。结果就是，一些在母语中能够顺畅表达的话语在目标语言中却无法达到预期的交际效果。在交际中，语用错误比语法错误更加严重。语法错误可能会让人感到不愉快或者干扰交流，但至少这种错误是有明确规则可循的，听话者可以意识到其存在，并且也容易对说话人的语法水平进行包容。但是，语用错误则不同，它可能会直接导致误解、冒犯或者无法实现得体的交际效果。如果非本族语者在说话时犯了语用错误，对方可能会将其不礼貌或不友好的行为误认为是其有意而为之，而非语言不熟练所导致的错误。因此，语法错误可能暴露说话者对特定语言的掌握尚不够熟练，而语用错误则可能反映出说话者的人格有缺陷。

在中国，人们传统的问候语是“你吃了吗”，如果这样直译，用其母语问候西方人，不会被对方理解为打招呼，只会让对方困惑，以为说话人要邀请他吃饭。在中国家庭中做客时，主人即使准备了满桌丰盛的菜肴，也会对客人说“菜不多”“菜做得不好”，如果客人是中国人，一般会说“菜很多了”“菜做得很好”，双方相互谦让和表扬是正常的交际方式，但如果客人是不了解中国文化的西方人，主人的自谦会让客人无所适从，面对满桌子的菜感到困惑，不知道主人为什么这样说，主人为他夹菜盛饭时也不知道如何应对。

在跨文化交际中，谈话内容和话题常常也会造成语用失误。在一种文化中可以公开谈论的交际话题在另一种文化中是需要回避的。比如在中国，人们常常相互询问年龄、信仰，以示关心，而在西方这些是不应询问的隐私话题。下面我们从三种语用学理论——合作原则、礼貌原则、言语行为理论，来分析言语交际在不同的文化中的差异。

（一）合作原则

会话合作原则（cooperative principle），能够使言语活动和社会情景进行连接。

1. 合作原则的基本内容

会话受到一定规范和条件的限制。人们在会话时的语句构成不会是一系列不连续的句子，这是由于对话双方都能够遵守“合作原则”，从而彼此协作，相互配合。合作的原则包括以下几点：

（1）量准则（Quantity Maxim）

量准则指提供实际所需要的量，所提供的信息不应当比实际需要的信息量多。

（2）质准则（Quality Maxim）

应当提供真实可靠的信息，而不要提供虚假的信息。

（3）切题准则（Relevant Maxim）

提供和话题有关联的信息。

（4）方式准则（Manner Maxim）

提供的信息要清楚、简洁。

以上这些准则的重要程度不同，其中，“质”这一准则的重要程度是最高的。

2. 合作原则的跨文化差异

合作原则揭示了社会交往中人们运用言语达到相互理解的原理。然而，在跨文化交际中，合作原则不一定适用于所有的社会。不同的社会在文化取向、价值体系及生活方式和社会语言规则方面存在着差异。合作原则和每一条指导方针的适用情况应当根据文化环境的不同而有所区别。合作原则是以西方文化为基础，并以西方言语交际通行的模式作为判断标准的。它并非普遍地制约着各个社会人们的言语交际，用它来衡量其他文化中人们的言语行为时，会发现对合作原则的遵循存在着差异。

（1）量准则的差异

有学者发现非洲的马达加斯加人（Malagasy）的谈话不遵守量准则，所提供的信息量没有恰如其分，没有达到所要求的详尽程度，而是经常向对方隐藏交谈信息。比如当一位村民赶集回到村子以后，A 向他打听有关情况，对方习惯使用类似的话语进行回答。

A：What’s new at the market？

B：There were many people there.

很明显，B 的回答与量准则是违背的。因为 B 的回答并没有提供 A 所需要的信息，而集市上有很多人，这是一个常识。假若我们将格赖斯所提出的“交际所需要的信息”理解成“该文化背景条件下会话一方所需要的信息”，就能够认为说话人遵循了量准则，因为不愿意告知他人自己已经知道的信息，对于马达加斯加人来说是能够接受的。马达加斯加人的讲话不存在量准则。可见，准则并不是普遍存在的。

（2）质准则的差异

在跨文化交际中，不同社会的交谈者如果按照各自的质准则进行互动，就会产生冲突。比如一般欧美人在夸奖中国人时，中国人的回答常常是“没有没有，一般般”或者“哪里哪里”这类谦虚的回答。这样交际双方在遵守合作原则上有差异，欧美人首先考虑的是质准则和礼貌原则中的赞誉原则；中国人则违背了格赖斯的质的准则，强调礼貌中的谦虚。由于交际双方文化背景的不同造成双方应共同遵守的合作原则受到干扰。

（3）关联准则的差异

一些国家由于受到差序格局的社会结构的影响，社会中人际关系较为固定。地位较低者对地位较高者有顺从性，地位低的一方往往先用一些对方喜欢的话题作为开头，慢慢地找个合适的机会再进入正题，以融洽气氛，创造语境；而地位高的一方则可以随意扯开话题，控制话语，显得漫不经心，从而显示自己的权威。这种交谈方式与说话要相关、切题的关联准则是相冲突的，然而一些国家正是以这种方式来执行关联准则。

又比如，按照关联准则，在对话的交流过程中，提出一个问句自然会引出答句，无论何种形式的答句均能够被理解为一种答句。但是也有学者在研究印第安人的社交方式时，发现他们之间的交流并没有太大的连贯性，提问和回答之间会有很大的停顿，通常都是五到十分钟。这是因为在他们的社会里，答案并不是必需的，而且有时候还会被视为愚蠢的行为。未进行仔细考虑的答复将被视为轻率。

（二）礼貌原则

合作原则可以帮助我们更好地理解句子的含义和功能之间的联系，但却无法解释为什么人们在表达自己的意思时常常使用间接的方式。礼貌原则试图对合作原则进行必要的补充，解答言语交际中的一些语用语言与社交语用问题。

1. 礼貌原则的基本内容

礼貌原则的六条准则如下：

（1）得体准则（Tact Maxim）

减少表达有损于他人的观点。

①尽量少让别人吃亏；②尽量多使别人受益。

（2）慷慨准则（Generosity Maxim）

减少表达利己的观点。

①尽量少使自己受益；②尽量多让自己吃亏。

（3）赞誉准则（Approbation Maxim）

减少表达对他人的贬损。

①尽量少贬低别人；②尽量多赞誉别人。

（4）谦逊准则（Modesty Maxim）

减少对自己的表扬。

①尽量少赞誉自己；②尽量多贬低自己。

（5）一致准则（Agreement Maxim）

减少自己与别人在观点上的不一致。

①尽量减少双方的分歧；②尽量增加双方的一致。

（6）同情准则（Sympathy Maxim）

减少自己与他人在感情上的对立。

①尽量减少双方的反感；②尽量增加双方的同情。

关于礼貌交往，学者还提出积极礼貌（positive politeness）和消极礼貌（ne-gative politeness），积极面子（positive face）和消极面子（negative face）。积极礼貌或积极面子是对他人表达赞赏的一种方式，是一种在人们的社会交往中所遵循的、正常的、对他人支持以及有所付出的交往原则，强调双方在许多方面都能够有所共享，并取得共识。被动的礼貌或者被动的面子是一种避免强迫的行为，它突出了交际双方的个人特征，也就是每个人的权利都不完全地被他们所在的群体或者群体的价值观所限制。

2. 礼貌原则的跨文化差异

礼貌是各社会群体共有的普遍现象，但是各个不同的社会群体所遵循的礼貌原则是有差异的，表现在礼貌的内涵，礼貌准则的侧重或选择，礼貌在言语行为方面的分布，相同行为中礼貌方略的选择等多个方面。

（1）礼貌内涵的跨文化差异

礼貌在各个社会的准确含义是大相径庭的。在礼仪之邦的中国，“礼”从古至今历来是制约人们的社会行为的最重要的规范，是维系上尊下卑等级秩序和亲疏关系的根本，贯穿在整个社会的各个方面，在社会生活的各个层次中都具有决定性的影响。礼貌原则的基本精神在很大程度上是等级的差别，该原则不是指西方社会中人们在人际交往中如何措辞等礼貌原则，也不是指西方社会强调人际平等的礼貌原则。礼貌原则和积极、消极面子是西方学者对西方社会交际规范的研究成果，不能直接用来衡量世界其他民族和社会。即使在西方大文化圈内部，礼貌原则也存在亚文化的差异，英国和希腊这两种语言在礼貌原则的运用上有很大的不同。从总体上看，希腊人更多地采用积极礼貌策略，而英国人则更多地采用消极礼貌策略。原因在于希腊文化更重视群体内的关系，个人面子和关系密切的其他人的面子同样重要，而英国文化则要求一种相对疏远的关系，强调个人独立性，很少将个人的面子需求与他人或群体的面子需求联系在一起考虑。

（2）礼貌准则侧重方面的跨文化差异

不同社会对礼貌准则的侧重和选择也有所不同。东方文化国家更强调谦逊准则，西方国家更强调得体准则。在西方社会中得体准则是人们交际时最常采用的准则，人们在实施请示、命令、警告、建议、劝告等指示性行为必须遵循得体准则。比如请别人做事时，会根据具体情境选用以下一些得体的言语。

Will you close the door？

Can you close the door？

Would you mind closing the door？

Could you possibly close the door？

（3）礼貌行为分布的差异

礼貌行为在分布上也存在文化的差异。在中国，称呼是最能体现礼貌的行为之一，中国人常采用非对等式的称呼类型，地位较高者称呼地位较低者时使用非正式、熟悉的称呼语，地位较低者称呼地位较高者时使用正式、礼貌的称呼语，以此反映各自的社会身份、上下亲疏关系。中国人常使用头衔、敬辞、亲属关系名词进行称呼："姓＋头衔"是普遍使用的敬称，如"王主任"；敬辞与自称和表示平等关系的中性称呼平行，各有一套系统，丰富复杂。比如同样是称呼孩子，对别人孩子的敬称有"您家公子""令郎""您家千金""令爱"，对自己的孩子则称为"我儿子""我女儿""小儿""犬子""小女"；亲属关系名词不仅仅用来称呼家人、亲属，还可以用来称呼朋友、陌生人，既表示尊敬，也用以拉近双方距离，比如在街上向陌生男士问路可以直接称呼别人"叔叔""大哥"，对熟人女士可以称呼"李阿姨""张姐"，这种现象在西方是罕见的，西方人无法理解朋友之间可以称兄道弟。从这一点可以看出，中国人的称谓语言具有十分严谨的社会规范，其格式化和公式化的程度很高，反映了中国人谦逊自重、尊重他人的礼仪习俗。但在西方，尤其是在美国，由于文化取向、社会结构和人际关系的差异，人们在称谓上更倾向于使用对等的称谓。不论职位或地位的高低，人们越来越倾向于直呼其名，一个人除了对医生称呼头衔以外，对上司、长辈、父母等都可以直接用名字，东方人常常不能理解儿子可以对父亲和其他长辈直呼其名。在对欧美人和东方人进行的跨文化交际问卷调查中显示，欧美人普遍不接受别人不加任何头衔只单独称呼他的姓，而绝大多数倾向于称呼名字，也可以接受别人称呼他的昵称或全名；而东方人则对称呼的接受情况呈多样性，姓、名、全名、昵称及头衔都是可以的。在双方初次交往，同时权势关系突出的场合，双方会采用非对等式称呼，常用"头衔＋姓"表示尊敬，如"Professor Smith"，法语中采用"tu"和"vous"区别，然而敬称远没有中国的复杂。

（4）相同行为中礼貌方式的跨文化差异

不同文化在实施相同的行为时，采用不同的礼貌方式。在邀请行为上中西方存在着很大差异，在中国提出邀请，被拒绝，再提出邀请，又婉拒，最终邀请成功，是常见的互动方式，如下所示：

小张：李老师，我想请您一起吃个饭，不知道您有没有空？

李老师：不用不用。

小张：您别客气，我早就该请您了。

李老师：真的不用了，不用麻烦。

小张：一点也不麻烦，反正我也要吃饭，您一定要来啊。

李老师：那好吧。

小张表达邀请李老师的强烈愿望并坚持对方一定要来，以示对李老师的敬意，而李老师尽力推拒，表示不想麻烦别人。在西方，邀请行为一般如下：

S：Would you like to have dinner with me？

A：Fine，when are you free？

S：How about Sunday？

A：Well，I' m free on Thursday.

S：Okay，what time is suitable for you？

A：How about 6:00 p.m.？

S：Okay.

这段邀请体现出的是 S 发出邀请，A 直接接受邀请，双方协商时间等细节。

（三）言语行为与跨文化交际

言语行为是交际过程中的最小单位，人们日常交往中的问候、拒绝、威胁等都是言语行为。英国哲学家和语言学家奥斯汀（Austin）和塞尔（Searle）提出言语行为理论（speech act theory），研究语言与交际的关系。在不同的社会中人们的言语行为策略存在差异。

1. 言语行为理论的基本内容

根据奥斯汀的三分法，人在说话的时候，多数情况下会同时实施三种类型的行为，即言内行为、言外行为和言后行为。

①言内行为（locutionary act）是指“说话”这个行为自身，即发出音节，或者说出单词、短语和句子等，也就是以言指事。

②言外行为（illocutionary act）是指通过说话这个动作所实施的一些行为。人们能够通过说话完成很多事情，达到各种目的，比如对信息进行传递、发出指令等，也就是以言行事。

③言后行为（perlocutionary act）指的是说话带来的后果，通过言语活动使听话人实现某种行为或结果，即以言成事。

言内行为可以通过说话来对字面意义进行表达；言外行为能够通过字面意义对说话人的意图进行表达；言后行为是说话人的意思被听话人领会以后所产生出

的一些变化、结果。言内行为和言外行为通常同时发生，言后行为不一定发生，如果听话人没有领会意图或者产生其他结果，就不会发生言后行为，造成交际障碍或失败。三种行为中言外行为是语言交际的中心问题，它反映说话人使用语言表达自己的意图。我们可以把言外行为分成五大类——阐述、指令、承诺、表达、宣告。

第一类是阐述类（representatives）：指说话人对某事作出一定程度的表达，对话语所表达的命题内容作出真假判断。在英语中，这类动词包括 assert、state、claim、affirm、deny、inform、notify、remind 等。

第二类是指令类（directives）：指说话人不同程度地指使听话人做某事，让听话人即将作出某种行动。在英语中，这类动词包括 request、ask、urge、demand、command、order、advise、beg、invite 等。

第三类是承诺类（commissives）：指说话人对未来行为作出不同程度的承诺，说话人即将作出某一行动。在英语中，这类动词有 promise、commit、pledge、vow、offer、refuse、guarantee、threaten、undertake 等。

第四类是表达类（expressives）：指说话人在表达话语命题内容的同时所表达的某种心理状态。在英语中，这类动词包含 apologize、condole、thank、welcome、congratulate、deplore 等。

第五类是宣告类（declarations）：指话语所表达的命题内容与客观现实之间的一致。在英语中，这类动词有 declare、nominate、appoint、name、christen、bless、resign 等。人们在话语中常常采用这些动词来实施相应的行为，然而实际话语中，受到权力关系、社会距离、要求大小等因素的制约，说话人也可能不用这些动词，而“转弯抹角”地实现某一言语行为。比如指令类言后行为“我要求你把窗户打开”，可以通过询问行为“你冷吗”实现。因此，语言表达具有间接性，一种以言行事通过另一种以言行事来实现。

2. 言语行为的跨文化差异

交际中人类实施各种行为，不同社会由于文化的差异人们采用不同的方式实施言语行为。下面以请求为例，说明不同文化的差异：

英美文化中请求行为可以分为以下六类：

第一类，需求陈述，常用于工作中上司对下属，家庭中长者对年轻者。

第二类，祈使，常用于家庭成员，地位较高者对地位较低者，或平等关系的人之间。

第三类，内嵌式祈使，常用于被请求的事或行为极困难或请求者是受惠者时。

第四类，允许式请求，用于工作或家庭环境中地位较低者向地位较高者请求时。

第五类，非明晰或问句式请求，常用于地位或年龄相差悬殊时地位或年龄低的一方。

第六类，“暗示”式请求，常用于交际双方关系密切，共享充分的情况。

第三节　跨文化交际的非言语交际

人与人之间的交际是语言交际和非语言交际的有机结合。语言学所关注的对象多为有声语言，也就是语言交际，而非语言交际常常为人们所忽视。非语言交际是人们与生俱来的一种自然现象，它在人们的交流中有着举足轻重的地位，在人们的交流中扮演着不可缺少的角色。除了语言表达，人们在日常生活中也会通过一些非语言的方式对自己的感觉、情感、态度等进行表达。借助非语言行为，人们往往能理解和洞悉他人的心理过程，建立印象，获取真实和准确的信息。随着全球化和世界经济一体化，人类的交际日益密切，跨文化交际也日趋频繁。因此，非语言交际不仅是非语言行为信息的传达，也包含了多元的文化信息。在跨文化交际中，不同的文化会呈现出多样的非语言交际的表达方式。非语言交际的研究是非常必要且具有现实意义的。

在人的一生中，从出生到生命的结束，非言语行为都是非常重要的。科学研究发现，语言是在人类进化过程中产生的，语言产生之前，人类的祖先主要通过非语言行为进行交流，非语言交际的产生远早于语言交际。

一、非语言交际的定义

关于非语言交际，从认识到它在交际中的重要作用开始，近半个多世纪以来，学者们有自己不同的理解。人类交际分为口语、书面语和非语言行为三部分。因为文化教育所带来的偏见，大部分接受过教育的人都会认为书面语是最重要，然后是口语，而非语言行为则排在最后。口语和书面语都属于语言范畴，人们常常将非语言行为排除在语言范畴以外，而萨默瓦却认为非语言交际的重要性、出现率、所提供的信息量都远远高于语言交际。萨默瓦尔反复强调非语言交际要在一定的语境中进行，除了语言以外，非语言行为可以由人发出并生成，或者是由外部环境自然形成的。非语言交际所获取的信息是对交际双方（输出者和接受者）都具有潜在价值的。从广义上讲，非语言交际是排除了语言行为以外的交际方式。狭义的非语言交际，是指在一定的语境下，受到多种因素影响，人类有意或者无意地发出的以及借助环境形成的交际方式，对语言交际起着辅助作用。

二、非语言交际的研究和发展

从 20 世纪 50 年代开始，在西方，非语言交际的研究由浅入深、从单一到多维、从片面到全面。非语言交际的研究，主要分为以下几个时期：

（一）萌芽期

非语言交际的研究最早可以追溯到 19 世纪，著名的生物学家达尔文（Darwin）开创性地研究了人类和动物的非语言交际行为。从生物学的角度找到了人类和动物表情、行为的关联性，并发表了《人类和动物的情感表达》，对非语言交际的研究产生了重大的影响。

20 世纪初，学者考察研究的是声音、外貌、表情、衣着等方面，没有形成非语言交际体系的研究。这一时期的代表如：克里奇马尔（Kretschmer）的《体格和个性》和《人的体格变化》。埃弗龙（Efron）也于 1941 年出版了《身势和环境》一书，该著作研究对象主要为体态语。虽然三本著作对非语言交际的研究还比较单一，却对后世产生了深远的影响。

（二）形成期

20 世纪中期，非语言交际的研究有了突破性的发展。人们开始意识到非语言交际行为在人类交流中的重要性。伯德惠斯特（R.L.Birdwhistell）于 1952 年出版的《举止神态学概论》一书标志着人们开始将非语言交际与人际关系结合起来研究。

美国人类学家爱德华·霍尔（Hall）首次将非语言交际与跨文化交际结合起来，这无疑将跨文化交际中的非语言方面的研究向前推进了一大步，他也成了该领域主要的研究者。他于1959年出版的《无声的语言》成为非语言交际研究的奠基之作。此后，他相继出版了《隐蔽的维度》《超越文化》等著作。

鲁希与基斯1956年合著的《非言语交际：对人际关系的直观感觉笔记》是第一部以非语言交际命名的著作。

（三）发展期

20世纪60年代，非语言交际的研究有了较大发展。埃克曼与弗里森对非语言行为的产生、运用、编码与功能等方面进行了较为深入的探讨。法斯特在1970年发表的《体态与交际》一书，在很大程度上反映了前人在非言语交流方面的成就。《中国和英语国家非言语交际对比》一书是莱杰·布罗斯纳安第一次在中国和英语国家的文化背景下，比较全面地分析了两个国家之间的非言语交际现象，并提出了自己的新观点。

20世纪80年代，非语言交际在我国开始引起重视，一批学者开始研究这一方面的问题，并取得了良好的成果。其中以胡文仲和毕继万等人为代表，他们翻译并出版了非常多西方的经典作品。《跨文化非语言交际》一书由胡文仲主编，毕继万编著，书中全面、详细地分析、归纳了国内外非语言交际的研究进展情况，并从跨文化交际的这一视角，对中、英两国非语言交际的文化差异进行了对比。在我国的非语言交际研究领域中，此书是一本极具代表意义的著作。

（四）开拓期

近代，随着通信和传播技术的发展，人们的交往空前频繁和密切，跨文化非语言交际开始受到广泛的重视和关注，研究的领域和内容越来越广泛。非语言交际成为跨文化交际学中一个重要的研究部分。跨文化交际学的开拓者拉里·A.萨默瓦尔（Larry A.Samovar）和理查德·E.波特（Richard E.Porter）每三年会编辑出版一次在跨文化交际学界享有盛名的《跨文化交流学论文集》。从1981年起，他们还编写并多次再版了跨文化交际的教科书《跨文化交际》，不断吸收新的科研成果。1995年，我国也成立了跨文化交际研究组织——中国跨文化交际研究会，该学会定期召开学术会议，出版学术论文。此外，除了非语言交际本身的研究，还出现了非语言交际的跨学科研究。非语言交际行为不是单一独立存在的，而是一个复杂的、多维的系统，它与语言学、人类学、社会心理学等都有着千丝万缕的联系。

三、非语言交际的特点

霍尔在他的著作中提到非语言交际是“无声的语言”。非语言行为有先天形成的，也有后天习得的；可以是有意识而为之，也可以是无意识而形成；既可表达个人情感，也可传达具体信息；既有世界通用的，也有因文化习得不同而有差异的。

（一）隐蔽性

如前所述，在交际时，我们更重视的是口头表达和书面表达，有时会忽略非语言的交际行为。从习得顺序来讲，从我们出生到牙牙学语，非语言行为的习得是早于语言表达的。非语言行为实质上是一种潜意识行为，比如：尴尬时会脸红，生气时会咬牙切齿，紧张时会口吃等。这些行为很难人为加以控制，是自发的、潜在的。非语言动作常伴随着语言发出，而且这些动作往往非常细微，让人难以察觉。大多数从事国际汉语教育的教师都有这样一种感受，不论学生还是教师都很重视书面语和口语的表达，很少注意到非语言交际在教学过程中的重要作用。如：汉语声调是外国学生学习汉语的一大难点，在教学过程中，教师在纠音的同时也配合一些手势、身势语，学生发音的正确性会有所提高。

（二）真实性

语言有口语和书面语之分。语言表达时，用辞藻加以修饰和美化，可能很难准确判断字面意义背后的深层含义。中国有句俗话叫“百闻不如一见”，意思是，听到一百次也不如见到一次，表示亲眼看到的远比听人家说的更确切、可靠。这说明非语言交际才能体现出事物的原貌和真实性。语言交际是经过人的思维加工后生成的，在交际时，输出者留给接收者巨大的想象空间。只有面对面地交流，通过观察非语言行为，才能掌握确实的信息。测谎仪器利用机器测试人类的心跳、呼吸速度、体温、瞳孔大小等微表情以及行为动作便可较准确地判断出被测试者是否说谎。

（三）多维性

非语言交际不是孤立存在的，它必须依托于语境。在一定语境中，非语言行为的表意是明确的。但是一旦离开语境，它的表意就会比较笼统，让人无法准确推测出其中原委，从而无法体现交际价值。在交际的过程中，人们不仅会利用语言手段来传达所要表达的信息，而且还会利用表情、手势、身势、服饰、时间、场景、语速、语调、颜色、气味、化妆等多种方式，来帮助交流。人们有意或者无意地作出一些非语言行为，我们在不同的环境中可以得到不同的信息反馈。如：与人会面时着正装，表情严肃，我们可以判断这是一场商务谈判；休假时，多数人喜欢穿着宽大的T恤衫、舒适的运动鞋，神情轻松。首先，非语言交际必须存在于一定的语境之中，才会对语言交际起到辅助作用。其次，非语言行为是不同文化习得的产物，是人类文明发展形成礼俗规范的结果。最后，非语言交际是多学科研究的对象，与语言学、心理学、人类学等都有密切联系。

四、非语言交际的功能

非语言交际不可能是孤立存在的，必须伴随着言语信息、语境以及信息的接受者所关注的方面而存在。如：中医诊断疾病的方法是“望、闻、问、切”，其中的“望”是非语言行为动作，对病人的神、色、形、态进行有目的的观察，以测知内脏病变，配合语言交际来完成诊疗的过程。非语言交际对语言交际起到了辅助作用，这种辅助作用主要体现在以下几个方面：

（一）重复

言语信息不能完全表达的，可以通过非语言行为进一步解释说明。如：在表示同意时，一边用语言给予肯定，同时一边点头，伴随的是赞同的表情和态度。点头起到的是重复指示作用。在指示方向时，我们会一边用语言描述，一边用手指向那个方向。

（二）否定

言语信息所传达的意思，不一定是真实或者准确的。非语言行为所传达的可能与语言行为所传达的信息完全相反，起到否定的作用。如：甲笑着对乙说，“我要告诉你一个非常不好的消息。”这个时候乙可以推测出，甲是在开玩笑，甲的表情反映出，实际情况与语言描述相反。

（三）代替

不愿或不便用语言来描述或者表达的，可以通过行为动作来传达，达到“心照不宣”。如：感动时，一个拥抱足以代表千言万语；交通警察在指挥交通时，使用的手势，就是代替语言来传达指示和指令；潜水时，在水底是无法进行言语交谈的，因此会用一些特定的手势来沟通。

（四）补充

可以对语言表达起到修饰和描述的作用。如在拒绝别人的时候，通常除了语言上的拒绝以外，我们会在胸前做双手交叉的动作，或者摇头或者摆手。说抱歉时，脸带歉意会更加恳切。

（五）强调

非语言行为还可以加强语言表达时的态度。如：在为别人加油的时候，同时会握紧拳头，振臂高声呼喊；也可以用手掌轻拍对方的肩膀，给予鼓励。生气时，配合语言，流露出愤怒的表情，提高音量，甚至可能会有拍打桌子的动作出现。

（六）调控

非语言行为可以调控交流状况。交谈时，人们用手势、眼神、动作、停顿等暗示自己要讲话，或已经讲完，或不让人打断；向对方点头表示同意并让其继续讲下去；沉默则表示给别人提供说话的机会；将食指放在嘴边意思是“请安静”。

五、非语言交际的分类

非语言交际的范围非常广，且部分非语言交际行为是无意识地发出的，我们无法详细地统计和归类出所有的非语言行为动作。因划分的角度不同，产生了很多的分类方法。鲁希和基斯最早将非语言交际分为手势语、动作语、客体语三大类。纳普（Knapp）的分类方式更加细化，共分为七大类：身势动作和体语动作、身体特征、体触、副语言、近体距离、化妆用品、环境因素。根据非语言行为所表达的含义，我们可以分成善意、恶意和中性意义。根据人类的感官，也可以划分成可听动作和可见动作。根据非语言交际的基本方式，我们把非语言交际分成两大类，一类是借助于身体来表达的方式，包括外貌、动作、面部表情、眼神传达、体触和副语言，另外一类则是通过与周围环境进行联系从而传递出来的讯息，如空间、时间等。从跨文化交流的特征出发，依据交流中传达信息的主体和表现的客体这两个角度，把非语言交流分为体态语、副语言、客体语和环境语。

（一）体态语

体态语指的是使用身体动作来进行非言语交际。据不完全统计，人类可以作出的姿势多达27万种，比能发出的声音还要多。包括身势、眼部动作、面部动作、头部动作、手部动作、体触等方面。

1. 身势

身势是人类最基本的生理属性，是身体所呈现出的状态和样子，包括坐姿、站姿、跪姿、蹲姿、卧姿、走、跑等。中国的谚语“坐有坐相，站有站相”就强调了身势的重要性，身体姿势可以反映出一个人的精神状态、社会地位、个人修养、性格特点以及职业情况。步履轻盈展示心情愉悦，身体健康；步履蹒跚，多半是年长者的步伐或者身体抱恙者；脚步沉重则预示着有心事，或者遭遇不幸；严肃拘谨时正襟危坐；自由闲暇时闲散而坐。身势还能反映出文化的深层结构。比如，在日本，鞠躬是人们互相问候的方式，表现了对别人的尊重，也是一种地位的象征。地位低的人先向地位高的人鞠躬，角度通常还要比后者低。一些韩国男性习惯双腿交叉席地而坐，而在土耳其却认为这个动作令人厌恶。美国人崇尚自由，在交谈时，人们喜欢比较舒适的站姿，甚至在课堂上，有教师双脚离地坐在讲台上与学生交流。传统的中国礼仪认为“站如松、坐如钟”，与人交谈时，无精打采、东倒西歪地站着或坐着是不礼貌的行为。调查发现，部分亚洲国家认为站立时双手交叉、抱臂站立是不礼貌的行为，而欧美国家却不这么认为。姿势具有一定的可控性，可以通过语言的提醒或命令加以改变，可以有自己习惯的先天姿势，也可以是后天学习形成的。

2. 眼部动作

“眼睛是心灵的窗户”这句话我们再熟悉不过了。透过眼部的动作、眼神的转换、目光的接触，交际双方很快就能达到信息的传递和交换。恋人之间含情脉脉的眼神，传达出爱情；父母对孩子温情的眼神，传达出亲情；犀利的眼神，让人敬畏和害怕；柔和的眼神，让人感到温暖和亲切；目光呆滞，则能反映出一个人的疲惫，精神状态不佳或者智力不足；目光灵活，则能反映一个人灵活、机智、充满活力。眼珠向不同方向转动，也可表示不同的含义，如向上看可表示傲慢、目中无人，也可能是在思考；斜眼则可表示蔑视、轻视。中国人为了表示礼貌，不会长时间直视对方，当和对方有目光接触时，会立刻回避。这体现了中国文化的含蓄和内敛的特质。而在一些欧美国家，较短的目光接触，会被认为是不尊重或者轻视。

3. 面部动作

比起身体的其他部位，面部的动作应该是最为丰富的。以笑为例，有微笑、大笑、嘲笑、奸笑、冷笑、讥笑、皮笑肉不笑、笑中带泪等。通过面部表情，人类可以表现出态度和感情。普遍认为，人类的面部表情大部分都是先天形成的，后天影响或习得的只是一小部分。人类的喜怒哀乐可以从面部表情直观传达，因生理原因所表现出的面部特征，是人类所共有的，具有不可控性。如身体虚弱时面色苍白，嘴唇发紫；身体健康时，有良好的精神面貌，容光焕发等。随着情绪的起伏，通过五官的变化和配合表现出悲伤、愤怒、喜悦、恐惧、惊讶、喜欢、厌恶等。当然，因为面部动作变化莫测，我们难以辨认其具体含义，所以面部动作的表达也存在一定的模糊性。这源于不同的人对待事物的反应不同，因而表现的程度也不同。在不同文化中，这一点尤为明显。大部分亚洲国家的人常常控制自己的情绪表达，会用比较委婉的方式来表达自己的态度，压抑自己的情绪，尽量避免将不满的情绪写在脸上。然而大部分欧美国家的人表达却要直接得多，他们不太习惯中国人太过委婉的表达方式，所以有的人会比较直接地表现自己对于事物的态度。

4. 头部动作

配合眼部动作和面部动作，头部也会随之作出相应反应。单一的头部动作表达的含义是模糊的或者并不包含任何实际意义。表示轻蔑、高傲的态度时，斜眼的同时头向斜上方抬起。点头时表示赞同，面带微笑、眼神真挚有力；如果点头的同时，带有轻蔑的、不屑的神情、冷笑或是苦笑，多是否定或不满。一些西方国家的人打招呼时，将下巴扬起，微笑并点头。中国人也会作出此类动作，但是常常是在熟识的人或者同辈之间，如果对长辈也采用这样的打招呼方式，会显得不够礼貌。除此以外，头部动作还可以用于指示方向。在中国，点头有同意、允许、命令、承认、认可、感谢等意思。当和别人交谈时，要不时点头表示自己正在认真倾听。摇头可表示否定、抵制、拒绝、禁止等，当然也有自相矛盾的时候，比如在表达高兴和赞许时，会激动得一边摇头，一边说“我简直无法相信这是真的！”“我在做梦吗？”在少数国家摇头也表示肯定，头部微向前伸表示对事情很有兴趣、愿意倾听，而头向后仰则表示漠不关心、没有兴趣、无关紧要。

5. 手部动作

人类用双手创造了世界，改造了自然界，运用手部动作来进行交流，成为非语言交际中最为细腻也最为核心的表达方式。和面部动作相比，手部动作表达更准确。前者适用于近距离交际，有一定的局限性。而且手部动作，在较远的距离仍然可以识别。在日常生活中，后者发挥了不可替代的作用。在一些体育比赛中，相互配合的队友在赛场上通过手势来进行交流。交通警察用手势和动作指挥交通。手部动作千变万化，难以全部收集和整理。南美洲人交流时手势较多，而大部分亚洲人认为说话时指手画脚是缺乏教养的行为。当然，因为性别不同，手势也会有所差异。比如，女人的手势比男人少，并且幅度要小一些。在一些国家，食指和中指呈“V”状，手心向外，意思是胜利，成功；大拇指和食指相扣呈圆形，竖起其余三根手指，意为“OK”，表达同意和赞许。在大多数国家，竖起大拇指意味着“了不起”“真棒”，然而在伊拉克，竖起大拇指却有侮辱和讽刺的意味。此外，手势还可以用于方向、位置的指引，物体的描述等。

6. 体触

体触是在交际中身体的接触，握手、拥抱等都是体触的主要表现。这是最直接、最近距离的交际方式。体触的交际方式感受最直观，在交际中，感觉消失最慢，是非语言交际中的重要体现手段。然而在这一点上，中国和英语国家的差异性较大，往往会出现非语言交际的误解和障碍。中国人体触频繁，多近距离的交流，而英语国家的人体触较少。由于文化历史因素，莱杰·布罗斯纳安认为中国属于聚拢型文化，英语国家属于离散型文化。这源于中国的宗族繁衍多是群居的家庭模式，而英语国家的人多属异族混居。在日常生活中，中国的女性之间喜欢挽着手逛街或走路，而英语国家的女性则较少这样。中国和英语国家，男性之间若过多体触行为，都会让人瞠目结舌。

（二）副语言

与语言表达不同，副语言注重语言表达的方式，而非语言表达的内容。它是伴随着有声语言而来的那些没有语义的声音，也包含了沉默，还能够通过对音高、音量、音强、音色、音质、语速、语调、停顿等对语言进行控制。副语言的表现形式主要是停顿沉默、声音修饰、话轮转换、非语言声音等多个方面。

1. 停顿沉默

在交际中，不作出有声的反馈，而是通过停顿或者沉默表达意见和看法，所谓“此时无声胜有声”。在中国人的交谈中，沉默可以表达非常丰富的含义。伴随着语言，停顿或沉默既可以表示同意，也可以是无声的反抗；既可以表示默认，也可以保留自己的看法；既可以表示顺从，也可以表示坚持自己的立场。适当的停顿或沉默会产生比语言更明确清晰的表达效果，更强有力地表明自己的立场和态度。沉默这一交际方式，在中国或东亚其他国家较为常见。受到儒家文化的影响，人们会比较委婉地表达自己的观点或者态度，不会言辞激烈地拒绝或者批评别人，常常用沉默来代替。而英语国家的人，虽然赞同“沉默是金”，却非常不习惯这种交际方式。成人之间的交流，如果听清楚问题，就应该有所反馈，如果对方以沉默来代替，他们会觉得不受尊重。因此，霍尔根据这一差异，划分出了“高语境文化”（high-context cultures）和“低语境文化”（low-context cultures），前者可以叫作“依赖语境的文化”，后者可以称为“不重视语境的文化”。

2. 声音修饰

同样一句话，如果采用不同的语调、音强、音速、音长，即使是同一个人说出来也会有不同的含义，有不同的表达效果。声音的修饰作用也正是体现在此。演讲时，抑扬顿挫的语调会吸引听众的注意，而平铺直叙的语调，会让人感到疲倦。声音的强弱可以体现一个人的性格，自信的人声音洪亮而有力，胆小的人会低声细语；情绪激动时，语速加快，音调升高；平静时则是娓娓道来，不疾不徐。声音的修饰还可以直观地反映出一个人的健康状况：健康者中气十足、沉着有力；体弱者则会软弱无力，底气不足。由于身份的不同，说话的语调也会有所不同。如果语言没有声音的修饰，将会是苍白无力的。当然，我们也应注意在不同的场合使用不同的声音修饰，避免引起他人的反感。

3. 话轮转换

话轮转换通常出现在话轮结束、话轮维持、话轮请求、话轮返回时，而且通常都是有声的反馈方式。交际是一个双向互动的过程，为保证交际顺利进行，根据合作性原则，一方在表达自己的意见看法时，另一方要作出适当的反馈。话轮转换的特点在于说话者和听话者在交际过程中角色不断转换，却很少出现重叠或者冷场。比如，在听别人说话时，听话者会不时地根据情况发出“嗯”“是的”，以示自己在认真的倾听。当讲话方要结束自己的发言时，会变化声调、拖长音、放慢语速等，或者给听话者一个目光的接触和暗示，示意讲话结束，听话人可以发言了。如果听话者此时不想发言，希望讲话方继续说下去，则会以一个目光接触反馈，或者用沉默代替。在会话过程中，礼貌性原则有时会被忽略。听话者不想继续听下去，想打断讲话者或者插话时，会发出一些提示声音。当讲话方希望继续讲下去，不希望被人打断时，则会加快语速，变化音量，还会使用一些字词来填补发言时的间隙。在跨文化交际中，应避免随意打断他人的发言和对他人的发言不作出回应等。应遵循合作性原则、礼貌性原则和经济性原则，在别人讲话时，认真倾听，给出恰当的反馈。

4. 非语言声音

非语言声音是没有具体含义，却可以传递信息，以达到交际目的的那些声音，也可称为功能性发声。发音器官可以发出声音，如感应叫声，在感觉到疼痛的时候，会发出“哎哟”的呻吟声；感觉寒冷时，一边跺脚、搓手，并发出“sisi”声；开心的时候，会发出“哇”的欢呼声；失望时，会发出“唉”的叹息声。除此以外，我们还可以模仿自然界的各种声音，比如狗叫声、猫叫声、鸡叫声、爆炸声、小河淌水的声音等都有相应的拟声词对应。人体内还可以发出各种声音，如咳嗽、清嗓子、打喷嚏等，在交际中，应适当地加以控制，避免在交际中出现尴尬。

（三）客体语

客体语即在非语言交际中，信息的传递者（客体）与讲话者（主体）之间没有直接关系，信息是由主体根据客体的具体表现，运用生活和文化常识推理和联想来获取的。如果说副语言主要靠听觉来完成交际，达成信息的传递的话，那么客体语需要通过视觉和嗅觉来解码信息。客体语是借助个人所拥有的物品，有意或无意地展示了交际者的生活习惯、个人品位、性格特征、社会地位、职业特点和文化内涵等。我们都说第一印象非常重要，在还没有进行语言交流前，首先观察的便是体貌、着装、发型、妆容、装饰品等方面。不同的外表会给人留下不同的印象，预先为我们的语言交际作出判断，提供参考。

1. 肤色与体貌特征

不同种族的人有不同的肤色、不同的体貌特征，这造就了最自然的人与人之间的亲疏关系。当然，同一种族之间肤色和体貌也存在差异。对于男性，我们可以从强健的体魄、黝黑的皮肤推测出一个人热爱运动，性格热情而主动；从身体瘦弱、皮肤偏白可以判断这个人不喜欢到户外运动，性格可能比较内向。对于女性来说，大多数欧美国家的人认为女性身材丰腴、长相标致是美丽的标准，而亚洲国家的普遍审美标准是身材匀称、唇红齿白、皮肤白皙。烈日炎炎时，在一些亚洲国家的街头，常常会看到一些人打着遮阳伞、戴着遮阳帽，做好各种防晒的措施，目的是保持肌肤白净。而大部分欧美国家的女性则更愿意享受日光浴，认为小麦色的皮肤才是健康的，皮肤白与不白不会作为评判美丑的标准。

2. 服饰

纵观人类发展的历史，不难发现服饰也在随之变化。服饰一开始用来御寒遮体，大大提高了人类的生存质量。人类逐渐运用服饰来修饰美化自己，通过服饰来展示一个人的社会地位、职业、个人修养以及生活习惯等。从不同时期、不同民族的服饰上，我们可以推断出当时的社会生活、政治与经济情况等，从而能够反映出不同时期、不同民族所具有的主流文化。这样一来，服饰就成为一种重要的非言语交流方式。服饰所反映出的文化差异以及所传递的信息，也是跨文化交流的一个重要方面。中国古代，只有皇帝可以穿龙袍，一般百姓穿布衣。历朝历代，文武百官根据品级的不同，会穿着不同的服饰。鲁迅笔下的孔乙己穷困潦倒，宁可成为“站着喝酒而穿长衫的唯一的人”，也不愿脱下长衫成为短衣帮，他固守的就是长衫下读书人的身份。国际公认着装应遵循“TOP”原则，T（time）：时间，顺应不同的季节、天气、时间着不同的服装；O（object）：对象和目标，根据不同的对象和目标，着不同的服装；P（place）：地点，服装应符合不同场地、地区、场合的要求。服饰着装应根据场合而定，显得大方得体，在办公室、教室、休闲场所、宴会厅、家里应根据具体情况选择适当的服饰。除此以外，根据自己的身份地位、职业特点，也应选择合适的服装。人们在职场上普遍选择着正装，男性是西装，女性是西式裙装或者裤装。教师在课堂上不可着牛仔裤或者过于暴露的服装。着装时，我们也要注意搭配和穿戴的规范和原则，以免穿戴不当给别人留下不好的印象。与此同时，饰品的穿戴也要注意。英语国家的已婚夫妇，都会在左手的无名指上戴上戒指以显示自己的婚姻状况。而在中国，大多数男性婚后没有佩戴婚戒的习惯。

3. 妆容和发型

在非语言交际中，妆容和发型也会起到一定的指示作用。化妆多是对女性而言，在大多数国家，女性在正式的场合一般化淡妆，显示了对会议或活动的重视和对别人的尊重；在舞台或者娱乐场所，一般会化浓妆或者比较华丽的妆容。在中国古代，成年男子会束发，而女子嫁为人妇也会挽起发髻；在现代，女孩子出嫁当天也会盘起长发。在西式的婚礼中，新娘常常长发披肩，中国的长辈往往不能接受，在英语国家却没有这一规定。发型不同会给人展示不同的精神面貌。对女性而言，短发给人精明干练的感觉；清汤挂面式的直发则让人感觉温柔淑女；长卷发会有成熟妩媚之感。

4. 身体气味

身体气味是人体散发出来的各种味道。因为饮食习惯、生活习惯、种族、性别、个人卫生情况以及外部环境等都可以影响人体的气味。在交际中，嗅觉可以传递这些信息，通过嗅觉我们还可以推测出种族中的家庭习惯、文化习惯。如：有些以放牧为生的族群，以牛羊肉和奶制品为主食，身体便会散发出牛羊的味道；喜食素食和稻米、小麦的族群，彼此不会明显感受到身上的体味，而对其他种族或国家的人身上的味道却非常敏感。在跨文化交际中，我们应注意自身异味的清除，比如口气、汗味等，应及时做好个人卫生管理，养成良好卫生习惯。

（四）环境语

环境语包括时间、空间、颜色、建筑设计与装饰等。它与我们所处的地理和自然环境有关。在非语言交际中，环境语是人为创设的生理和心理环境，它与客体语一样，都是一种客体呈现的信息。与客体语不同，客体语借助的是个人所有的东西和物品来传达信息，而环境语往往与个人联系并不紧密。

1. 空间语言

空间观念也是后天习得的结果，不同文化的人都有自己所习惯的交际距离。

霍尔认为“空间会说话”（space speaks），在《无声的语言》中霍尔用了很长的篇幅来描述生物怎样利用空间，以及空间在非语言交际方面提供的重要辅助作用。从人际距离可以知晓交际双方关系的亲疏，显示社会地位。朋友、恋人之间交谈的距离，与陌生人见面时的距离是不一样的，与上级交谈和与同级之间交谈的距离和位置也不同。如：剧院设有贵宾席，机场会隔离出 VIP 通道；观看明星的演唱会，距离的远近不同票价也会有天壤之别。房地产业销售的正是用钢筋混凝土区隔出的不同空间。空间环境还可以影响人的情绪以及人与人之间的交际，从而改变交际的效果。在公共环境中，我们通常会修饰自己的言行，避免出糗，显得谨慎小心。而在私密的环境中，会让人觉得较有安全感，可以自由自在。但即使是居住在同一屋檐下的一家人，彼此也需要有隐私空间。

每一种生物体同外界环境之间的关系，除了生物自身的肉体界限外，还存在着一种非肉体的界限，这种非肉体的界限是生物体自身肉体界限的扩展，是客观存在的且大小难以界定。我们将生物体的肉体和非肉体界限称之为“有机体的领地”。占有领地就是生物体要求拥有自己的领地，并且对该领地范围加以捍卫和维护的行为。大至领土，小到个人空间都属于领地的范围。只是领土是有形的，而个人空间可以是有形的也可以是无形的。相信许多人都有过这样的经历，当我们坐公交车到某个地方，车上的每个人和座位之间会迅速确立领地关系，每个人会默认某个位置是他的领地范围。公交车在途中临时需要加油，司机请所有人下车，等公交车恢复正常，所有人再次上车时，大部分人会坐到刚开始的座位上，但有少部分人可能会坐到另外的座位上，此时这部分人心中会有点惴惴不安，因为在他们的潜意识中会认为他们侵犯了别人的领地，而当座位的原始“主人”上车后，也会有一点点的不满，这也是因为在他们的潜意识中认为被人侵犯了领地。在电梯中，默认自己所站的那一块空间就是属于自己的领地，即使电梯再拥挤，我们都会避免同他人产生碰触，碰触会侵犯他人的领地。当我们要走出拥挤的电梯，不得不与他人发生碰触时，我们会礼貌地说：“不好意思，请让一下”来征得“主人”的同意；当电梯已经很拥挤而有人还想上电梯时，在电梯中的人为了捍卫自身的领地，常常会对电梯外的人说：“坐不下了，坐下一趟吧。”

座位安排的方式往往有不同的含义。距离主人或主桌的远近，决定了地位的高低。中国人比较喜欢用圆形或正方形的餐桌，这样大家可以离得更近一些。面向门的位置就座的一般是主人，座位安排以右为尊，如果紧邻主人的右手边，无声的空间语言就暗示着自己是主人重要的客人。而西方人更习惯用长条形的餐桌，他们普遍采用分餐制。

在面对面的交流中，空间的变化赋予了更多隐藏的信息。交谈双方的距离远近可以反映出交流内容的隐秘程度和重要性。当两个人之间的距离非常近，细声耳语时，交流的内容可能是个人隐私或不便公开的内容；当两个人之间的距离适中时，交流的内容可能是个人事务、工作汇报等；当交流的距离较远或者在对一群人说话，且音量比较高时，一般是在发表演说，内容在一定范围内是公开的，可传播的。

2. 时间语言

时间是人类文明的产物，试想如果没有人类，时间又有何用？在非语言交际中，我们所研究和关注的不是时间本身，而是受到不同文化影响，人们对于单位时间的长和短、快和慢、守时与不守时等的理解和态度，或者说是时间观念。比如，有些国家的人认为在做事情之前，应该安排并计划好，然后再实施；有些国家的人认为，事情应该顺其自然，计划不如变化快。时间和空间是相互作用、密不可分的，任何人都不可能摆脱时间和空间生存，万事万物都要在时空中发展。霍尔在《无声的语言》中用大量篇幅讲述了时间在非语言交际中起到的重要作用，他认为时间不仅可以反映出许多真实的信息，甚至比有声的语言更加具有说服力。与文化有关的时间主要有以下两类：

（1）正式时间

人类划分出不同的时间单位。时间本身就是人类对于宇宙和自然界变迁的感知而得出的结论，是人类文化的一部分，其中还包含了人类的宗教观和哲学观。因文化影响，人们对于时间有不同的认识。国际上通用的纪年法在中国叫作公历；几千年的农耕文明，祖先们通过对自然界的观察和领悟，如月亮的阴晴圆缺、庄稼的生长季节、日月更替等，制定了农历；在民间人们还会使用黄历来指示吉凶，为交际、出行提供参考。我国除了庆祝世界通用的新年以外，还会庆祝农历新年，而且更加隆重，我国赋予了这一天“团圆”“热闹”等含义。在其他国家，人们在一些特定的节日，也会与家人团聚。

（2）非正式时间

相对于正式时间，非正式时间的划分显得模糊不清。比如，一会儿，究竟是三五分钟，还是三五十分钟，需要根据具体情况和语境而定。霍尔将人对于非正式时间的观念分为两种类型，一类为“一元时间”，一类为“多元时间”。遵循一元时间的人习惯于计划，事情呈单线条发展，一次只做一件事，重视效率和隐私，不会轻易打乱计划；习惯于多元时间的人的特点是没有严格的计划性，一段时间可以做好几件事，认为时间是有弹性的。

3. 颜色

在非语言交际中，颜色在很大程度上会影响交际的心理。近些年来，人们越来越重视颜色给人心理所造成的影响，且应运而生了色彩心理学。色彩心理通过视觉，延伸到知觉、感情、记忆、思想等，让人产生不同的情绪，从而给颜色附加了象征性。颜色在视觉上，让人感受到冷暖和轻重，同时对情绪也起到调节作用。鲜艳的红色和黄色，让人感到温暖；灰色和蓝色则感觉较冷。医院病房的墙面通常是绿色或者米白，这些颜色让人平静；幼儿园的墙面总是五颜六色的，让人感受到活泼和快乐。从对色彩的经验积累会逐渐演变成对色彩的心理规范。黑色象征权威、高雅和低调，也意味着冷漠、防御、距离感，人们在正式场合，严肃庄重的情况下会穿黑色的衣服。白色让人感觉快乐而明亮，在西方象征纯洁、高雅，因而西方的新娘结婚时都穿着白色的婚纱。中国人觉得红色让人感到喜庆和幸福，还有辟邪的作用。有喜事的时候，人们会穿上红色的衣服，用红色的物品来装饰环境。商家通过产品与消费者产生无声的交流，同样种类的商品，消费者在不熟悉的情况下，究竟会选择哪一种，取决于商品的外包装是否能和消费者之间产生共鸣。夏天的商品多采用绿色和蓝色，让人感觉清凉；冬季的商品则采用暖色，让人感到温暖。

4. 建筑设计与装饰

中国人的建筑非常讲究朝向，房屋最好是坐北朝南，这样才能吸收更多的光线和热量。光线和热能充足才能让人精神饱满，充满活力。长期生活在阴暗的空间里，人的心情会变得抑郁和忧伤，性格难免会变得孤僻，缺少活力。中国的皇宫、寺庙、民居，都遵从这一原则。中国的建筑以北为尊，主要的建筑和主人房间都建在北面。除此之外，无论是建筑本身还是建筑布局都讲究对称，中国人觉得和谐才能让人赏心悦目。这一点，英语国家的人倒是不太在意的，因而建筑造型各异，传达出不同的风格。

六、跨文化非语言交际的特征

科技和通信技术的快速发展，让人们的生活方式发生了翻天覆地的变化。从传统的信件、BP 机、电话、电视，到网络技术的发展；从纯文字语言信息的传递，到声音语言的传输，过渡到视频图像技术的广泛使用。人类的生活从平面走向立体，从无声到有声，从狭小走向更加广阔的空间。人们正是意识到语言文字交流的不便与局限性，才会不断追求更加先进快捷的交际方式，建立更加高效的交际渠道，配合声音和动作的交际才会更加真实和形象。从某种程度上来说，从对语言交际的关注，延伸到语言交际与其他交际方式的结合，其中最重要的部分莫过于非语言交际系统了。生活在“地球村”的人类在跨文化非语言交际中，了解交际对象的非语言交际习惯和方式，捕捉相关信息，可以及时调整交际活动，避免文化冲突和摩擦。

（一）普遍性

非语言交际行为具有普遍性，是人类所共有的动作行为。在跨文化交际中，虽然国家、种族之间有差异，但是任何人都无法回避非语言行为的表达。人有七情六欲，都有恐惧、兴奋、气愤、惊讶、厌恶和悲哀等基本的感情。如卓别林的《摩登时代》等一系列经典无声电影，在全世界观众中引起了强烈的反响。通过画面背景和时代背景我们更能理解电影传达的讽刺意味。哑剧的语言即是非语言行为，这种非语言是世界化的，可以让所有人都能了解演员要诉说的故事。“我爱你”这三个字若是用外语说，并不见得每一个人都懂，但是用眼神再加上一些肢体语言的传达，就一目了然了。自己刚到一个陌生的国度，也许不能熟练运用当地的语言，却可以和当地人进行简单的沟通。这是因为人类的基本非语言行为成了一种“世界语言”，使跨文化交际变得简单了。

（二）模糊性

非语言交际的意义是模糊的。在跨文化交际中，自己永远也无法确保他人是否能够准确理解自己的非语言行为所表达的含义。一个动作行为在不同的语境下、环境中，可能表示多种含义，在不同的国家、不同的文化中，解读也可能千差万别。非语言行为是文化的产物，由于个体差异的存在，常常也有例外的情况。如前所述，全世界的人们都有同样的基本感情，但是在涉及什么事情会引发某一种情感，人们在何种地方、使用何种方式对情感进行表达以及怎样定义情感等方面，都因文化的不同而产生差异。同时，非语言行为通常是无意识发出的，因此，发出的非语言行为往往有模糊不清的特征。比如，随意的一个动作，脸红低下头，这是一种很常见的现象，可能表示一个人害羞、紧张，也可能是因为做了错事，内疚自责。举起胳膊左右挥舞，通常会被理解为对方在招呼或者示意。然而，就非语言动作而言，自己并不会清楚地了解别人怎么理解或者解读。过于激动或感动时流下了泪水，不清楚状况的人会以为自己是伤心难过或是受了委屈。因此，非语言交际应该是存在于一定的语境中，自己才能准确地得出它的含义，脱离于语境以外的非语言行为具有模糊的特点。

（三）复杂性

人类在漫长的演化过程中，创造了属于自己的文明。民族和种族的区分，除了外貌体格等生理特征外，还有在此基础之上所建立的与众不同的民族文化。受文化的传承和影响，使得一部分人具有共同的民族文化习惯和非语言行为的表达模式。所以许多非语言行为都是文化潜移默化影响的结果。一种文化当中高雅善意的行为习惯也许在另一种文化中就是低俗恶意的体现。除了文化背景以外，非语言行为的表达方式还会受到多方面的影响，如社会背景、教育水平、性别、年龄、个人经历以及性格特质等。非语言行为是由人来发出的，人是千千万万的个体，不同的个体会有自己的行为特点、习惯动作、表达方式。非语言行为的表达在一定范围内具有共性，然而因为自身的特点，所习得的情况不同，不同的个体会有很大的差异性。加之非语言行为不是一成不变的，它是动态的、不断变化的，因而，非语言交际是复杂、多变的。

第二章　跨文化交际中的英语翻译

本章主要介绍了跨文化交际中的英语翻译，共分为四节，分别是英语翻译的基本知识、跨文化交际中的英语翻译困难、跨文化交际中的英语翻译原则、跨文化交际中的英语翻译策略。

第一节　英语翻译的基本知识

一、英语翻译的概念与性质

（一）翻译的概念

"翻译"一词在古代汉语中为"译"，本意是"翻译北方民族语言的官"。《礼记·王制》中提到："五方之民，言语不通，嗜欲不同。达其志，通其欲，东方曰寄，南方曰象，西方曰狄鞮，北方曰译。"[①]"译"的另外一个意思是解释经义，《潜夫论·考绩》中提到："夫圣人为天口，贤者为圣译。是故圣人之言，天之心也；贤者之所说，圣人之意也。"[②]随着现代汉语的发展，单音的"译"逐渐被双音词"翻译"取代，意为"把一种语言文字所表达的意义用另一种语言文字表达出来"。而《韦氏英语词典》（Merriam-Webster English Dictionary）中是这样定义 translation 的："Words that have been changed from one language into a different language"，或"The act or process of changing something from one form to another." 从中英权威字典上的释义可见，"翻译"指的是不同语言之间的转换，这不仅包括翻译的行为和活动，还应指翻译的过程和结果。

① 戴圣．礼记 [M]. 沈阳：万卷出版有限责任公司，2019，3.

② 王符．潜夫论 [M]. 沈阳：辽宁教育出版社，2001，15.

（二）翻译的基础

为什么不同语言之间可以沟通？为什么世界范围内的翻译活动会随着全球经济一体化的发展而越来越频繁？这涉及翻译活动存在的根本基础。人类共同的思维，也就是表“意”的一致性使得翻译成为可能，这也是不同语言之间转换的根本依据所在。虽然不同国家的人民生活环境差别很大，但不同文化和语言形成的基础——地球大生态圈是一致的，因此不同语言仍能体现出人类思维的同一性。举例来说，英语和汉语的文化渊源、历史背景和地域条件差别很大：中国大部分领土处于北温带，所在的陆地——亚欧大陆是全球最大的陆地，东临全球最大的海洋太平洋，终年季风气候发达，为农业的发展提供了天然的有利条件。因此，中国的传统主导文化，无论是物质的，还是精神的，都是建立在农业基础上的。中华民族对农业的重视和对土地的依赖，使汉文化发展出“重农和安土重迁的观念”，人们的语言、思维、风俗乃至俗话俚语，都与陆地上的自然环境有着密切的关系，如《礼记·祭法》中记载的“山林川谷丘陵，能出云，为风雨，见怪物，皆曰神”①。相反，英国地处欧洲西北部，海岸线很长，因此海洋被人们视为生命的起源、生活的依靠和财富的来源，海洋对英国人民的生活影响深远。英语当中有不少的词汇是与海洋、渔业有关的。随着后来的工业革命大潮，英国殖民地遍布全球，这些俚语等也随之深入了英语国家人们的日常表达当中。

尽管地理条件和环境不同，我们仍可以认为，人类所生存的地球生态环境系统是一个和谐统一的整体，在这个物质基础之上的人类思维和意识具有大体一致的结构及框架。这包括以下两个方面：

第一，语言是把人们思维和意识表述出来的一种象征符号，其所指代的物质实体应该是大致相同的，如同样指代一本书，中文中是“书”这个汉字，而英文则是“book”这个单词。

第二，人们认识事物、思考问题的方式和程序也是大体相同的，因为人们的知识、经验都是基于对大自然的认识。语言符号与意义的结合具有任意性，不同语言虽然符号、发音不同，但其代表的“概念或事物或物质实体从基本上说是对等的”。这种对等性使生活在不同区域的英汉两个民族在各自头脑中形成了一个

① 王符．潜夫论 [M]．沈阳：辽宁教育出版社，2001.

“基本相同的概念系统”。随着两国国际交流和商贸往来日渐频繁，也就出现了英汉之间的翻译，又逐渐形成一个专门的行业和学科。

（三）翻译的性质

结合中西翻译历史上对翻译的定义，《中国译学大辞典》中对“翻译”做了如下定义：“翻译是有文本参照的跨文化、跨语言的人类有目的的社会交际行为与活动，其对象选择、翻译过程因译者意愿与社会需求的不同而不同，同理，其翻译结果产生出无数种跟原文距离（包括内容和形式）远近不等的译文变体（translation variants），其变体在原文和译文作品之间构成了一个集合（set）。”[①] 他还用 T={T1，T2，T3，T4……Tn} 来说明原文与译文变体之间的集合。

其中 T 为 translation，从 1 到 n 之间有无数的译文变体，指所有根据原文翻译的作品。越靠左端的，越接近原文，如日常生活中常见的法律翻译、合同翻译等；而越往右端，译文离原文越远，也就越“不像”原文，如诗歌的翻译、文学作品的翻译等。某一个译文在这个集合中的位置，取决于译者的水平、经验、追求及社会的规约和要求（包括译文使用的要求、社会意识形态与伦理的制约等）。根据这个定义，我们可以归纳出翻译具有如下性质：翻译的个体性、翻译的社会性、翻译的艺术性、翻译的创造性、翻译的从属性、翻译的多样性、翻译的科学性和翻译的部分性。

1. 翻译的个体性

翻译都有人的活动参与，尤其是由译者而不是机器进行的翻译，都不可避免地带有译者的个人色彩。这与每位译者自己的教育背景、价值观、世界观、家庭、社会影响息息相关。每个人对英语原文的理解、汉语的表达能力和文化修养也都不尽相同，译文也就体现着译者的不同思想。

2. 翻译的社会性

翻译是“跨文化、跨语言的”“人类有目的的社会交际行为与活动”，由于不同的社会因素、社会需求和社会作用，产生了不同类型的翻译。翻译的社会性是指不同历史时期对翻译的民族文化心理、社会的精神需求、社会接受程度。换句话说，翻译绝不可能孤立于社会存在，翻译作为一种社会现象而产生，又推动着社会文化的发展，贯穿于社会发展的全过程。

---

① 方梦之．中国译学大辞典 [M]. 上海：上海外语教育出版社，2011.

3. 翻译的艺术性

刘宓庆在《翻译美学导论》[①] 中列出了翻译艺术性的三大特征，“普遍性、依附性和变通性”。翻译的普遍性在于，不管是什么样的文体，如诗歌、戏剧、散文经书、法律文件等，翻译都离不开斟字酌句、调整句式和润泽译文等文学加工。翻译艺术的依附性则在于翻译不能脱离原文存在。翻译不是创作，不能译者想怎么写就怎么写，翻译要受到原文的文体风格、文化差异、语言差异等各方面的限制，可谓“方寸之地见功夫”。变通性则是指译文要符合本国读者的审美情趣、文化传统和语言习惯，就需要对原文的艺术美加以改造，在不失原文精髓的情况下，让本国读者欣然接受。

4. 翻译的创造性

翻译的创造性主要指译者的主观能动性。译者在翻译的时候会受到诸多的限制，不能脱离原文任凭自己的喜好发挥。但从遣词造句的角度上说，译者又是具有一定自由度的。这个度里面，译者的创造性可以体现在“文化的移植、形象的再现、语言形式的传达、新译名的设立”等多方面。

5. 翻译的从属性

翻译的从属性与翻译的创造性相对，指译文的内容、主旨观点、感情思想、文体风格应当尽量与原文一致。译者不是作者，不能自己创作，只能根据翻译的要求尽可能忠于原文的艺术风格和韵味。

6. 翻译的多样性

翻译的多样性体现在译文的各个层面，从字词的选择到句式的调整、段落篇章的润色，无不见译者的功底。翻译的多样性指同一种意思可以有多种表达方法，也就是翻译中常提到的“意一言多”。在不违背原文意思的情况下，同一个英语单词可以用多个汉语词汇来翻译，这可以使译文更加生动活泼，但也需要译者对原文有确切的把握，且中文涵养也需要达到一定的境界。

7. 翻译的科学性

翻译科学性的基础是“人同此心，心同此理”，即在地球生态环境大统一的基础上，人类的思维框架和意识形态是基本一致的。人类语言具有“同质性”，即语言之间存在对应关系，如“door”对应“门”，“school”对应“学校”，“cloud”

① 刘宓庆 . 翻译美学导论 [M]. 北京：中译出版社，2019.

对应“云”，英语主动语态“I finished the work.”对应“我完成了工作”，被动语态“The child was taken home.”对应“那个孩子被领回家了”等。当然英汉两种语言存在许多无法一一对应的情况，但从广义上说，语言之间的同质性与对应关系仍是翻译的科学性所在。

8. 翻译的部分性

翻译不可能面面俱到地把原文的意思、情感、思想、韵味移植到译入语中，大多数情况是，译出了一方面，就很难再兼顾其他方面。因此，很多时候译者必须作出取舍，根据当时的社会情况、翻译要求、译者的个人经历等翻译出原文的某些方面，对另一些方面则简单翻译甚至完全忽略翻译。例如，在翻译诗歌的时候，英语诗歌的意境、音律、节奏往往很难在汉语中作出一一对应的翻译。为了让读者明白这首诗的意思，译者往往不得不牺牲诗歌音律方面的因素，而用无法形成韵脚或节奏的字词来翻译。

二、英语翻译的标准与方法

翻译标准指衡量译文质量的尺度，国内外对译文好坏有不同的观点。西方主要讨论的是可译性、不可译性、可译性限度和等效翻译等，而国内的标准则有严复的“信达雅”、傅雷的“神似”、钱钟书的“化境”等。但翻译的标准没有绝对的统一性，在不同的国家、时代，翻译的目的不同，其评判标准也呈多元化趋势。

（一）西方的翻译标准

西方的翻译理论虽然众说纷纭，种类繁多，不同学说讨论的重点各不相同，但就翻译标准而言，大体上主要在讨论翻译的可译性（translatability）、不可译性（untranslatability）与可译性限度（limit of translatability）等。

1. 可译性

在西方翻译界，语言之间的可译性是翻译理论和翻译研究讨论的一个基本问题。本雅明（Walter Benjamin）认为，语言是互补的，也具有互释性（mutual explanatory），这就是不同语言之间相互沟通的根本基础。人们都生活在地球上，虽然各个地域的生态环境、自然条件或者物质资源千差万别，各不相同，但我们仍可以认为人类所居住的地球生态系统是一个统一的大环境。这种物质的统一性使得人类在大脑中形成一个宏观上基本相同的意识形态框架。这也是语际交流的一个重要依据和基础。尽管各种语言的体系差别甚大，但语言之间的翻译主要目的是沟通和交流。在这个目标下，如果某个源语言的具体语言要素在目的语中找不到等值对应，在整体的翻译中仍可采取替代、解释等手段来保持信息的完整。

2. 不可译性

不可译性指译文不能准确、完整地再现原文。语言间的不可翻译一般是由两方面的原因造成的：第一，各种语言有其特定的文学形式，如英语中的十四行诗，汉语的唐诗宋词等，其形式对于传情达意有重要作用，但在目的语中并不存在对等的文字形式；第二，语言之间的文化差异导致不同的语言中有各自独特的，体现民族审美观、价值观和思维方式的表达，这样的表达在其他语言中并不存在。不过，随着时代的发展和交流的增加，这样的文化差异也会逐步缩小。

3. 可译性限度

由于语言形式和文化的差异，语言之间的翻译不可能完全对等。可译性和不可译性并不是截然对立的两面，也没有特别明显的划分。随着社会文化的发展，国际交流的增多，越来越多的不可译变成了可译。译者所能做的，就是最大限度地发挥主观能动性，不断努力突破可译限度。

（二）中国的翻译标准

提到中国的翻译标准，最常被人们提起的就是严复的“信达雅”。古人所说的“传神”“达旨”被后人借用描述好的翻译，针对严复的“信达雅”，后来的翻译理论家提出了更多的标准来补充说明“信达雅”的内涵。20世纪以来，傅雷提出了“神似”的标准，钱锺书提出了“化境”的标准，直至辜正坤提出“翻译标准多元互补论”，国内对英汉翻译的评判标准的争议至此告一段落。下面简单回顾一下以上标准：

1. 案本而传

早在东晋时期，佛经翻译大师道安就提出了“五失本，三不易”之说，开创了中国翻译理论之先河，现在已经成为举世公认的佛经翻译原则。他也曾就翻译标准提出了“案本而传”的理论：“案本而传，不令有损言游字；时改倒句，余尽实录。”[①] 即按照原文的本意翻译，这样可以不失原义；除了偶尔改变原文的词序外，应尽量将原文忠实翻译。

① 释道安．道安著作译注[M]．胡中才，译．北京：宗教文化出版社，2010，6.

2. 信达雅

严复在《天演论·译例言》中谈到:“译事三难:信、达、雅。求其信已大难矣!顾信矣不达,虽译犹不译也,则达尚焉。”[①] 中国翻译研究者对于严复提出的这“译事三难”通常解读如下:“信”指忠实于原文内容,为读者准确传达原文中的信息;“达”指用目的语言地道表达,刘德重、思果认为严复的“达”为“达如其分”之意;“雅”指译文的艺术表现力和风格特色应当与原文相当,而刘、思则把这一条标准解读为“切合原文风格”,也就是形式上与原文保持一致。

3. 神似

从效果的层面来说,翻译应该如同临摹绘画,追求的不是形似,而是神似。“神似”这一古语出自东晋顾恺之(384—409)的《画论》。传说他画人物几年不画眼睛,原因就是他认为“传神写照,正在阿堵中”[②]。即人物的神采精妙之处,都在眼睛上,不可轻易画就。后来这个“传神写照”便被沿用于翻译理论中,指对原文内容的准确传达和形式的灵活模仿。后被翻译大家林语堂引用作为翻译的标准,再经由朱光潜的“近似”、傅雷的“神似”,最后发展为钱锺书的“化境”。

4. 化境

化境指的是将作品从一种语言转换成其他语言,但却不会因为语言习惯的不同而显得生硬和勉强,还可以保留原作品所蕴含的风格。这一标准要求译者能够想原文作者所想,与其达到心灵上的契合,也就是这种契合超越了空间和时间上的限制,打破了种族上和文化上的樊笼。《中国译学大辞典》中说,“化境是包含或超越两种语言范型、两种文学传统、两种文化特性的翻译境界”[③]。这应当是翻译的一种至高境界,虽然不易达到,但译者应当不断提高自身素质修养,为达到“化境”目标而努力。

5. 翻译标准多元互补论

应当以一种宽容的态度承认多个翻译标准同时存在,这些标准具有不同的侧重点和功能,可以相互补充。由于翻译的目的、社会作用、读者群体特点具有多样性,翻译策略、手法和翻译途径又各有差异,翻译不可能单纯地以某一个或几个标准来衡量,所以好坏应当是一个相对的概念。有学者提出了一个“标准系统”,

① 赫胥黎,严复. 天演论 [M]. 北京:中国青出版社,2009,27.
② 张彦远. 历代名画记 [M]. 杭州:浙江人民美术出版社,2019,19.
③ 方梦之. 中国译学大辞典 [M]. 上海:上海外语教育出版社,2011,129.

即“绝对标准—最高标准—具体标准”，其中“绝对标准”指原作，虽然是永远不可能达到的标准，却可以尽量地接近；“最高标准”指“最佳近似度”，即译文与原文之间所能达到的最大相似程度；“具体标准”指在读者的有限认识能力内所默认的具体判定某篇译文的标准。而这些多元标准的互补性则体现在“一个翻译标准所具有的优点，正是别的翻译标准所具有的缺点”，不同的标准能够衡量译作的不同方面，除了起到各自的作用，还能相辅相成。

（三）翻译的方法

每一个翻译任务，翻译的类别不同，翻译的目的、要求、要收到的效果也各有差异，因此有必要因地制宜，采取具体的翻译方法、策略来解决不同情况下遇到的翻译问题。翻译方法指对翻译过程、翻译技巧和翻译效果的系统性理论描写和总结，是翻译理论研究的一个重要方向。它的作用在于以下两点：

第一，帮助译者制定翻译策略。这个策略指译者在传达原文意境、情感、思想、文体时所采用的总体设想。

第二，指导译者，尤其是帮助初学翻译的学员在遇到翻译困难的时候找到解决的思路。翻译理论是在前人大量的翻译实践的基础上总结提炼、后人不断补充说明而形成的；反过来翻译理论又具有指导作用，为翻译过程中解决具体问题指明方向。不同的时代和国家，对于翻译方法的分类不同，如诺德（Christiane Nord）以翻译目的为原则提出的“工具翻译”（instrumental translation）和“纪实翻译”（documentary translation），纽马克以语言学理论为基础提出的“语义翻译”（semantic translation）和“交际翻译”（communicative translation）。

中国国内的翻译方法主要有异化（foreignization）和归化（domestication）、直译（literal translation）和意译（free translation）。

1. 异化与归化

“异化”和“归化”作为一对翻译理论术语，是韦努蒂（Lawrence Venuti）1995 年首先使用的。在《中国译学大辞典》中，“异化”被定义为：“在生成目标文本时通过保留原文中某些异国情调的东西来故意打破目的语惯例的翻译类型。”①“异化”的英文还可以写作“alienation”或者“source-language-orientedness”，主要表现在译文中保留了外来文化的语言特点，吸纳外语表达方式，使读者仿

① 方梦之. 中国译学大辞典 [M]. 上海：上海外语教育出版社，2011.

佛置身国外。例如，在英语当中，“long time no see”“good good study，day day up”“people mountain people sea”等本来都是语病深重、语法支离破碎的洋泾浜英语，但随着汉语在国际社会越来越多的使用和中国文化与世界文化越来越频繁的交流，尤其是英语国家的年轻人，愿意“让洋泾浜英语再飞一会儿”，这样的话语越来越多地出现在英语母语者的日常用语之中。而类似“沙发”（sofa）、“歇斯底里”（hysteria）、“幽默”（humor）等词则是由英语直接音译为汉语，到今日已与原有的汉语词汇一样使用广泛。

“归化”原指一个国家的人加入另一个国家的国籍，而翻译上则指“恪守本族文化的语言传统”，用地道的译入语表达方式来翻译其他语言作品。主要指大量采用译入语的词汇表达和句式结构，尽可能地淡化本国读者对原作品的陌生感。它的英文也可写作“target-language-orientedness”，特点是将原文按照译入语的思维模式及表达习惯，也就是将英文按照汉语的句式译出。适当的归化，可以“使译文读来比较地道和生动”。比如在翻译英语俚语的时候，采用归化的方法，同样用中文的成语或俗语翻译，可以保证译文的简洁及表达效果。

2. 直译与意译

对于直译的定义，一直是翻译界争论的一个论题。直译的英文为“literal translation”，也就是字面翻译，通常理解为逐字对应翻译。例如“get down on your knees”，若按照字面翻译，应译作“跪在你的膝盖上”，但无论哪一位汉语母语者读着都会觉得别扭，其实只要译为“跪下”就可以了。但国内翻译界一直有另一个观点，认为逐字翻译只能算作“死译”。大文学家周作人、鲁迅及茅盾等人都认为，直译不一定是照搬原文的内容、句式，而是“以原文形式为标准，依样画葫芦”。不打破原文句与句的划分，即原文有一句，就译为一句，不会合并短句或把一个长句分割为数个短句；不采用转译法译词，但可以改变原句的词序和句子内部各成分的次序。这样的翻译也可叫作顺译，即在表达方式上无须另辟蹊径就能准确传达原文内容。直译的优点是可以更好地反映原文的异国情调，在翻译原文的思想情感时，可以更好地避免译者的主观感情因素。在没有必要另起炉灶、大刀阔斧改动原文形式的情况下，直译是最佳方法。

（四）翻译的一般步骤

翻译至少涉及两种不同的语言，而英汉翻译就是指从英语到汉语的转化。翻译的关键归根到底是译者的思维活动，这样的思维活动就是对语言的分析理解、综合表达。英语、汉语和其他语言一样，都是音义结合的符号系统。人们接触一种语言，首先感受到的就是词汇。词汇是“语言中能够独立运用的最小符号”，词语之间相互组合，形成词组、短语、成语和俚语等表达，这些表达相互联系，又形成分句，而数个分句又可以组成句子，句子再进一步又构成语段乃至篇章。因此，要做好翻译，应当先做好对原文的分析理解。

1. 对原文的分析理解

（1）对原文“词语——短语层次的分析理解”（lexical analyzing）

英语词汇形态特征比汉语明显，如现在分词一般加 -ing、一般过去式和过去分词一般加 -ed、副词一般加 -ly 等。虽然英文词不能单凭形态来判断词义，但大多数情况下可以凭形态辨别出词的词性。这些词语在句中所充当的成分相对比较固定，如名词、名词性词组一般做主语、宾语、补语，而动词、动词性词组主要做谓语等。初学翻译，很多人容易忽略语法的重要作用。只有正确辨别了句子当中词语的词性、所充当的成分，才能为下一步正确地理解句子，尤其是为理解含有错综复杂的从句的英语长句打下坚实的基础。

（2）对原文“分句——句子层次的分析理解”（syntactic analyzing）

英语的句子是“在分句基础上通过句法手段衔接在一起的语义连贯的语言片段”，连接机制非常明显，例如原因从句一般由“that”引导，修饰前行定语；时间状语从句一般由“when”引导，修饰表示时间的名词或词组；地点状语从句由“where”引导等。这一步分析的主要任务是要弄清楚哪个分句修饰哪个成分，否则很容易张冠李戴，误解原文的意思。英语句子属于扩展型，通过加入修饰成分和分句，一个简单的句子可以扩展为结构复杂的长句。在做句子层面的分析时，首先紧缩成分，找出句子主句的主干，也就是主句的 SV（主谓）、SVO（主谓宾）等结构，再逐层分析从句的主谓。

（3）对原文“语段——篇章层次的理解分析”（text analyzing）

以上两个步骤——词汇和句子的理解都可以借助语法。这一步，单纯的语法分析就远远不能胜任了。词汇和句子层次都可以看作微观的分析，一种从下至上的分析方法（down-top analysis）；而语段和篇章的分析则是一种从上至下的分析法（top-down analysis），需要译者有一个宏观的视角，从整体把握篇章的逻辑脉络、思维发展和文体风格。在词汇、句子层次无法绕过的许多难题，如果能从篇章层次分析，常常能够迎刃而解。例如，根据文章的文体、感情基调，可以确定词汇的具体色彩和释义。

三个层次的分析理解都非常重要，这是译者能够正确理解原文、确定译文用语的关键所在。这之后，就是译文的表达阶段。

2. 翻译的表达

翻译的表达指在正确理解原文之后，以获得的内容和句子结构为标准，初步生成译文，再通过适当的选择、调整和优化，力求让译文读来生动流畅而不损失原文信息，一般涉及选择用词、调整句型、终端检查三个步骤。

（1）选择用词

翻译表达的第一步是选择用词。译者首先要进行词义辨析，然后才能确定用哪一个具体的中文词来表达原文的意思。词义辨析是译者最重要的基本功，是译文成功与否的基础，也是译者永远都会面对的难题，因为英文是一种适应性极强的语言，在词汇上突出地表现为一词多义（polysemy）。英语词的含义丰富，范围广泛，独立性小，需要依靠上下文和语境（context）来判断。

词义辨析最常用的三种方法是词语语义关系辨析法、语法层次关系辨析法和搭配关系辨析法。

第一种方法，词语语义关系辨析法，即根据词语的形态结构和组成成分进行分析，将单词分解到最基本的词素，通过推演融合各个词素的基本意义，归纳得出词汇的基本含义。英语的构词法包括合成法（compounding）、词缀法（affixation）、混成法（blending）、剪截法（clipping）、首字母缩略法（acronymy）等。

第二种方法，语法层次关系辨析法，即对某一疑难词进行语法关系（层次和范畴）上的分析，也就是在某一语法层次中分析单词语法上的语义变化。这是分析英语这样的形态语言最常用的词义辨析方式。

第三种方法，搭配关系辨析法，也就是通过词在句中的搭配关系来判断词的含义。第一种和第二种方法只能得到单词最基本的意思，不能直接放到句子的语境中使用。由于英语词一词多义的特征和独立性小的特点，词语往往需要搭配关系（collocation）来确立具体的词义，进而建构句子、语段乃至篇章。如单词

“heavy”的本意是“沉重的”，但在不同的搭配中，意义又各不一样，甚至常常与字面意思完全不同。

此外，在辨析词义的时候，还需要考虑两种语言的文化关系、专业领域等其他因素。英汉两种文化之间巨大的差异赋予了各自词汇许多特定的意思，因此翻译时切忌望文生义。

对于不同的专业，英语倾向于寓新意于旧词，喜欢用已存在的单词表达新出现的事物、现象或事情。相反，汉语则倾向于用新词表新意，这也就是英语的一词多义对译者造成困难的原因之一。

（2）调整句型

句子是最基本的逻辑意义单位，对句子的理解和表达正确与否会影响整个语段和篇章的连贯性和整体性。理清句子逻辑、精确理解句子含义和正确表达句子是整个翻译过程中至关重要的步骤。

（3）终端检查

英译汉的最后一个程序是终端检查，也就是逐字、逐句地校对检查，看看是否有漏译、错译，是否将英文原意都如实地翻译到译文中了。这一步可以采取的一个有效办法是回译法（back translation），检查翻译出来的汉语是不是可以回译到原来的英文，或者回译的英文内容与原文无二。如果回译的英文与原文差别太大，译者便需要再次从头推敲，看看是在哪一个翻译环节造成了这样的差异。另外便是要再次推敲译文的词语搭配、句式结构，使译文的行文更加流畅通顺、更加符合原文的风格和精神。

三、英语翻译的准备与过程

翻译是运用两种语言的复杂过程，它包括正确理解原文和准确运用另一种语言再现原文的思想内容、感情、风格等。由于翻译工作的复杂性，适当的准备工作是不可缺少的。通过准备，可以使翻译得以顺利进行。

（一）翻译的准备

翻译应该进行必要的准备，以利于翻译能顺利进行。

正式开始翻译之前可以做的工作很多，主要精力应放在查询相关资料上，以便能对原作及其作者有一个大概的了解，同时为了保证质量和节省时间，还应熟悉整个翻译过程可能使用的工具书和参考书。

1. 了解作者

对于作者，需要弄清楚他的简略生平、生活时代、政治态度、社会背景、创作意图、个人风格等。比如，若要翻译一名作家的一篇小说，为了获得有关作者的一些基本信息，可以阅读作者的传记、回忆录，或者别人写的评传，或者研读文学史、百科全书、知识词典等。还可阅读用汉语解说的相同辞书，如：《中国大百科全书》《辞海》《简明不列颠百科全书》《外国名作家传》《外国人名辞典》《外国历史名人》等。

2. 了解相关背景

背景知识指的是关于作品创作、作品传播以及作品内容的相关知识。而超语言知识在语言学的概念里指的是，交际行为发生的环境、文章所描写的环境以及参与交际对象等。两个概念的外延合起来大约涵盖了前辈翻译家说的“杂学”。

（二）翻译的过程

翻译的过程是一个十分繁杂的心理过程，其工作重点是如何准确地理解原文思想，同时恰当地表达原文意义。换言之，在翻译的这一过程中，译者对于原文的内容进行了解读，并能够将其正确地传达给读者。它是通过理解、表达和修改三个相互联系的环节构成的。这三个环节是相互联系的统一流程，彼此既不能分开隔断，又不能一概而论。

为了讲解方便，我们把翻译过程中的理解、表达、校改三个环节分别进行简略论述。

1. 理解

（1）翻译中理解的特点

第一，在翻译中，理解具有明显的目的性，也就是要忠实地表达原作的意思，并尽可能地重现其形式之美。这就需要译者对于作品的理解，比在通常的阅读中的理解要更加透彻、更为细致。翻译的理解系统从宏观上看，要包括原作产生的社会、历史和文化背景；从微观上看，要细致到词语的色彩、语音，甚至词形。从某种意义上来说，以翻译为目的的理解比以其他内容为目的的理解所面临的困难要多。以消遣为目的的理解显然无须去分析作品的风格，更无须每个词都认识。

即使以研究为目的的理解也无须面面俱到，而只是对所关注的内容（如美学价值、史学价值、科学价值、实用价值等）的理解精度要求高一些。

第二，以翻译为目的的理解采用的思维方式不同于一般的理解。一般的理解，其思维方式大都是单语思维，读汉语作品用汉语进行思维，读英语作品就用英语进行思维。以翻译为目的的理解使用的是双语的思维方式——不仅运用原语进行思维，还运用译入语进行思维。原语和译入语在译者的大脑里交替出现，正确的理解也逐步向忠实的表达推进。

第三，以翻译为目的的理解，其表达过程的思维方向遵从的是逆向—顺向模式。一般的抽象思维的方向是从概念系统到语言系统，而阅读理解中的思维则是从语言系统到概念系统，是逆向的。一般的阅读理解捕捉到语言的概念系统后任务便完成了，而翻译则要从这个概念系统出发，建构出另一种语言系统。

（2）顺向思维过程

理解是翻译过程中的第一步，是表达的前提。这是最关键，也是最容易出问题的一个环节。不能对原作进行准确透彻的理解，就谈不上表达的问题。对于文本的理解应从文本中的语言现象开始，并与文化背景、逻辑关系、特定的语境、特殊的专业知识等因素相联系。

理解中应注意以下几个方面：

①理解语言现象：语言现象的理解主要涉及词汇意义、句法结构、修辞手法和习惯用法等。

②弄清文化背景：英美的文化背景和中国不同，由此产生了与其民族文化有关的习惯表达法。翻译时我们必须弄清历史文化背景，包括有关的典故等。

③理解原文所涉及的专业知识。

④透过字面的意思，理解原文内在的深层含义：翻译时需弄清具体含义，切忌望文生义。特别是对文学作品，还要抓住其艺术特色，并深入领会其寓意。

⑤联系上下文语言环境：认真阅读上下文，了解语言环境，也就是要在一定的语言环境中才能理解得深刻透彻，只有联系上下文，才能理解原文的逻辑关系，才能确定词语的特定含义。从语言学的观点看，如果是单独的一个单词、短语或句子，很难判断出它到底代表着什么，只有在一个特定的语言背景下，有相应的上下文内容，才可以对其含义进行判断，才能得以正确的理解。

2. 表达

在翻译的过程中，表达是其第二个步骤。表达是实现从原语到译语信息转换的关键所在。表达是理解的目标与结果，而理解则是表达的基础。表达的实际效果取决于译者对原语的理解程度和其实际运用和驾驭译语的能力。

理解准确则为表达奠定了基础，为确保译文的科学性创造了条件。但理解准确并不意味着一定能翻译出高质量的译文，这是因为翻译还有其艺术性。而翻译的艺术性则依赖于译者的译语水平、翻译方法和技能技巧。就译语而言，首先要做到造词准确无误，其次还要考虑语体、修辞等因素，切忌率尔操觚、随便乱译。另外，表达还受社会方言、地域方言、作者的创作手法、写作风格以及原语的影响。

翻译时还须根据具体的情况选择合适的语言单位。如果把句子作为翻译单位，在句子内部又要考虑词素、词、词组、成语等作为翻译单位的对应词语，在句子外还要注意句间的连贯性、语体的统一性等。因为两种语言之间存在着差异，所以译者在翻译单位的对应方面仍会遇上表达的困难。因此，译者必须对两种语言不同的特点进行对比研究，从而找出克服困难的某些具体方法和技巧。

由此可见，理解原语只是翻译过程的第一步，译文准确妥帖还受很多因素的影响。表达恰当才是翻译的实质。

3. 校改

校对和修改译文也是翻译过程中不可缺少的一个环节。翻译得再好，也难免会有疏忽和错漏的地方，只有认真校改才能加以补正；即使没有错译或漏译的地方，有些术语、译名、概念以及行文的语气风格也会有前后不一致的情况，必须通过校改使之一致；在文字上，译文还须加以润饰，比如把表达不够准确的词语改成能够完全传神达意的词语，把逻辑上不贯通或语气上不顺的句子改好、理顺等；在分段和标点符号的使用上，应按译文语言的习惯来进行处理。具体如下：

①核对人名、地名、数字和方位等是否有错漏。

②核对译文中翻译单位有无错漏。

③修正译文中误译或翻译欠妥的翻译单位。

④校正错误的标点符号。

⑤文字润色、统一文体，使译文流畅。

校改是理解的进一步深化，通过校改可以深入推敲原文。一般来讲，译文要校改二至三遍。第一遍重在核实较小的翻译单位，如词、句，看其是否准确。第二遍着重句群、段落等大的翻译单位并润色文字。第三遍则要过渡到译文的整体，看其语体是否一致，行文是否流畅协调。切忌通篇充斥生僻罕见、陈腐过时的词句。总之，第一、第二遍由微观入手，第三遍则上升到宏观校核。当然，如时间允许，多校对几遍也很有必要。

4. 理解、表达和校改三者之间的关系

上述理解、表达与校改都是翻译过程中不可缺少的环节，而且这三个环节是相互联系的。特别是理解与表达，是很难分开的。在翻译实践中，译者理解原文时，必然同时要考虑选择什么样的表达方式；在表达时，必然又在加深对原文的理解。对原文某一词语的初步理解不够准确时，就有可能译出与上下文不相适应的表达方式。这时就会迫使译者不得不再一次深入理解原文，从而找出更恰当的表达方式。由此可见，在翻译实践中理解与表达是一个多次反复而又互相联系的过程。至于校改，一般说来是在完成理解与表达的初译过程之后进行的。但是理解与表达过程中多次反复的分析与斟酌，实质上也就包含了反复校改的过程。而且在最后校改的阶段，也必然伴随着理解与表达的活动。所谓“校”，就是指通过对译文表达形式的校阅，来查译者对原文的理解是否准确无误；所谓“改”，就是把译文中欠妥的表达形式进一步用更好的语言形式表达出来。

第二节　跨文化交际中的英语翻译困难

跨文化翻译并不是单纯的语言信息转换，其必然涉及文化因素，跨文化翻译不仅是语符表层指称意义的转换，更是两种不同文化之间的相互沟通和移植；跨文化翻译过程既涉及两种语言，同时也涉及与其相关的两种文化。语言交际在不同文化中都是以自身默契来进行解码或编码的，英汉两种语言在表达时往往折射出文化差异，但它所处理的却是博大精深、相似与差异并存的两种文化。因此，跨文化翻译障碍主要有语言差异、思维差异、历史差异、宗教差异和文学典故方面。就翻译而言，文化障碍即文化差异，主要表现在历史文化、地域文化、习俗文化以及宗教文化这四个方面。

一、语言障碍

汉语属于表意文字，发源于象形文字，文字的图案代表其含义，能够产生意义层面的联想，激发形象思维。汉语语序较为固定，重人称与主体，习惯用表示人或物的词汇做主语，所以多用主动句，喜欢使用动态词汇，重意合，趋于化整为零。此外，汉语重视人际关系。英语属于拼写文字，字母就是最基本的语言符号。单词的拼写和读音之间存在着一种特殊的逻辑联系，遵照一定的发音规则。而字母只是表示意义的一种符号，语言信息的表述依靠符号、依照特定的语法逻辑关系进行一定的排列组合。英语语序变换多，英语重物称与课题，常采用无生命词汇做主语，所以多用被动句，英语喜欢使用静态词汇，而重形合，趋于化零为整，英语重客观事实。

这就是英语、汉语这两种语言在风格、文化等方面的不同之处，而正是这种不同给翻译带来了很多困难。英语重精确，汉语重含蓄。一般而言，英汉语言之间的差异主要体现在以下几方面：

（一）词汇障碍

随着文化的不断发展和推进，语言也在不断形成与发展甚至融合，不同国家、民族、地区的人有着不同的语言心理、文化观念、生活习俗、思维方式等，他们对同一物质世界、表观现象的概念与划分也会有所不同。这种差异性往往会体现在词汇层面上，具体表现为两点：一是语义场的空缺，二是对应词汇内涵的差异。

1. 词汇语义场空缺

词汇语义场空缺是指在源语中存在词汇却在译入语中找不到对应的词汇。例如，英国是一个岛国，英国人的“船”引申出非常多的描述方式，相关词汇有ship，boat，catboat，ketch 等，但是汉语却没有合适的对应词语，可能只能增加描述性词汇进行翻译。更多例子如下：

ambulance chaser 的字面意思是“追逐救护车的人”，实际上在英语中是指在发生交通事故之后以及事故中的伤员被救护车送往医院之时，从中看到商机的律师赶往医院劝说伤员或其亲属雇佣自己为其律师，即“乘人之危牟利的律师”（就是怂恿事故受害者诉讼以从中牟利的律师），属于贬义词。这一英语词组讽刺了这类乘人之危谋取利益、毫无道德感情、唯利是图的一类美国律师。汉语中缺乏相对应的词语，如果简单翻译成“投机取巧的人”并不能完全表达原文的意义，所以只能增加描述性词汇进行翻译。

Virtual Friday 是指“星期五为假日时的星期四”。星期六和星期日通常为周末假日，所以星期五就是上班人士感觉有盼头的一天。如果星期五赶上假日，那么星期四就成为让人感觉有盼头的一天了。由于汉语没有相应的词汇，解释翻译成“假日前的最后一天工作日”就算是可以传达原文的主要含义了。

framily 由英文 friend 和 family 组合而成，意指“最亲近的朋友”，尤其是亲如一家人的朋友。汉语里似乎尚无类似的词语，翻译成“情同手足的朋友”也是一种解释型翻译。

bar hopping 为美语，英式英语的表达方式为 pub crawling，意指去不同的酒吧喝酒。泡吧是一种源自西方的娱乐活动，逐渐传入我国并被年轻人所接受。然而同一晚上去多家酒吧喝酒在我国并未流行，因此，还没有相应的汉语词汇。

Triple Bottom-line（TBL）国内一般译为“三重底线”，但大多数中国读者应该不知其为何意。Triple Bottom-line 由英国学者约翰·埃尔金顿提出，是一种衡量企业成功的全方面的价值标准，表示企业在扩展或获取资源和经济价值时应兼顾经济效益、社会道德规范以及环境的可持续性，即三方面全部达到即可成为一种新型的企业成功标准。

freemium 一词由 free（免费的）+premium（额外费用）合成，意为“免费增值”，是一种相对而言比较新的商业模式，由美国风险投资家弗雷德·威尔逊于 2006 年提出。具体来说 freemium 是一种通过免费服务吸引用户，然后通过附属的增值服务将部分免费用户转化为收费用户，进而实现收入的商业模式，目前被互联网企业所采用。

2. 词汇内涵的差异

有的时候源语词语与译语对应词语所承载的文化信息不相同，甚至相互矛盾，也就是词语的表观意义相同，但词义所指的文化意义却完全相反，这就是词汇内涵的差异。例如，英汉语中都有“家庭”“个人主义”这些概念性词语，但是它们在文化意义层面上存在较大差异。

propaganda 一词源于拉丁语 Congregatio de propaganda fide，意指“宗教理念的传播”，基本上是个中性词。但由于 20 世纪 30 年代德国被纳粹控制，propaganda

开始逐渐成为一个贬义词，指的是一种以统治为目的、对公众进行洗脑的宣传。“冷战”期间，propaganda 还有了“洗脑”和“灌输”的意思。因此，不应将国家的各类宣传部门译为 Department of Propaganda，而可考虑译为 Department of Publicity 或 Department of Information，这样可以避免英语读者可能产生的误会，甚至是反感，例如，“北京市委宣传部”可译为 Beijing Municipal Information Department。

（二）语义联想差异

表达同一事物的英汉对应词汇可能会产生完全不同的通过联想引申出来的意义。比如地域文化引申出来的翻译，指的是由所处不同地域、自然条件和地理环境所形成的文化内涵及一些固定的表达方式，主要表现在不同地区的民族对同一现象或事物采用不同的语言表达形式。如汉语“人心齐，泰山移”中的“泰山”就是中国山东省的一座高山，是五岳之首，它的文化内涵即是喻指显赫的事物，这对于一个缺少中国文化背景的外国人来说，是难以体会到该俗语所要表达的意义的。

在中国的文化中，自古以来人们以牛耕为主，因此，耕牛就成为为勤劳的一种象征。人们常常把辛勤劳动的人比作“老黄牛”，鲁迅先生也曾经说过一句名言：“俯首甘为孺子牛”。和中国不一样，英国人的耕种方式以马为主，而牛则很少劳作，牛以产奶、产肉为主。所以在英美文化中，马就是勤劳、能吃苦的代表。于是，在翻译中，汉语的表述是“力大如牛”，而英语则用“as strong as a horse”进行翻译；汉语表达“像牛一样勤劳”时，英语则变成了“work like a horse”的表述。

英语中的 owl 一词可以使英语读者联想到智慧、聪明。在儿童读物和漫画中，猫头鹰（owl）通常很严肃，很有头脑，常充当裁判的角色，因而有 as wise as an owl 这样的英语常用语。在汉语中，猫头鹰的形象则完全不同：很多人认为猫头鹰与恐怖的事情联系在一起，怕看到它或听到它的叫声。例如，“夜猫子（猫头鹰）进宅”意味着厄运将至。

（三）语法障碍

受自身文化的制约和影响，英汉两个民族的思维方式有所不同。因此，他们对同一话题所审视的角度、所表达的方法都不一样。例如，否定句在英汉两种语言中都很常见，但是在表达上却存在较大差异。英语中的否定结构比较复杂，倘若用汉语语法分析及翻译，有些从句子形式上看是否定句，但是从内容上分析则为肯定句，反之亦然。因此，在对英语的否定句进行翻译时，切忌望文生义，必须对源语的形式和内容多加还原，才能把握句子的正确意义，然后再从汉语读者的表达习惯出发来翻译。

（四）语用障碍

理想的翻译应能够在原文和译文之间实现意义上的等效，进而完成有效的跨文化交流与沟通。但不同的文化对应着不同的社会交往礼仪方式，即习俗文化（贯穿于日常生活中的各种民俗习惯所形成的文化），因此，不同的文化语境以及不同的读者认知可能会使相同的语言表达产生不一样的解读，从而导致跨文化交流的失败。比如，在问候、称谓、感谢、赞扬、道歉、离别、约会等方面，各个民族都拥有自己独特的文化规则和风俗习惯。英汉两种语言在问候用语、电话用语、称呼用语上就存在较大不同。如英语民族的人见面时喜欢谈天气，中国人见面打招呼时常用“你去哪儿？”“吃饭了吗？”这几句话没有实际的含义，只是礼节性地打招呼，没有具体表示关注对方是否吃过饭了，更不是表达某种邀请对方吃饭的暗示。然而西方人往往对这几句话却很敏感和认真。“你去哪儿？”在他们看来属于自己的私事，别人不能随便打听，否则就被看作没有礼貌。他们甚至还把“吃饭了吗？”当成一起吃饭的邀请。

又如，我们有“红白喜事”的说法，对于不了解中国文化习俗的英语国家的人来说，把生儿育女、迎娶婚嫁之类的事称为“红喜事”可以理解，因为英语中也把这类喜庆之日称为“red-letter day”，但将寿终正寝称为“白喜事”，就会使他们难以理解和接受。此外，在中国人婚礼宴会上人们常用“恭喜”二字对新郎新娘表示祝贺，但在英语文化中“Congratulations！”一词应只适合说给新郎，而不可以此向新娘道喜，因为“Congratulations！”表示几经努力终于得到某人或做成某事。对新娘说“Congratulations！”好像意为“你终于不择手段找到了个丈夫”或“你终于嫁出去了”，难免让对方不悦。

John Doe and Richard Roe 可译为“原告与被告”。在英语中，John Doe 用于指代“诉讼程序中不知真实姓名的当事人”“无名氏”“某男”，类似于汉语中的“张三”“李四”。如果是不知名的女性，还可以用 Jane Doe 来表示。John Doe and

Richard Roe 这一短语据传源自英国爱德华三世统治时期，在当时《驱逐法案》的讨论中，虚构了两个人名：一个是 John Doe，代表土地所有者；另一个是 Richard Roe，是租地的人，他将租来的土地据为己有。后来，John Doe 和 Richard Roe 被广泛用作诉讼程序中对不知姓名的当事人的假设称呼，John Doe 通常指收回不动产诉讼中假设的原告，Richard Roe 指被告。因此，将 John Doe and Richard Roe 译为“原告与被告”，而不应按照其字面的意思译为“约翰·多依和理查德·罗依”，这样才符合语用功能对等的原则。

Then he was off to Columbia Business School，where he found his Rosetta Stone of investing.（后来他进入哥伦比亚商学院就读，在那里找到了投资的秘诀。）Rosctta Stone 是一座古埃及石碑（世界级文物），制作于公元前 196 年。石碑上有以希腊文、埃及文、古埃及象形文字篆刻的古埃及国王托物密五世诏书。该石碑于 1799 年被一位法军上尉在埃及港湾城市罗塞塔发现，自 1802 年起保存于大英博物馆中并成为镇馆三宝之一。由于罗塞塔石碑为破解如谜题一般的古埃及象形文字提供了重要的线索，因而被喻为解决谜题或困难事物的关键线索或工具。所以根据语用功效对等的原则，可将本句中的 Rosetta Stone of investing 引申译为“投资秘诀”。

显而易见，译者在翻译过程中应重视英汉语言之间的语用差异，努力避免这种差异可能造成的跨文化误读。

二、思维差异

思维是人脑对于客观事实的一种反映，是人对于客观世界的一种认知能力。语言是思维的表现形式，它既是思维的工具，又是思维的外在表现。思维与语言是一种相互影响、相互依存的关系，思维在语言中起着决定性的作用：思维的差异决定了语言表现形式的多样化。

由于民情、习俗、宗教、历史、生态环境不同，各民族可能会采用不同的思维角度来审视相同的思维对象或内容，进而采用不同的语言表达形式。例如，要表达“通过做某件事获得双重的益处”，汉语可以用“一举两得”或“一箭双雕”，而英语则可以用 to kill two birds with one stone（一块石头打死两只鸟）。较为明显的是，虽然思维的内容在整体上是一致的，但是思维方式存在着一定差异，因而不同的民族在语言表达这一层面也就有着很大的不同。英汉族在思维层面所体现出的差异主要表现在以下几个方面：

（一）抽象思维与形象思维

总的来说，英美人的思维方式具有较强的抽象性，而中国人的思维方式则具有较强的形象性。这种差异在语言方面的体现就是，英语大量使用抽象名词，而汉语较少使用表示抽象概念的名词，如下：

We admit his greatness as a poet，but deny his goodness as a man.（我们承认他是一位伟大的诗人，但我们否认他具有高尚的品格。）本句中的 greatness 和 goodness 都是表示品质的抽象名词，使得原句显得庄重正式，行文工整，语言简练，但是为了使译文符合汉语表达习惯，则需要运用词性转换方法，将其分别转译为汉语的形容词，即“伟大的”和“高尚的”。Terrorist attacks can shake the foundations of our biggest buildings，but they can not touch the foundation of America. These acts shatter steel，but they can not dent the steel of American resolve.（恐怖袭击可以动摇我们的摩天大楼的根基，但却无法撼动美国的立国基石。恐怖袭击的行径可以摧毁钢铁，但却无法削弱美国人民钢铁般的决心。）本句选自美国第 43 任总统小布什在“9-11”事件后所发表的电视讲话。本句中的第二个 foundation 指的是“美国的立国之本”，因此可译为“立国基石”；第二次出现的 steel 用的是借喻的修辞手段，需要采用形象化策略加以处理，译为“钢铁般的”。

（二）客体型思维与本体型思维

英美文化以客观事物为中心，重视外向探索、不懈追求的精神，将自然作为研究和征服的对象，进而形成了客体型思维方式。中国文化则以人文为中心，以人生为本位，进而形成了本体型思维方式，即以人为中心来观察、分析、推理和研究事物的思维方式。

客体型思维和本体型思维反映在语言形态上的明显特点是：在描述事物和阐述事理的过程中，特别是当涉及行为主体时，英语常用非生物名词做主语，而汉语习惯于用表示人或生物的词汇做主语。请看以下例句：

Much attention in international economic and political affairs focuses on the welfare gap between the developed and developing countries.（人们在国际经济和政

治事务中对发达国家与发展中国家之间的贫富差距给予了极大关注。）

本句英文原文使用无生命的名词 attention 作为主语，但在翻译成汉语时，最好使用表示有生命的词汇“人们”来做汉语译文句子的主语，以贴近汉语的表达习惯。

（三）分析型思维与综合型思维

这两种思维模式在英汉两种语言中所体现出来的差异性，在一定程度上影响着二者之间的关系。英语中具有的分析性思维使得它在词形和语法上有了更多显著的变化。同时，在组词时，它的语序也更加灵活。而综合性的思维模式，让汉语不存在词形上的变化，它的语法形式以词汇为主。对于组词成句，则是根据语义的逻辑，以及动作发生的时间顺序，来确定单词和分句的排列次序。

三、历史差异

所谓历史文化指的是由特殊的历史发展进程和社会演变所积淀的人类文明。由于各个民族和国家的历史发展不尽相同，甚至差异巨大，因而形成的历史文化也往往大相径庭。这种历史文化的差异阻碍了语际转换的信息通道。差异越大，两种语言的鸿沟越难逾越。作为译者，应尽量熟悉源语和译入语这两种语言所反映的两种历史文化的方方面面，意识到差距出自何处，以何种手段加以表达才能为读者所接受。若缺乏这种敏锐的意识，那么在翻译中理解错误或表达不当就不可避免。

例如，汉语习语“一个和尚挑水吃，两个和尚抬水吃，三个和尚没水吃”源于我国古代一个家喻户晓的故事，比喻互相推诿而不负责任，注意到这一点就可避免译成：“Alone a monk brings his own bucket of water to drink，two monks carry their bucket of water jointly，but when three monks are together，there is no water at all.”这样的译文是很难让外国读者领悟到“Everybody’s business is nobody’s business.”的含义的。

又如，英文句子“John can be relied on. He eats no fish and plays the game.”英语的“eat no fish”和“play the game”都具有丰富的文化内涵。在英国历史上，宗教和政治斗争一直很激烈，保守的天主教徒周五只能吃鱼，但新教徒为了表示他们对新教和新政府的忠诚而拒绝遵守这一规定，因此，“eat no fish”即为忠诚之意。同样地，“play the game”从“fair play(公平比赛)”中衍生而来，意思是“守规矩”。在这样的例子中，如果简单异化译成：“约翰是可靠的，他不吃鱼，还玩游戏。”只能让人不知所云。而译为“约翰是可靠的，他既忠诚，又守规矩。”虽然仍难以传达源语中丰富的文化渊源，但它却成功地完成了交际功能。

英国虽然只是大西洋上一个面积不大的西欧岛国，但是在世界近代史上却有着举足轻重的地位。凭借着工业革命带来的先进技术以及对外扩张政策，英国一跃成为有着“日不落帝国”称号的世界头号殖民帝国。英语中反映英国不同历史时期和事件的词汇和习语可谓俯首皆是、数不胜数，比如 Hadrian's Wall（哈德良长城）、Norman Conquest（诺曼征服）、Chivalry（骑士制度）、Magna Carta（大宪章）、the Hundred Years'War（百年战争）、the War of the Roses（玫瑰战争）、Glorious Revolution（光荣革命）、Enclosure Movement（圈地运动）等，请看下面例句：

The politician rode high as an outsider, but he met his Waterloo when he actually had to make policy.（作为在野党人士，这位政客可谓春风得意，但是当他实际要制定政策时却遭遇了惨败。）

本句中的 meet one's Waterloo 是一个英语习语，源自世界史上著名战役之一的滑铁卢战役。滑铁卢是一个位于比利时中部的城镇，在布鲁塞尔以南九英里。1815 年 6 月 18 日，威灵顿公爵指挥的英普等国联军与拿破仑率领的法国军队在此展开决战，并在整整一天的激烈战斗之后彻底击败法国军队。此后，在英语中 meet one's Waterloo 这一习语用来表示“遭到惨败”或“遭到毁灭性打击”。在本句中，可将 meet one's Waterloo 意译为“遭遇惨败”或直译为“遭遇滑铁卢”。本句中的 ride high 是一个英语短语，意为“得意扬扬，很成功”，根据上下文可译为“春风得意”。

第三节　跨文化交际中的英语翻译原则

翻译解决了不同国家和地区以及民族之间的语言文化交流障碍，跨文化翻译就是在对两种语言内涵的文化充分了解的基础上进行的准确翻译。世界各地的文化具有多样性和复杂性，跨文化翻译工作就有一定的翻译原则和方法。

一、约定俗成原则

不同文化背景下的翻译应该坚持约定俗成的原则，具体来说就是在翻译时要遵循语言的发展规律和语用习惯，采取公认的约定俗成的表达方式。例如有些人名、地名，应当选取最通用的翻译方法而不必创新，以免造成麻烦，如沟通不顺畅、理解错误与偏差等。例如，将“科学发展观”按习惯译为 Scientific（Outlook on）Development，这一译法曾经让西方读者产生了误解，将其理解为“科技”发展观，导致这一误解的原因在于在英语中 science 多指自然科学，然而在现代汉语中“科学”的内涵则比较广泛，涵盖自然和社会科学。历经长时间的话语实践，“科技”发展观这一译法逐渐被西方理解和接受。

二、“和而不同”原则

文化差异下的翻译还应坚持“和而不同”的原则，这一原则具体包括以下几个方面的内涵：

（一）忠实第一，创造第二

就某种角度而言，翻译是译者进行的再创造活动。但是这里所谓的创造是需要建立在特定条件下的，即应该对该原文语义及文化内涵进行转换后通俗的传达。这在很大程度上和翻译的属性是分不开的，翻译作为一种实践活动，目的在于使一国语言的读者借助本国文字来对其他国家的文化加以了解。换句话说，译者通过译入语向译语读者传播源语文化和信息。但是，译者应该尽可能地使不理解原文的人通过译文来了解源语的思想和文体风格。这里所说的思想不仅仅是源语语义内容，还涉及其文化内容，并在理解源语语义和文化内容的基础上来进一步理解源语文本的文体风格。要想更好地实现上述目的，就应追求译入语文本与源语文本在语义、意义、风格及文体上都相当，这也决定了我们应该将“忠实”作为翻译的第一准则。

在文化差异翻译的过程中坚持“和而不同”的原则还要在翻译实践中尊重原作和源语文化。也就是说，在翻译的过程中应该尽可能地忠实源语文本，不能随意对其进行篡改。但是，从实际上说，这种绝对的忠实往往可能并不存在，过分的忠实反而会容易出现翻译死板，译者也不允许这样的翻译发生。这里所说的“忠实”是指对源语的语义、文化内容进行准确、如实的传达，而不是刻意地追求语言表达形式的相似。在真正做到“意似”和“神似”的前提下还应兼顾“形似”是有难度的，但是这些都是翻译工作者所追求的理想境界。然而，在具体的翻译实践中，还往往存在着“文化空缺”“概念空缺”以及语言表达方式不同等情况，如果局限于绝对忠实的翻译，很多时候就难以运用恰当的译语形式对源语语言含义和内涵文化进行再现。这时候，对源语内容进行得体、恰当的创造就显得很有必要。尤其是对于文学翻译来说，这种创造是对审美价值的提高，将翻译视为对源语内容的再创造，实际上是指译者通过自己的创造性加工将原文的精髓运用另一种语言完美再现。但是，这种创造绝对不是凭空想象地改变事实，整个过程不能忽略其文化内涵。总而言之，文化差异下“和而不同”的原则应坚持“忠实第一，创造第二”，创造需要以忠实为前提。

（二）内容第一，形式第二

文化差异下的翻译除了应该坚持的“和而不同”原则外，还应坚持“内容第一，形式第二”的原则。这里的内容具体指的是源语语言本身所隐含的语义、文化、情感等内涵。这里的形式具体指的是表达源语内容的语言外壳，具体包括原作的文本体裁、修辞手段以及语句篇章结构等。具体而言，就是应将内容的翻译处理、准确传递放在首位，同时应尽可能地兼顾源语的文本形式，这样有利于更好地传递源语的文本形式。如果遇到维持原文形式很难有效传达原作本义的情况，就要牺牲形式来达到内容的正确。形式事实上是附属于内容并为内容服务的，不能为了追求形式而牺牲内容。甚至在必要时，还应适当地调整结构、增删字词、转换语义或对句型进行调整等。如下：

裁衣不用剪子——胡扯。

Cutting out garments without the use of the scissors——only by tearing the cloth recklessly talking nonsense.

在对本例汉语歇后语进行翻译时，译文很好地坚持了“内容第一，形式第二”这一原则，将源语中所蕴含的汉语文化很好地展现出来。

三、空位补偿原则

根据美国著名的《圣经》翻译研究学者尤金·奈达（Eugene A.Nida）所提出的“零位信息”这一概念，在对文化词汇进行翻译的过程中会出现词汇空缺或语句缺省的现象。针对这一现象，只能在翻译时跨越文化词汇所形成的翻译障碍，坚持空位补偿原则进行翻译，以此来弥补或避免翻译时的信息缺失，如下：

沉鱼落雁 extremely beautiful

巴儿狗 Pekingese

灯会 lantern festival

蚕宝宝 silkworm

四、文化顺应原则

顺应性是语言的一大特点。语言的顺应性这一特点具体指的是为了满足相关语境的需要，语言可以让使用者在可供选择的项目中存在一定的灵活和变通。由于语言与文化之间存在着紧密的联系，因此，交际双方都必须要与所处环境中所包含的文化相适应，才能实现成功的交际。换言之，在真实的书面和对话交际过程中，交际的双方都应该作出与不同文化背景因素相适应的选择，从而促使交际目的能够顺利实现。文化顺应就是不同文化背景下的人们在进行交际的过程中，为了促成交际的顺利和成功，相互借助调整文化表达和文化行为等方式来适应他者的文化语境。相应地，在翻译实践中，也应坚持文化顺应的翻译原则。具体而言，就是要求译者在翻译的过程中，应依据读者的企盼、源语蕴含文化以及译者自身的能力等因素，对文化融合的翻译策略进行灵活的调整。这主要是因为译文读者有其自身对文化背景、译文期望以及交流讨论等个性化需求，为了迎合译入语读者的这一心理需求，同时为了源语文化更好地能被译入语读者所接受，就应顺应译入语语言文化，以便译入语读者更顺利地了解源语文化所要表达的各方面信息，更利于实现文化信息的传播。

五、文化再现原则

基于文化差异的视角对英汉翻译进行探讨也是为了更恰当地对翻译中存在差

异的文化因素进行处理，并更有利于文化交流这一翻译实质问题的实现。换言之，就是在翻译实践中应通过语际转换使源语中各方面尤其是文化信息能完美地再现。具体而言，坚持文化再现原则包括以下几点内涵：

（一）再现源语文化特色

翻译应保持原作的丰姿，必须有异国情调。也就是说，在翻译时，译者应当向译语读者传达源语文化的原貌，不应该抹掉或削弱源语中所蕴含的文化因素，而应该尽量保留源语中所蕴含的文化。如下所示：

巧妇难为无米之炊。

译文 1：Even the cleverest housewife can't make bread without flour.

译文 2：Even the cleverest housewife can't cook a meal without rice.

在对本例原文进行翻译时，就会涉及中西饮食文化差异这一方面。通过分析译文 1 可以看出，翻译时充分考虑到英美国家的传统主食是面包这一文化因素，并没有体现源语中“米”这一字眼，这一译法更利于英语读者接受和理解。但是，如果在我国古典小说中对这一表述进行翻译，西方的面包作为主食与整个作品的文化氛围并不协调，这样的翻译方法就会有损源语的民族文化特色。通过分析译文 2 可以看出，这一翻译保留了原作中“米”的文化概念，如果是出现在古典小说之类的文学作品的翻译，这一翻译不仅符合作品的社会文化背景，而且再现了源语的民族文化特色，可以让译入语读者读起来津津有味，了解更多的异域文化风情。

（二）再现源语文化信息

再现源语的文化信息具体指的是翻译时不应局限于原文的语言含义，而应对源语所承载的文化信息有比较深刻的理解，并在译文中使其再现。

（三）再现源语文化风格

再现源语的文化风格是对文化翻译实践比较高层次的翻译要求，可以说，文化风格是文本所要传递的思想灵魂和内在精髓。源语的文化风格对其文本信息起着隐含的规定性作用。以文学作品为例，语言文字是文学作品最基本的表达方式，是作家情感和认知的载体，并且能很好地呈现出作家的写作风格以及作品的艺术风格。不同的作家往往有其独特的艺术风格和语言特色。可见，再现源语的文化风格极其重要。

第四节　跨文化交际中的英语翻译策略

文化差异的翻译策略有很多种，但是不管采取的是哪一种翻译策略，都是为了更好地传译源语文化。为了对文化差异下的翻译策略更具条理、更清晰明了的认识，下面将从以下几大类对跨文化翻译策略进行探讨：

一、传统型翻译策略

（一）直译策略

作为一种非常重要的翻译策略，直译多用于科技资料翻译、外语教学（便于学生了解两种语言结构的差异）以及部分文学翻译等领域。直译的优势在于能够更为直观地传达原文意义，展示原文的异域风情，再现原文的语言特色和表达风格。如果仅仅采用直译策略就能将源语文义及其文化内涵传达出来，采用直译策略最佳。请看下面的例子：

virtual water（虚拟水）是由英国学者托尼·艾伦于 1993 年提出的一个新的概念，它是一种用来表示一种产品或一项服务所消耗的水量，也就是在一种产品或服务中凝聚起来的虚拟水量。用以计算食品和消费品在生产和销售过程中的用水量。例如，一台台式电脑含有 1.5 吨虚拟水，一千克小麦含有 1 吨虚拟水，一条斜纹牛仔裤含有 6 吨虚拟水，一千克牛肉含有 15～30 吨虚拟水，一千克鸡肉含有 3～4 吨虚拟水。因此，缺水国家或地区可以采用虚拟水战略（virtual water strategy），以贸易的方式从水资源丰富的国家和地区购买水密集型农产品，尤其是粮食，从而获得淡水和粮食的安全。virual water 可直译为“虚拟水”，但其概念还有待于推广。

the seven-year itch 七年之痒。the seven-year itch 是指婚姻到了第七个年头由于婚姻生活平淡无奇，可能经历的一次情感危机，婚姻的一方或双方可能会产生喜新厌旧的想法。尽管在汉语中没有对应的婚姻相关的情况描述，我们可以将其直译为“七年之痒”。

（二）意译策略

作为一种不同于直译的翻译策略，意译旨在再现原文的意义及其传递的信息，而不是追求逐字逐句的形式对等。意译主要在源语与译入语之间存在重大文化差异时应用，其特点是以译入语为导向，使用规范的译入语语言来再现原文的意思。意译注重译文的自然流畅，不强求保留原文的结构及修辞手法。世界各国和各民族在语言、文化、经济制度、社会习俗和生态环境等诸多方面存在着很大的差异，这使得意译在翻译过程中成为一种不可或缺的策略，请看下列例子：

Yet quantitative easing is no silver bullet.

然而，量化宽松货币政策并不是（拯救经济的）灵丹妙药。

在西方鬼怪题材的小说和电影中，silver bullet（银质子弹）是具有驱魔效力的。在现代英语中，silver bullet 是指最为有效的手段、法宝、撒手锏等。由于汉语母语者缺乏有关 silver bullet 的背景知识，所以最好将其意译为“灵丹妙药”或“法宝”等。quantitative easing 主要是指中央银行在实行零利率或近似零利率政策后，通过购买国债等中长期债券，增加基础货币的总量，向市场注入大量流动性资金，鼓励消费和借贷，也被简化地形容为间接增印钞票。2012 年，美国政府已开始推行第三次量化宽松货币政策。

He is past his Jesus year, but has yet to hit his Elvis year（他已过了 33 岁，但还不到 42 岁。）Jesus year 在这里是指耶稣被钉死在十字架上时的年纪，即 33 岁；而 Elvis 是指猫王 Elvis Presley，他 42 岁就英年早逝了，所以 Elvis year 在这里是指 42 岁。由于中国文化中没有 Elvis year 和 Jesus year 这类的概念，相似的表达方式（而立之年、不惑之年）又不能完全表明原文含义，所以采用意译策略比较合适。

（三）音译策略

音译又被称为“转写”，这种翻译策略就是用一种固定文字搭配来表示另一种特定文字符号的过程或结果。在翻译实践中，音译策略也得到了广泛的运用。运用音译策略适合将一些具有特殊文化色彩及含义的词语“移植”到译入语文化中去，从而使其逐步为译入语读者所了解并容易接受，同时为跨文化语言交际活动的有效进行提供了思路和方法。音译通常用于姓名、企业、地名、国名，品牌名称和某些源语创新词的翻译，一般而言，用于音译的汉字不再具有本身的含义，只保留其语音和书写形式，因此音译词只可连在一起使用，不可拆分，否则原文意义尽失。如果已有固定翻译则不应重新创作翻译。部分汉译英所用的拼音可以参考威妥玛拼音法。例如：Jupiter 丘比特、刮痧 gua sha、Adams Smith 亚当·斯密、Hippie 嬉皮士、Vitamin 维生素、radar 雷达、Lymph 淋巴、nylon 尼龙、馄饨 wonton、八卦 ba gua、功夫 kung fu、磕头 kowtow、秀 show、酷 cool、沙拉 salad、烧卖 shaomai、汤圆 tangyuan、Prometheus 普罗米修斯、Pandora 潘多拉、Penicillin 盘尼西林、aspirin 阿司匹林、Coca-Cola 可口可乐、普洱茶（云南）Pu’er tea、Disney 迪士尼。

（四）音译加注释策略

对于一些具有非常明显文化特色的词语，在译入语中找不到相对应的表达方式，通常可采用音译加注释的翻译策略。如下所示：

油条 Youtiao（ deeped twisted dough stick ）。

搅团 Jiaotuan（ thick corn congee with pickled vegetables ）。

（五）音意结合

音意结合是一种将音译和意译融合为一体的翻译方法，兼顾语音和词义，目的在于创造出一种能够体现源语词汇特点但又非原文词义的词。例如：Starbucks（星巴克）、Unilever（联合利华）。

（六）增益

增益是在译文中增加一些词语，以求符合译入语的表达习惯，从而使译文的形、神、意等方面均与原文对应。一般而言，增益可分为语义性增益、句法性增益和语境性增益。语义性增益是指在译文中添加原文所包含的额外信息或连带信息，即所谓的言外之意；句法性增益是指源语向译入语转换的时候，按照译入语的表达习惯和语法规则进行合理填充使句意丰满完整；语境性增益则是指在译文中增补原文交流因语言环境而产生的实时意义和可限定意义。如下所示：

Today，it is Lexus and Louis Vuitton that signify your standing.（今天，可以表明社会地位的正是雷克萨斯豪华轿车和路易威登手包这类奢侈品。）

Lexus 是日本丰田汽车公司旗下的豪华轿车品牌，始创于 1983 年。仅十几年的时间，其在美国的销量就超过了奔驰和宝马，成为全美豪华车销量最大的名牌车。Louis Vuitton 为世界顶级奢侈品品牌，已成为上流社会的一个象征。在本句的翻译中，应采用语义性增益策略，把 Lexus 译为“雷克萨斯豪华轿车”，把 Louis Vuitton 译为“路易斯威登手包”，并增加“这类奢侈品”以表达它们的性质。

He allowed the father to be overruled by the judge, and declared his own son guilty.（他让法官的职责战胜了父子之间的亲情，并且判决自己的儿子有罪。）

如果不采用语境性增益策略，那么译文则成为“他让法官战胜了父亲”，会令汉语读者颇感费解，而增补“法官（的职责）”和“父（子之间的亲情）”则可以很好地说明一个人在扮演不同身份时可能会遇到角色的冲突和因此产生的矛盾心情。

（七）省略

省略是一种与增益相对应的翻译方法，其方法在于删去不符合目标语思维定式、语言逻辑和表达方式的词语，以避免译文冗长，提高译文的合理性和流畅性。熟练掌握省略技巧能使译文在意义、修辞手法以及语言风格上最大限度地贴近原文，产生言简意赅、画龙点睛的效果。但是，省略不是改动或漏译原文的内容，更不能随便删掉自己不理解的或难译的语句。省略的宗旨在于实现简单明了、简明扼要。如下所示：

You can never tell.（很难说。）

You 在本句中是一个泛指的主语代词，并非针对具体的某个人，所以可将其省略。

二、实践型翻译策略

随着全球化、信息化时代的快速发展，翻译工作也呈现出范围广、数据量大的特点，翻译技术得到了飞速的发展，翻译实践过程也呈现出日新月异的状态，紧随时代的实践型翻译策略从翻译实践中凸显出来。这种类型的翻译策略并不单单从属于哪个翻译理论学派或某一系统理论，然而对提升翻译效果非常有帮助，下面就结合实践型翻译策略在翻译中的运用进行具体分析：

（一）零翻译策略

零翻译策略是一种比较新颖而又常见的翻译策略。相比于传统意义上的直译、意译、音译等翻译策略，这种翻译方法具有简洁、明了、节省字数，及便于快速理解等优点。在翻译中，恰当地使用零翻译策略，吸收了外来语的缩写和简化词汇，对促进本民族语言和文化的发展有着非常重要的作用和意义。例如，iPad 等词语的运用就是常见的典型例子。这种翻译方法，不仅能保证科技术语的准确运用，而且有利于译入语读者对这一文化事物的接受和传播。类似的例子还有很多，再如，买 DVD（买一台数字激光视盘），查一下 DNA（脱氧核糖核酸），做 B 超（做 B 型超声诊断）等。又如：FAX（传真）、VIP（要客）、VS（对阵）、EQ（情商）、3M（一种机械产品）、HR（人事部门）、CEO（首席执行官）、IT（信息技术）等。

（二）深度翻译策略

深度翻译策略又称为“厚重策略”，这一策略具体根据阿皮尔（Appiah）所提到的翻译理论，通过运用详细描述的注释将源语的表层含义置于丰富的语言文化环境里。这一翻译策略也适用于翻译其他需要较多解释材料的作品。所添加的注释、注解主要是用来让译入语读者更好地理解源语文化中人们思考问题和表达问题的方式。如下所示：

Jewish women are derided as“Jewish- American princesses”.（犹太女性被讥为“美籍犹太公主”。）

注：Jewish-American princesses 是美国俚语，意思是娇生惯养的富贵小姐；自认为应有特殊待遇的小姐。

三、文化学派的翻译策略

文化学派的研究者主要研究方向是文化的起源、发展和流行趋势，此学派的翻译观点认为，翻译应同社会意识形态、政治、经济、文化、科技等多种文化因素相关联。下面就结合几种比较典型的文化学派的翻译策略进行分析和描述：

（一）文化移植策略

具体而言，文化移植策略指的是将一个民族特有的文化现象以其本来字面意义及引申含义移植到另一个民族的文化空缺里。这种翻译策略对促进两个不同民族文化间的相容非常有帮助。

比如，亚洲四小龙可以翻译为 four Asian tigers。在汉语文化中，龙象征着强大而又神奇的力量，同时中国人以作为龙的传人而感到自豪。但是相应的英文词汇“dragon”在英语中则是一种张牙舞爪、心狠手辣、口吐火焰的怪物，带有一种邪恶的情感色彩。所以，如果把“亚洲四小龙”翻译成“four Asian dragons”，就有可能在英、美两种语言的读者心中造成消极的文化形象。为了防止这一文化误解的出现，将“亚洲四小龙”译为 four Asian tigers 可以算是一种明智的选择了。

（二）文化改写策略

通常是将目标语言中现成的常用语句直接运用或是加以改造并用来翻译原文的方法。如下所示：

Anger is only one letter short of danger.

原译：生气离危险只有一步之遥。

改译：忍字头上一把刀。

在本例中，原译和改译均比较通顺，但是相比直译的情况下，改译的版本更传神，不仅保留了原文的含义，而且表现出了原文文字的关联性。

（三）文化置换策略

在翻译的过程中，如果在译入语中没有对应的词语，可应用文化置换策略进行翻译。也就是说，尽量使用与含义相似或者等值的词语进行替换。

（四）文化对应策略

文化对应策略主要是运用汉语文化中相似的内容与西方文化中人们熟知的事件或者人物进行互译，使读者容易理解与共情。例如，用汉语文化中的“梁山伯与祝英台”表达西方文化中的“罗密欧与朱丽叶”，用西方文化中的“威尼斯”解释中国的江南水乡“苏州”，将“济公”比作“罗宾汉”等。浙江兰溪的济公纪念馆中有这样一句话：济公劫富济贫，深受穷苦人民爱戴。在对本句中的“济公”进行翻译时，将其译为：Ji Gong，Robin Hood in China robbed the rich and helped the poor. 这一翻译就很好地采用了文化对应策略。这样一来，更加有利于英语读者更好地理解济公的人物设定特点。

（五）归化翻译策略

归化是一种以译入语文化为导向，要求译者向译入语读者靠拢，采取译入语读者所习惯的表达方式来传递原文信息的翻译策略。归化策略的方式是尽可能地降低翻译文本中的异国色彩，为译入语言的读者提供一个自然、流利的翻译文本，并尽可能地不去打扰读者。作家要不断地靠近他们，运用规划策略的译者通常都会有意识地采取一种自然流畅的译入语文体，参考译入语文化背景调整译文，必要时加入对源语文本的译入语解释使行文流畅，读者更容易理解原文含义。如下所示：

All right，now that we have covered the social amenities，let's talk turkey about what really happened.（好吧，大家既然寒暄已毕，那就让咱们来认真坦率地讨论实际发生的事情吧。）在对本例进行翻译时，直译 talk turkey 为“谈论火鸡”的意思，但是如果这样翻译，会让汉语读者感到很茫然，译文在进行翻译时，将其译为“直率地讨论”更加贴切。

When the cat is not home，the mice dance on the table.（山中无老虎，猴子称大王。）英文是一句荷兰谚语，意思是说“当猫不在家的时候，老鼠就会胡作非为（直译为：在桌上跳舞）”。如果采用归化策略，借用汉语语言中约定俗成的“山中无老虎，猴子称大王”这一汉语俗语来翻译本句，可以使译文读者产生与原文读者相似的阅读效果。

归根结底，归化翻译策略是将原文本土化，采用译入语语言的常用表达方式进行翻译，不仅有利于译入语读者更容易理解原文内容，而且有利于增强译文的趣味性。

（六）异化翻译策略

异化策略的目的是促使译文摒弃译入语常规表达方式，保留原文中的异国情调。这种翻译策略最早由美国翻译理论家韦努蒂（Lawrence Venuti）提出。异化策略源自 19 世纪德国哲学家施莱尔马赫（Schleiermacher）的翻译论述。异化策略具有以下四个特点：

①不完全遵循译入语语言与语法规范。

②在适当的时候选择较为难懂、完全直译的语言。

③有意保留源语中的直观翻译或根据情况采用译入语中的古词语。

④为译入语读者提供一次前所未有的阅读体验。

采用异化策略来处理原文中带有明显的源语文化特征的元素，其结果必然会出现一些不同于译入语的新表达形式及其承载的异域文化内涵，而语言作为一个开放的体系，同样具有强大的融合能力和理解能力。随着各国、各民族之间经贸与文化交流的日益昌盛，各种语言都从中获益，同时丰富了语言的深度和广度。

（七）归异结合策略

尽管归化翻译和异化翻译在具体运用时各有侧重，但是这两种翻译方法并不是完全对立的，如果将这两种翻译方法有机地结合起来，有时能收到更好的翻译效果。例如：半年之后他回到家里来，腿也直了，辫子也不见了，他的母亲大哭了十几场，他的老婆跳了三回井。

When he came home half a year later his legs were straight and his queue had disappeared.His mother wept bit terry a dozen times，and his wife tried three times to jump into the well（The stiff legged stride of many foreigners led some Chinese to believe that their knees had no joints.）本例中“跳井”指的是在中国古代和近代的一些“贞妇烈女”的自杀方式。这一现象其实隐藏着封建礼教对妇女的长期精神毒害，而且这一表述是源语文化中的专有概念。很显然，该翻译版本并没有进行异化处理。同时，源语中的“辫子”（在清朝被看成男人的标志或者说是命脉）的消失也是一个源语文化在某一时期的专有项，此处译者也仅仅进行了归化处理。不过译者可以理解“腿也直了”所蕴含的文化内涵，是用异化补偿的方式，在翻译之后加了脚注。总体来说，这一翻译采取了归化和异化的结合。

四、条件型翻译策略

比较常见的条件型翻译策略主要有改写翻译策略和解释型翻译策略。

（一）改写翻译策略

改写翻译策略方法是通过某种方式对源语文本进行重新解释，并在翻译过程中受到译者意识形态和译入语的语言及文化的影响，因而会在某种程度上改变源语文本的思想内容甚至深层含义。

（二）解释型翻译策略

解释型翻译策略是从译入语的角度要求展现译文的特点、语言优美流畅，为了方便译入语读者的理解，适当地对原文包含的文化现象和必要的背景信息进行转化，使其通俗易懂，增强可读性。例如：For the road ahead. 康庄大道。又如，“抢鸭勇士谱水上凯歌”可翻译为 You'll see an exciting contest of swimmers trying to seize ducks.（你会看到游泳健儿在水上追逐鸭子的激情比赛）。

第三章　英语翻译中的跨文化意识

翻译是一项跨文化的交流活动。它不只是两种语言符号的相互转化，同时也是一种文化信息的交流和传递。文化与翻译有着密切的关系，因此，应正确处理好翻译教学中的文化问题，注重在翻译教学中培养学生的跨文化意识。探讨如何拓展翻译教学中的跨文化意识的培养途径与方法具有重要的现实意义。

本章主要介绍了英语翻译中的跨文化意识，分为以下三节内容，分别是跨文化语篇与跨文化转换策略、英语翻译中的跨文化意识研究、英语翻译者的跨文化意识培养。

第一节　跨文化语篇与跨文化转换策略

翻译活动以前一直被看作纯粹的语言之间的转换活动，但自 20 世纪 90 年代翻译研究实现文化转向以来，翻译日益成为一项文化交流活动。语言是文化的一种载体，而文化又是一种语言产生的土壤。在语言产生与发展的进程中，深深地烙印在社会生活的方方面面，是对一种特殊文化现象的反映与折射。所以，翻译和文化是密不可分的。研究翻译必然要研究相关的文化。然而，翻译作为特定语境下的跨文化交际活动，并不涉及某一文化整体的所有方面。

讨论翻译问题应找到语言和文化的结合点——话语。特定的跨文化翻译通常并不涉及整体文化的所有方面，而只涉及相关的话语系统和话语社团。基于“话语系统”“话语社团”的概念和理论，语言之间的翻译实际上应该进一步划分为“话语内翻译”（intra—discourse translation）与“跨话语翻译”（inter—discourse translation）。表面上不同的语言体系或语言社团之间并不是彼此孤立、毫无联系的，而是有所重叠和交叉，即不同的语言体系或语言社团中包含有相同或相似的话语体系或话语社团。换句话说，使用某一语言的某些人可能会与使用另一语言的某些人属于同一个话语体系或社团，因而这些人之间的交流就是同一话语内的交流，较容易能够相互理解。造成他们之间沟通障碍的原因是各自语言之间存在的不同。而对于那些既不属于同一个语言社团，也不属于同一个话语社团的人来说，他们的交流不仅会遇到语言这一方面的障碍，还可能会因为话语体系或者社团的不同而遭遇更严重的问题。他们之间的交流就较为复杂，理解上的障碍也更多。同一话语社团内的交流与不同话语社团间的交流所存在的差异，必然对其产生深刻的影响，并因此呈现不同的特征。这种观点为我们进行语篇分析和语篇翻译方法的选择提供了一个比较新的视角。“话语翻译”的提出，改变了我们把所有的翻译都笼而统之地认为是跨文化的翻译的观点，也为我们采用何种翻译策略提供了思路。对于同一话语社团不同语言之间的翻译，一般以直译为主；而对于不同话语社团的不同语言之间的翻译，一般则以意译为主。文化的差异一般是存在于不同话语社团之间的。当然，“话语翻译”要建立在语篇分析的基础上。

语篇模式实质上就是人们在特定文化的具体语境中使用语言完成其交际任务的习惯性方式和程序。虽然相同的话语模式在不同的语言中表现出一定的差别，但它的构造方法和所用的语言之间并无必然的关系。影响语篇建构方式的最重要的因素就是文化，也就是基本的文化理念和价值观，具体包含了怎样看待外部客观世界、人与外部世界的关系，怎样看待个人和社会之间、人和人之间的关系等。这些因素在一定程度上决定了一个民族的基本特征，也决定了一个民族将会形成怎样的话语。我们可以说，语篇的不同与人们对语言的使用话语密切相关，而与使用的语言之间的差异并无本质上的联系。因此，一些用不同语言表达的语篇之间的相似之处，可能明显大于用同一语言表达的语篇之间的相似之处；某些同一语言语篇之间的差异也可能大于不同语言语篇之间的差异。例如，有些汉语语篇可能跟某些英语语篇有更多的相似之处，而同样是英语语篇或汉语语篇，有些语篇各自内部之间的差异还可能会大于与另一种语言语篇的差异。

由此看来，对于那些不属于同一语言社团，但属于同一话语体系或话语社团的语篇翻译，由于牵涉的文化差异相对较少，在翻译时可更多地采取直译或异化翻译的方法；对于那些既不属于同一语言社团，又不属于同一话语体系或话语社团的跨话语语篇翻译，可能要采用意译或归化的翻译方法，以解决不同话语社团之间的文化差异问题，才可以使跨文化交流的目的得以成功实现。翻译不只是一种语言符号，更是一种文化符号。更准确地讲，翻译是文化符号之间的一种转换。不同国家之间具有的文化共性使得这种转化存在了可能，而不同国家之间的文化差异则使得这种转化难以实现，甚至在某种程度上阻碍了这种转化。不同的文化之间存在着不同的文化差异，而翻译的任务就是搭建一座跨文化的桥梁。

不管是英语还是汉语，都有很多带有浓厚文化色彩的词汇，尤其是在很多的成语、谚语、方言中，抑或色彩词、动物名词、人名与地名中，这些词汇中都蕴含着非常丰富的文化含义。因此，在翻译这些词汇时，应当遵循以下原则：其一，要尽可能地将源语的文化特色传达出来；其二，注意不要超出目标语的文化范围，也不要超出目标语读者的承受范围。具体来讲，翻译这些文化内涵丰富的词语有三种策略，具体如下：

第一，移植法、直译法。就是在译入语中保留原文的形象化语言即文化意象。将原作品中的形象化语言进行保留，也就等同于给读者留下了探索异国文化的可能。与此同时，新意象的引进，有助于增强译入语文化对于异域文化的阐释与消化，成为译入语的“新鲜血液”，但表达时切忌生搬硬套，如：将英语的“armed to the teeth”译为“武装到牙齿”；将汉语的“路遥知马力，日久见人心”译成“A long road tests a horse’s strength and a long task proves a man’s heart”。

第二，借用法。就是借用译入语现成的俗语来传译原文中的俗语。有两种情况：其一，源语中的表达方式在意思和形象上同译入语的表达方式相似。例如：将英语成语“go trough fire and water”译成“赴汤蹈火”；将汉语成语“英雄所见略同”译成“Great minds think alike”。其二，源语中有许多表达方式尽管在译入语中找不到“形同意同”的对等表达方式，但可以找到“形异而意同”的表达方式。例如：将英语成语“leave no stone unturmed”译成“千方百计”。但在翻译“形似而意不似”的习惯说法时，要避免望文生义。例如：不能将“pull one’s leg”（跟某人开玩笑，取笑某人）译为“拖后腿”，或将“eat one’s words”（收回前言，承认错误）译为“食言”。

第三，意译法。由于英汉语言文化的差异，有些文化内涵丰富的表达方式，既不能采取移植法、直译法，也难以采用借用法，只能采取意译法。例如：将汉语成语“粗枝大叶”译为“to be crude and careless”，而不是译为“with big branches and large leaves”；将英语“It was another one of those catch-situations.

You’re damned if you do and you’re damned if you don’t” 翻译成 “这真是又一个左右为难的尴尬局面，做也倒霉，不做也倒霉”。

语言的文化内涵并不总是一成不变的，随着时间的推移，有些文化内涵丰富的表达方式渐渐演变成了一般性词语，翻译时用意译法即可。如对 “tribal war dances” 的翻译，如果译成 “跳着原始部落出战前跳的舞”，现代人可能觉得有点不太懂，还不如译成 “狂欢乱舞” 更易被人们接受。

第二节　英语翻译中的跨文化意识研究

一、跨文化交际与跨文化意识

随着社会的不断进步，科技的不断创新和信息的快速传播，国际经济、政治、教育、科技等领域的交流合作不断加强，全球人民之间的交往和沟通也越发频繁。这种跨越国家或文化背景的人们之间进行思想交流的方式被称为 “跨文化交际”。跨文化交流通常分为两种：一是语言交际，二是非语言交际。而语言交际又可以分为口语交际和书面交际两种形式。我们所熟知的笔译，就属于跨文化书面语交际。

研究跨文化交际可以增强人们对不同文化之间差异的敏感性，帮助人们适应不同的文化环境，并能与不同背景的人进行顺畅的沟通。研究内容主要关注不同文化背景的人在交流中可能遇到的问题，以及如何解决这些问题。这有助于促进国际交流与合作的顺利进行。跨文化意识是指对于不同文化之间的差异性具有敏锐的认知和理解能力。有些人将其称为 “跨文化的敏悟” 或 “文化敏感性”。上述内容所指的是在一般意义层面的跨文化意识。

跨文化意识是指在跨越不同文化背景的交际中，参与者对于文化差异的敏感性和认知水平。它通常包括四个层次：第一层是认知那些表面上看起来与本身文化不同的奇异文化现象；第二层是要了解那些被视为神秘和缺乏理解的明显文化特征，尤其是与自身母语文化相对立的情况；第三层是通过理性分析来认识文化特征；第四层则是要求参与者能够拥有 “移情” 与 “文化溶入” 的本领。第四个层次是参与者具备跨文化意识的最高境界。

移情（empathy），指的是一种能够深入体察他人喜怒哀乐和遭遇的能力，通过将自身置于对方的处境之中，引发共情的情感反应。而“文化融通”（cultural integration）则是指在充分了解不同文化之间的差异后，通过置身于对方的文化背景中去思考和观察问题，以实现有意义的交流和相互理解。

二、译者的跨文化意识及其研究背景

（一）译者的跨文化意识

在翻译的过程中，特别是在文学作品的翻译过程中，往往会涉及对于不同文化因素的处理问题，这就要求译者必须具备跨文化意识。然而，译者的跨文化意识并不等于通常意义中的跨文化意识，译者的跨文化意识应当具备其自身特有的含义。

从一名面对两方文化的翻译者角度来看，除了要理解不同的文化和对自己的国家文化拥有更深层次的理解之外，还应当在选择怎样处理文化因素的时候，能够清楚地知道自己为何要这样做。相比较而言，文献所概括的“文化意识”（cross-cultural awareness）对于本文的论述更具有借鉴意义，具体内容包含以下三个方面：

第一，Awareness of one’s own culturally-induced behaviour（对受自身文化影响的行为的意识）。

第二，Awareness of the culturally-induced behaviour of others（对他人受其自身文化影响的行为的意识）。

第三，Ability to explain one s own cultural standpoint.（对自身文化观点作解释的能力）。

可以认为译者的跨文化意识也应该包括三个方面。

①对原语文化的意识。

②对译入语文化的意识。

③对自己采取的翻译策略与方法作出解释的能力。

并且，这三个方面应该分成两个层次①和②构成了译者跨文化意识的第一层次，即对不同文化之间异与同的敏感性认知。但是，这一层只是最基本的翻译。译者是翻译活动的主体，同时也要认识到跨文化传播过程中的众多影响因素，并能对自己所选择的翻译方式作出合理的解释，也就是要认识到自己在做什么，为什么要这样做，这就是第二个层次。这两个层面的有机整合，使译者具有了跨文化意识。

（二）研究背景

在最近几年的翻译研究中，出现了两个明显的发展方向。其一，交际理论已经深刻地影响了翻译学的发展。其二，我们开始更加注重文化的转换，而不只是关注语言的转换。将这两种倾向结合在一起，就可以将翻译视为跨文化交际的一种行为。因为文化和语言紧密相连，因此翻译不仅仅是把文字从一种语言转换为另一种语言的过程。翻译本身是一种跨文化交流和适应的过程，需要移植和传达不同文化间的信息和价值观。所以，翻译工作所涉及的不仅仅是两种语言的转换，更需要处理两种文化间的关系。文化差异是普遍存在的，如果没有跨文化意识，就有可能会产生文化误解甚至冲突，从而阻碍跨文化交流的顺利展开。这要求翻译者不仅需要精通两种语言，还需要对两种文化有更加深入的了解。换句话说，译者必须具备跨文化意识这一能力，这一点很明显。但是缺乏详细的分析，使人们无法具体掌握应当如何培养这种能力。因此，本文的目标是深入探究译者的跨文化意识，并以涵盖动物词语的习语翻译为例进行剖析。将探讨其主要内容以及在翻译文化因素中的作用和表现，以便更好地对这一素质进行培养。

三、译者跨文化意识的第一层次

译者需要清晰地认知到两种文化之间存在的相似之处和不同点，这是跨文化意识的第一层次。动物常被用来比喻英语和汉语两种语言中的许多习语。这些成语和习语中都包含着丰富的文化内涵与文化背景，具有强烈的形象性和民族特色，它们是民族文化精髓的体现。这些表达方式的优劣能够直接影响翻译质量和文化交流的效果。因此，列举这种习语翻译的例子可以很好地展现译者的跨文化意识。在翻译涉及文化因素的内容时，译者要先进行比较和分析，以确定它们的异同之处。总结而言，通常可以归纳为以下四种情况：

（一）喻体、喻义都相同

从宏观的层面上来看，人类文明具有共同的特征。而这种共性就是人们对于自己和外界的各种共同的认识。所以，我们可以在英语、汉语这两种截然不同的语言中，找到一些非常类似的词语。这就是文化重合现象（cultural overlap）。比如，在英语和汉语中，“鹿”（deer）都被用来形容温和（as timid and tame as a deer），“蜗牛”（snail）被用来形容迟钝（as slow as a snail），而“狐狸”（fox）则被用来形容狡猾（as cunning as the fox）等。以下内容列举了一些其他的例子：

as fat as a pig 肥得像猪。

as happy as a lark 像百灵鸟一样快乐。

Make a monkey out of somebody 拿某人当猴耍。

a wolf in sheep’s clothing 一只披着羊皮的狼。

但是这些重合之处所占的比重只是少数，对各个民族的文化进行比较能够发现，个性是普遍存在的，更多的是不同之处。

（二）喻义相同，喻体不同或喻体空缺

汉语用“牛”比喻勤劳苦干、乐于奉献的人，英语则说“He is really a willing horse.”请看一些其他的例子。

1. 喻义相同，喻体不同

an ass in a lion’s skin 狐假虎威。

a lion in the way 拦路虎。

as merry as a cricket 快活如喜鹊。

crocodile’s tears 猫哭耗子假慈悲。

like a drowned rat 像落汤鸡。

like a cat on hot bricks 像热锅上的蚂蚁。

To kill two birds with one stone 一箭双雕。

2. 喻义相同，喻体空缺

Nothing ventured, nothing had 不入虎穴，焉得虎子。

bemused/motionless /to be petrified with astonishment 呆若木鸡。

spring chicken 没有经验的年轻人，黄毛小子。

great lion 有名气的人，大受欢迎的人。

eager beaver 勤奋的海狸，比喻总是心甘情愿，急切地去做别人要求的工作。

（三）相同的喻体有不同的喻义

最明显的差异体现在以“狗”和“猫”这两种动物为喻的习语中。汉文化以“狗”喻人时，多含贬义，如“狗头军师”“狗仗人势”“狐群狗党”“狗东西”“狗嘴里吐不出象牙”等。而英语以“dog”喻人时，多为中性，如“top dog”（优胜者），“a lucky dog”（幸运儿），“sea dog”（老练水手，老练的海员），以及“clever dog”（聪明的小孩子，伶俐的小伙子）等。也有一些例外，如“He is in the doghouse.”（他名声扫地了。）“He was a bit of dog in his younger days.”（他年轻时过着花天酒地的生活。）等。

汉语中的“猫”是一种温和、可爱的动物，而英语中的“猫”则因其悠久的历史和不同的文化背景而呈现出多样化的含义。按照中世纪的一些说法，撒旦经常会变成一只黑猫，而女巫则是白天和夜晚都有一只黑猫在身边。然而，在古罗马时期，猫却象征着自由；在埃及，猫代表着鲜活的生命力。正是由于这样不同的文化习俗背景，才使得猫拥有了各种各样的形象概念。

（四）喻体不同，喻义也不同

严格来讲，“龙”这个词，并不能和“dragon”这个词相对应。因为它们都只是一种存在于人类文明中的虚幻事物，除了这一点，二者几乎没有任何共同之处。“龙”是中华民族的图腾，象征着尊贵、吉祥，如“望子成龙”“龙凤呈祥”，帝王称“真龙天子”，我们也以“龙的传人”而自豪。英语中，“dragon”是罪恶的象征，这体现在《圣经》和长诗Beowulf的描写中，如《圣经》中以“the great dragon”指撒旦。含有“dragon”的词语多为贬义，如“a dragon lady”指“严厉而警觉的女人”，而“to sow dragon’s teeth”则比喻“播下不和的种子”。

关于中西文化之间存在的相似性、差异性的对比，远没有这么简单。上述大致的划分，只是为了便于开展本文的论述，并以此来阐释译者跨文化意识中的第一个层次。

四、译者跨文化意识的第二层次

译者跨文化意识的第一个层面是认识到两种文化之间的相似之处和不同点，以往的研究大多局限在这个阶段。然而，对于翻译人员来说，这只是开始翻译的基础。在此基础之上，译者还可以展开“文化创新”（cultural innovation），以选择合适的翻译策略和方法。“文化创造”的目的是解决如何进行翻译这一问题，它并不属于译者的跨文化意识。译者除了要掌握正确的翻译技巧外，还应当清晰地阐述自己的翻译理念和思路，以便让读者可以更好地理解原文的含义。为了回答这个问题，需要综合考虑许多不同的因素，例如习语的使用频率，是否为过时的语言习惯或者陈词滥调，两种文化之间的交流程度，文本的文体、功能和风格，译者的意图以及目标读者的认知背景等。译者在此层次主要需要了解这些因素所带来的影响，并且在译法解释时能够充分表达自己的跨文化意识。以下内容的说明以第二类动物习语的翻译为范例。这类情况相对比较复杂，需要翻译者具备一定程度的跨文化敏锐度。

通常情况下，这种类型可以适用于大多数场合。然而，当译者选择采用这种翻译方法时，应该注意到中英语言习惯之间存在使用频率的差异。例如“as merry as a cricket”这一短语，自从莎士比亚在《亨利四世》中使用以来，在英语中就一直被广泛沿用，因此它的使用频率相对较高。在中国文化中，表达“快活”的方式更常见的是使用“快活似神仙”，而不是“快活似喜鹊”。尽管“快活似神仙”的使用频率很高，但其又因为经常使用而显得有些陈词滥调。以上这些都需要在翻译的过程中进行认真思考。

对于可以应用的习语，我们也可以试着进行直译，这就与两种文化的交流程度和译文读者的认知语境有关。已经有了很多成功的例子，如“To kill two birds with one stone”译为“一石二鸟”（已被《新华成语词典》收录），还可以尝试着把“like a drowned rat”译为“落汤鼠”，把“like a cat on hot bricks”译为“像热砖头上的猫”，把“chicken-hearted”译为“胆小如鸡”。这样的直译不仅能使译入语更加丰富，而且能使译文的读者焕然一新。但是在这种尝试中，译者需要谨慎，比如“as merry as a cricket”就不可草率地译成“快活如蟋蟀”，因为在汉语中“蟋蟀”称为“秋虫”，象征着“萧瑟，凄凉”。

是否套用还需要考虑很多因素，例如文本的文体、作用、风格等。比如下面的示例：

中国有句古话：“不入虎穴，焉得虎子”。

译为：There is an old Chinese saying，“How can you catch tiger cubs without entering the tiger's lair？"和 There is an old Chinese saying，"Nothing ventured，nothing had"孰优孰劣呢？由于该例已点明这是一句中国古话，所以不宜套用一句英语谚语，况且后者也失去了"老虎"这一形象。

再如"Better to reign in hell，than serve in heaven."可以套译为"宁为鸡首，勿为牛后"。但是在密尔顿的 Paradise Lost 中，这句照字直译为"宁愿在地狱为王，也不肯在天堂里为臣"更能体现原作的宗教色彩。

译者的目的也是选择译法时需要考虑的因素之一。请看下例：

"小虫伏不动，蠢若木鸡。"，这个句子出自《聊斋志异》。

译文一：The little cricket lay quite still like a piece of wood.（by Herbert A.Giles）

译文二：The small one crouched motionless，looking as foolish as a wooden chicken.

Note：A fable in Zhuang-zi，a work of the warring states period，describes a superb game cock as having such a placid exterior that it seemed to be made of wood.

译文一放弃了"木鸡"的形象，译文二不但保留了该形象，还加上了详细的注释。如果译者以译文读者为中心，则译文一为佳，目的是给读者一篇流利易懂的译文。如果是以介绍中国文化为目的，则译文二的译法更适合。

此外，要避免只看字面意思而盲目套用并不准确的习语。如"dog-eat-dog"不可套用"狗咬狗"，而是指残酷争夺，人吃人的关系。"to fish in troubled waters"也不总是等同于"浑水摸鱼"（比喻乘机捞取好处），在以下一例中就表示"get involved in an unpleasant situation"，如"Both partners now resent your interference；that's what you get when you fish in the troubled waters of marital strife"（如今夫妻俩对你的干预都不满，这便是你多管闲事调解夫妻间的争吵自讨没趣的结果。）此处显然不可套用"浑水摸鱼"。

类似的情况还有"teach fish to swim"（多余的举动）不同于"班门弄斧"（在内行前卖弄）；before swine 也不同于"对牛弹琴"。前者出自《圣经》，说的是把珍珠投给猪，猪不但不识宝物，还咬投珠人。而"对牛弹琴"则不然，牛只是不懂音乐之美，并不去伤害弹琴人。

以上内容剖析了译者跨文化意识第二个层次的一些方面。译者的跨文化意识是微妙且复杂的，以作者的水平很难将其尽述。

第三节　英语翻译者的跨文化意识培养

翻译课程的教学目的主要就是培养和提高学生的翻译能力。尽管英语专业的学生在初级阶段已进行了大量的英汉互译实践，但在此基础上如果只强调语言对比，并以此指导实践，则未免流于肤浅，难以激发学生的学习兴趣，也不能真正有效地培养和提高学生的翻译能力。语言学研究表明，语言不是孤立存在、自足发展的符号体系，而是与其所存在的文化系统紧密相关。虽然在语言符号的各个层次上，如词素、词、词组、句子、话语等，都已进行了比较充分的对比研究，并进而提出了一些切实可行的翻译技巧，如词类转换、减省增益、正说反译、抽词拆句等。然而，更多含有浓厚文化色彩的语言符号却是远非某种技巧能使之在译文中传达自如的。王佐良教授曾说过："翻译者必须掌握两种语言，但是，不了解语言当中的社会文化，谁也无法真正掌握语言。"[①] 可以说，翻译教学中只进行语言对比，而不进行社会文化对比，是无法真正搞好翻译教学的。所以我们不仅要注重训练学生的语言转换能力，更要时刻注意培养学生对语言中所包含的文化差异的敏感性，并针对不同的文化差异采取适当的手段加以处理。在跨文化交际的过程中，人们通常会利用自己母语的语言规范、交际惯例、文化背景和思维方式来传达自己的思想和观点。不同文化之间的交流难点就在于参与交流的双方缺乏对彼此文化背景、价值观等方面的了解。因此，当译者拥有跨文化意识时，他们可以更加敏锐地感知文化的差异，同时更好地理解文化的共性，从而更好地促进交流双方的相互理解，让交际活动能够开展得更加和谐、流畅。

一、跨文化意识与翻译教学

在教授专业课程时，应着重培养学生具备跨文化交际的能力。除了正确使用语言的技能外，这种能力还包括对文化差异所具备的敏感度、接受度和处理文化差异的灵活性。翻译教学作为一门学科领域，主要涉及以双语（例如英语、汉语）为主要内容进行的转换，其对于文化传播负有直接责任。培养跨文化意识对于翻译教学来说具有比普通外语教学更为重要的作用。在翻译中，译者的跨文化意识

① 王佐良．翻译中的文化比较 [J]．中国翻译，1984（1）：2-6.

是评估译本可信度和被接受程度的一个重要因素。这意味着译者需要对源语和译入语这两种语言在文化层面的微妙差异、完整性以及多样性具有深刻的认识。

二、遵循相关的原则

（一）整体性原则

在翻译教学中，应该注重整体性原则，将英语语言和文化有机地结合起来，对学生的跨文化意识进行培养。不能仅仅授课于翻译语言，翻译的教学应当能够使学生拥有对于语言文化差异的认识，并且可以将文化和语言所具有的特点进行整合。如此一来，翻译教学才能更好地发挥其作用。

（二）差异性原则

由于中西方文化存在着显著的差异，因此在相应文化背景下，使用的语言也必然存在很大差异。在进行翻译教学时，教师应当掌握中西方文化之间的差异并加以利用。同时，发现两种文化之间拥有的共通之处，以共通之处为基础进行交流。再将不同之处进行对比，这样才能够在翻译时尽可能地减少文化差异对于翻译产生的影响。

（三）实用性原则

教师在进行翻译的教学时，无法涵盖每一种文化差异，因此，对于跨文化意识的培养不可能做到面面俱到。特别是一个民族的文化博大精深，其深度与广度都有着深刻内涵，学生不可能仅仅通过短时间的学习就掌握其中要义。因此，各大高校的翻译教学应当更侧重于选取实用性强、实际应用范围更广泛的交际用语，以确保学生能够学以致用，从而在跨文化意识的培养中不断地提高自身的素养和能力。

（四）层次性原则

在跨文化意识培养中，实行层次性指导原则是指，英语文化教学时，教师应该帮助学生理解表面文化和深层文化之间的联系与区别，并寻找它们的交集点，从而为学生打下良好的文化学习基础，为以后在翻译学习中的提高打下基础。

（五）阶段性原则

在进行跨文化意识培养时，阶段性原则指的是高校教师应当采取逐步推进的方法，针对不同英语水平和知识储备的学生进行有针对性的教学，而非过分强调速度。在进行分级教学时，需要从简单到复杂地对教学内容进行设计，以便培养学生在学习过程中逐步形成跨文化意识，这是非常重要的。

三、充分重视中西方文化差异

在大学英语翻译教学中，培养跨文化意识的重点和核心是能够帮助大学生认识到中西方文化存在的本质差异，并且认识到这些差异是不可改变的客观现实，受到多种因素，如国家地域、经济、政治、文化、习惯、价值观等的影响。大学英语教师应当从西方文化的角度出发，为学生提供科学引导和有目的性的教育。除了教授英语语言知识之外，还应当尽量向学生传授英语文化的内涵，以英语国家作为切入点，深入了解语言和文化的特征、背景和意义，并进行准确、客观的分析与研究，从而能够更好地了解西方文化，同时也能够区分本土文化与西方文化之间存在的真正区别。

四、增强教师的跨文化素养

大学英语教师在大学英语翻译教学中发挥着主要的作用，他们的专业技能和素养对于提高教学质量和学生翻译能力具有至关重要的作用。在培养英语教师的过程中，需要注意其英语翻译技能和跨文化素养。这意味着英语教师应该深入了解本地文化，并且对西方英语国家的历史文化具有系统、全面的认识。只有具备洞察本土和国外文化的能力，才能有效地引导和培养学生的跨文化意识。大学英语教师在教授学生英语翻译基本技巧、经验和方法的过程中，对学生跨文化意识的影响非常重要。这要求教师在教学过程中不仅仅是传授英语翻译技巧，还要讲解英语背后的文化内涵，传达西方国家的文化背景、风俗习惯、人情世故、道德价值观和语言表达方式等，以科学的方式进行引导和定位，让学生在掌握大学英语翻译技能的同时，对西方文化也有一个系统的认知，从而使跨文化交际能力得到提高。

五、翻译教学要明确目标

长久以来，人们普遍存在着这样一种误解，认为翻译的课程就是要让学生学会翻译，进而培养成译员或者翻译家。尽管我们可能会让学生在课堂外进行翻译实践，但需要明确的是，我们所设定的翻译教学目标仍然是让学生能够了解和认识翻译、掌握基本的翻译理论，并为未来的学习奠定基础。根据教学实践的验证，翻译学习者不应当期望只通过一两年的翻译课程就能成为优秀的翻译员。然而由于目标模糊不清，学生误解了翻译课的培养方式，将其当作了一种翻译训练班，大量地进行翻译练习，寄希望于从中掌握一些翻译技巧和词汇，以便能够在实践中展示自己的翻译水平。学生缺乏对教师所讲授的翻译过程、标准和原则，以及原作、译者和译作之间的关系的兴趣。他们期望在离开翻译课堂后就能够成为地地道道的译者，这种期望在实际中显然是不太可能实现的。

六、对课程设置方面进行改革

一般情况下，我国高校英语专业本科课程中，翻译课通常是在三、四年级独立设置，每周上课两次，总课时常常少于 70 学时。因此，在限定时间内全面掌握翻译所需的中英文水平和其他学科知识非常困难。

要想解决翻译教学课程时间不够的这一问题，可以考虑适当增加翻译课的时长，以充分体现翻译课的学术重要性和实际运用重要性，从而得到应有的重视。还一种有效的解决方法是各科教师合作，为学生提供系统化的文化知识，以弥补翻译课时间的不充分。但是，实现这一目标需要各科教材（如精读、泛读、文学、听力等）编写者具备跨文化意识，并且需要各科教材间相互协调和配合，这些问题都比较复杂，因此，想要在短期内实施起来难度是非常大的。

七、对翻译教学方法进行改革

中文和英文这两种语言之间存在着很大的差异，我国的翻译教育通常采用的是传统的教学模式，即更加强调语言的解析和描述。从理解的层面来看，教师在教学中会帮助学生理解困难的词汇和句子构造，以促进学生的理解。从翻译技巧培养的层面，教师在翻译过程中注重分析和转换句子结构和篇章逻辑。在进行翻译教学时，教师需要特别关注跨文化交流方面的意识。除了传授语言和翻译技能外，教师还应将两种语言所描述的文化背景纳入考虑范围，并致力于培养学生的观察力、理解力，以及表达和创造能力。

教师应当在布置课外练习时，一方面引导学生使用讲授过的技巧，另一方面时刻铭记翻译的最终目的在于调动并提高译者对两种语言和文化的理解和应用能力。作为一名翻译教师，需要不断尝试和改进其教学方法，引入新的思维、理论和观点，着重培养学生的翻译创造能力，促使学生不仅能够打好语言和翻译基础，还可以拓宽思维和视野。从而使其毕业后能够具备一定的创新能力，为以后的工作实践打好基础。除了注重全译的研究和能力的培养，还应该培养学生具备“变译”的能力，包括能够编译、摘译、译述、译写、述评、综述等的能力。这是提升翻译质量和充分利用国外信息资源的必经之路。

八、培养学生尊重语言文化差异、正确处理文化因素的能力

跨文化翻译需要涵盖异域文化，而不同的语言或文化具有独特的哲学观念、思维方式、文化内涵等方面的差异，这些差异造成了各民族文化的特殊性。因此，跨文化翻译需要充分考虑这些文化差异，以确保翻译结果不失真。在跨文化翻译活动中，人为地夸大或贬低文化差异这些都应避免，否则会妨碍人类文化的平等交流和发展。因此，我们需要了解并尊重不同文化之间的差异。通过从多个角度和方位去认识不同文化的差异性，我们可以寻找人与文化之间的共同点并适应彼此，互相理解。重要的是，我们需要以差异为出发点，去寻找共同拥有的话题，从而摆脱跨文化翻译中的文化误区，并建立一种以对话为基础的跨文化翻译模式。

“归化”和“异化”是跨文化翻译的两种策略，涉及文化因素的处理。其始终是翻译界一个具有争议的热点话题。异化派认为应该保留源语的异质性，即“外国风格”“外来风味”。而归化派则主张在保持原始含义的前提下，将源语中的异质成分转换成翻译语中相应的表达方式，即“按照当地习惯进行翻译”。实际上，“异化”和“归化”并不是互相对立的。“异化”与“归化”不应当互相排斥，而是应该相互证明和相互补充。这两种方法是跨文化翻译中相互依存的策略。就其功能而言，归化式翻译有助于读者能够更好地理解译文，从而更方便地实现交流的目标。通过异化式翻译，则可以更好地融合异国文化的元素，使得译入语文化

更加丰富多彩。针对不同的阅读人群和交际目的，跨文化翻译应该采用恰当的方法和策略，以确保传递的信息不失原意。

当译介异域文化的时候，译者需要谨记自己的双重角色，以更易理解的方式表达译文，从而达到有效交流的目标。采用异化翻译的方法，可以更大程度地融入外来文化的元素，为译入语文化注入更多的丰富性。在进行跨文化翻译时，应根据不同的语境和目的对象，采取适当的翻译策略以确保信息传递的准确性和有效性。译者需重视自己的双重道德义务：一是要忠实异域文化；二是要保护好自己的思想文化，以免对所翻译的语言造成不应有的损害。对跨文化意识进行培养，不仅能够克服民族文化自恋情结，合理地吸收他族文化的精华为本土文化所用，同时，还能够预防极端民族中心主义，并避免对异域文化带有盲目的排斥和偏见，避免强制推广本国语言或文化的不当现象。

九、开展以实践为主的教学活动

在新课程改革中，要求教师以学生为中心，实行互动式课堂教学。除了传授词汇、语法等理论知识之外，还要采用更多实践导向的教学方法，例如角色扮演、情景模拟等，让学生能够亲身体验和掌握知识，激发学生的学习兴趣，并培养跨文化意识。通过引入实践教学方式，学生能够积极参与知识的获取与学习，和传统的被动听讲方式形成鲜明对比。此外，这种教学方式也有助于更加深入地了解外国文化背景，并为学生的跨文化交流打下坚实基础。在讲授外国文化背景和民俗风情等知识时，英语教师可以采用多媒体手段，比如使用图片、音频和视频等形式，来向学生呈现外国文化。同时，可以安排一些作业，如查阅相关资料，以便学生能够更加深入地了解外国文化。教师可以将学生分组，让他们就某一词汇、语法和相关的外国文化特色进行交流和探讨，从而提高他们对英语知识和外国文化的理解。这种沟通和交流可以帮助学生全面掌握英语知识，同时还有利于培养跨文化意识。

十、深入理解词汇文化内涵

大学英语词汇是语言的基本组成部分，同时也是进行跨文化交流必不可少的最小信息单位。因此，大学教师在英语翻译教学中需更深入地挖掘词汇背后的文化含义，将词汇的表层含义与深层文化底蕴紧密结合，以形成一个有机的整体。

因为每种语言所包含的词汇不同，因此语言的内涵和文化也因此有所不同。例如，中国人对龙有很高的崇拜和尊重，视其为中华民族的象征，代表着吉祥和美好的意象。而在一些西方文化中，龙被认为是邪恶的象征，其攻击性也更强。在中国文化里，喜鹊象征着好运顺利和身体健康，而在一些西方国家的文化中，则被视为窃贼的象征。虽然这两个词在字面上的意思相同，但是由于文化背景的不同，所表达的语境和语言风格却有很大差异。因此，在大学英语的翻译教学中，应该尽量避免仅仅以词汇表面意义为翻译结果，而应该关注词汇背后深层次的文化含义，以避免翻译出现错误。

十一、开展丰富多样的课外活动

像学习汉语知识一样，想要学好大学英语翻译也需要不断地积累和深化，这是所有语言学习的共同特征。虽然课堂学习是语言学习的主要途径，但仅靠有限的课堂时间学习是不足以掌握语言的。为此，需要进行各种多样化的课外实践活动来丰富学习内容。经过调查研究发现，成长环境对孩子的语言水平具有很大的影响。在国外成长的孩子更容易掌握外语，而在国内成长的孩子外语能力则相对较弱，这是由于孩子的成长环境所决定的固有差异。学生学习英语翻译受外部客观环境的影响是显而易见的。因此，大学英语教师应该努力提供更多的机会，让学生有机会参与课外实践活动，并频繁引导他们参与实践活动。在实践中，学生能够获得更多的经验，掌握更多的技巧。

例如可以借助校园文化节的机会，组织英语文化演讲比赛、英语角活动及英文作品朗诵比赛等活动，以创建多元化、丰富多彩的英语文化活动，吸引学生积极投身其中。这样，学生不仅能够充分发挥自己的优点和特长，还能够进一步强化对英语文化的认知和理解。此外，还可以利用网络、多媒体工具来促进教师和学生进行在线交流互动。教师可以将所要讲授的内容制成课件并上传至网络平台，学生可以按照自己需求和时间自主下载或者在线学习。同时，教师还可以分享自己所学的外语文化知识，为学生提供更多的学习参考和课外拓展实践的机会。通过情景模拟、参与第二课堂和参加课外活动等方式，学生可以扮演各种角色，从而更好地理解中西文化，强化跨文化意识，最终达到将所学知识应用到实践中去的目标。

第四章　跨文化交际视域下英语翻译技巧与方法探索

本章的主要内容为跨文化交际视域下英语翻译技巧与方法探索，主要从跨文化交际视域下英语词汇翻译、跨文化交际视域下英语句式翻译、跨文化交际视域下英语语篇翻译、跨文化交际视域下英语修辞格翻译这四个方面进行介绍。

第一节　跨文化交际视域下英语词汇翻译

语言同文化是两个重叠的面，相辅相成。语言总是存在于一种特定的文化之中，而这一特定的文化常把某种烙印加在这种语言的各个层面。翻译是两种语言的转换，自然也就不可避免地在语言转换的同时进行文化的转换。

汉英分别属于不同的语系，存在很大的差异，有很多词语在另一种语言中并没有对应词，在语义与文化层面上有很大的不同。

在跨文化交际过程中，文化差异影响词汇含义的现象非常普遍。英汉两种语言中的很多词汇都具有自身的文化内涵。例如，植物、动物、数字、颜色、服饰、自然气象、季节、味觉、政治等方面的词，以及俚语、交际语、称谓语、礼貌语、敬语、谚语、成语、问候语等方面的词，都体现着不同的文化含义和文化背景。

值得注意的是，在英汉词汇中都有很多词汇来源于典故，因而其文化内涵很难从其字面进行理解，而必须分析其来源，才能更好地在跨文化交际视域下的英语词汇翻译当中熟练运用。

无论是哪个国家的人，在说话、写作时都经常会引用传说、历史、文学中的人物、事件，即引用典故。因此，这类词汇的跨文化教育是英语词汇翻译中的重要内容。例如，源自《鲁滨逊漂流记》的 man Friday 意思为“得力的助手”；源自小说《汤姆叔叔》的 an Uncle Tom，是指逆来顺受，情愿忍受痛苦、侮辱，在思想和行动上也拒不反抗；源自莎士比亚的戏剧《威尼斯商人》的 Shylock，是指贪婪、追求钱财、残忍、不择手段的守财奴。在进行跨文化英语词汇翻译的时候，这类来自典故的词汇时首先应该详细地了解其典故背景，以便更好地理解词汇的文化内涵。

一、英汉词汇的差异

在英汉两种语言中，存在着联想意义和指示意义相同或相似的情况。基于人们在生活习惯、地理环境很多方面的相似性，不同语言之间存在很多概念意义和内涵意义相同或相似的词汇，如 gold（金子）、water（水）、air（空气）等。这种由于语言差异而引起的词汇概念意义相同或相似的情况十分常见。

由于中西文化背景的差异，英汉两种语言词汇的概念意义相同或相似，然而其却被赋予不同的历史文化内涵。在跨文化英语词汇翻译过程中，不但需要明确概念意义，还应注意了解内涵意义，以免误用。例如，英语中的 politician 指为牟取个人私利、使用诡计、不择手段的政客，含有贬义色彩；汉语中则指从政的人，是一个中性词。又如，英语中 petrel 一词有很强的贬义色彩，意为“预示灾难、纠纷，暴力行动，即将出现或者幸灾乐祸的人”；汉语则指“海燕”，并被视为奋勇拼搏、不畏困难的象征。

有些词汇只在某一种语言中具有特殊的文化内涵，并带有自己的特定文化和语言下的感情色彩。在汉语语言文化背景下，人们常借用植物来抒发情感，对植物的特定形态和习性产生丰富的联想。例如，成语“胸有成竹”用于表现坚定的决心和信念，同时，“竹”本身也代表崇高、坚定和谦逊的品格和情操。

英语词汇中也经常有一些植物名词具有独特的联想内涵。例如，英国有一种植物 yew(紫杉)常种植于墓园中，因而给人带来一种悲哀的感情色彩。又如，lily 百合花被西方人认为是大自然的恩赐，象征纯洁、高贵、完美无瑕的，而汉语中的百合花只是一种普通的植物名称。

此外，英汉语言中都有一些源于文学作品、神话传说、历史故事的词汇，需要基于特定文化背景的了解才能真正理解其文化内涵。例如，古希腊神话中 Achilles' heel 用来指致命的弱点。又如，米考伯（Micawber）是英国小说家狄更斯《大卫·科波菲尔》中的人物，用来指没有长远打算，总想着好运气的乐天派。

再如，鲁迅小说中的阿 Q 指无聊、无赖没有社会地位的小人物。

此外，由于文化的独特性，还存在另一种语言背景下语义空缺的词汇，即“词汇空缺”的现象。这种空缺的词汇也往往会导致另一种文化背景的使用者的费解。例如，传统中国文化中的“风水”“阴阳”“乾坤”“炕”等概念在英语文化中是不存在的。而英语文化中的 Nazi(纳粹)，hippie(嬉皮士)，montage(蒙太奇) 等概念虽能用汉语来表达，但大多也只是音译或假借，在汉语中并没有真正对应的词汇。

汉语词的分类和英语基本一致，但一词多义的现象相比英语少很多。因此，在开始翻译英语单词之前，心中一定要清楚每一个词的词性是什么、在句中充当什么成分，这样才能在具体语境中找到单词最贴切的释义，而不是在字典上随意找一个释义来拼凑翻译。

二、英语虚词的翻译

英语词分为实词和虚词，汉语词也有同样的分类。实词指有实在意义的词，表示事情、事物、感情、观点等；虚词则不表示具体的概念。英语中的虚词包括冠词、代词、连接词和介词。由于没有实际的意义，翻译英语虚词的时候需要根据具体的语境和搭配决定如何将其译成中文。

（一）冠词的翻译

冠词是虚词的一种，没有独立的意义，只能依附在名词之前，包括不定冠词“a/an”和定冠词“the”。与汉语不同，英语冠词的存在非常广泛，含义也很丰富。不定冠词“a/an”与数词“one”同源，表示“一个”；定冠词“the”与“this”和“that”意思接近，表示“这个或那个”，只是指示程度比较弱。一般说来，不定冠词泛指某个事物或人，定冠词特指一个或几个事物或人。而汉语的名词前面是没有冠词的，名词本身也没有明确泛指或者特指的概念。因此，在英汉翻译的时候，要根据具体的语言环境决定如何处理名词前面的冠词。

You should take the medicine three times a day. 这个药每天吃三次。

You’d better take some medicine. 你最好吃点药。

Pass me the salt. 把盐递给我。

Please give me some salt. 请给我点儿盐。

另外，英语的专有名词、抽象名词和物质名词前一般不加冠词。但需要注意以下情况中加冠词和不加冠词之间意义的区别。

Do you like the music？你喜欢这音乐吗?

I have a passion for music. 我酷爱音乐。

He took the advice immediately. 他立刻接受了这个意见。

Good advice is beyond price. 好意见是无价宝。

在英汉翻译中，英语冠词的翻译一般涉及如下情况：

1. 冠词的省译

由于不定冠词后面所跟的名词通常是前文没有出现过的事物或者人，一般来说，省译的相对较少，而定冠词后面的名词大多数是之前出现过的，很多时候会被省略。

例：A man came out of the room.

译文：一名男子从屋里走出来。

汉语名词本身没有指示单复数的作用，因此需要用数量词表示出来。上面这个句子中的“a man”翻译成了“一名男子”，应当是前文中没有提到过的人物或者讲话参与者所不知道的人，因此不定冠词是翻译出来的。“the room”表示大家都知道的房间，所以定冠词“the”就省略了。也有一些情况是省略不定冠词的，具体如下：

例：I haven’t got a thing to wear.

译文：我没有衣服可穿。

原文中的不定冠词“a”没有翻译出来，直接与前面的“haven’t got”融合，译为“没有衣服”。

2. 冠词必须翻译的情况

英语的冠词在一些情况下是必须翻译出来的。

例：He died on a Monday.

译文：他是在一个星期一去世的。

这个句子中的“a”表示“某个”，并不是所有星期一中的随意一个，而是说话者不确定死者去世的时间具体是什么时候，用“a Monday”表示一个比较模糊的时间概念。如果省略了“a”，变成了“他是在星期一去世的”，意思就和原句相去甚远了。

例：The news made her all the sadder.

译文：这消息让她更加悲伤。

定冠词“the”用在“all”与形容词比较级之间，表示“更加……”，因此在译文中这个定冠词是与其搭配词的语义融合在一起的；而“the news”当中的定冠词表示“她”当时所听到的那一则特定的消息，所以在译文中翻译为“这”，表示强调。

（二）代词的翻译

代词就是代替名词的词，可以分为人称代词、物主代词、反身代词、相互代词、指示代词、疑问代词、连接代词、关系代词、不定代词等。代词在句子当中起着名词的作用，也可以作为主语、宾语、表语、同位语等。英汉两种语言相比较而言，代词的用法有相似之处，也有不同的地方。汉语代词一般包括人称代词、指示代词和疑问代词，而英语代词多了名词性代词（mine，his，hers，ours，yours，theirs，its）、关系代词（that，which，when，where，who，etc.）和连接代词等。英语中使用代词的频率更高，指代关系比汉语更加明确，而汉语则倾向于重复人名或称谓，避免指代关系上的混乱。因此，在英译汉的时候，一定要弄清楚英文代词的指代关系，翻译出的汉语要适当减少代词的使用，使译文读起来更流畅、更符合汉语行文的习惯。另外，英汉翻译中，只要不影响读者理解指代关系，代词都应当省略不译。有时，为了让汉语读者明白原文中的指示关系，还需要将代词还原为所指代的名词。

例：Harmony is about seven meters long and about four meters wide.It will be a passageway between the laboratories and the rest of the space station.

译文：和谐号船舱约 7 米长、4 米宽，将会成为空间站实验室和其余部分之间的过道。

这个例子当中，“It”指代的是前文出现过的“Harmony”，由于前后两个句子的主语都是一样的，所以合并为一个句子翻译出来，更利于读者阅读和理解。

（三）连词的翻译

连词主要在句子当中起连接作用，连接词与词或者分句与分句。英语连词包括从属连词和并列连词。从属连词引导从句，如“that”“which”“when”“where”“if”

等。并列连词连接两个并列的词、短语或分句，包括“and”“or”“but”等。

例：If teacher，parents and psychologists understand the mistakes that can be made in ascribing a meaning to life，and provided they do not make the same mistakes themselves，we can be confident that children who lack social feeling will eventually develop a better sense of their own capacities and of the opportunities in life.

译文：假如教师、父母和心理学家理解孩子们在对生活意义认识方面可能犯下的错误，假如这些人自己不犯同样的错误，我们就会有信心：缺乏社交情感的孩子最终会对自己的能力以及生活中的机会具有更佳的判断能力。与英语不同，汉语是一种意合性语言，很多地方的连词是省略了的，如“你、我、他”，而形合性语言的英文就必须说成“he，you and me”，这个 and 是不可省略的连接词。从上面这段英文的译文，我们也可以体会出汉语意合的一些特征。

译文中只出现了两个连词，原文所有的从属连词全部融入整个句子的意思中了。由于汉语的意合性，汉语的词和词之间、词组之间与句子之间常常没有明显的连词，而是靠人们约定俗成的语言内在逻辑串联起来的，连接得非常灵活。我们常说的“尽在不言中”“言下之意”“不言自明”便是汉语这个特征的最好写照。而英语的形合性决定了英语行文的结构严密、语法规范。英语连词是虚词的一种，其语法功能远远大过其实际意义。所以，在英译汉的时候，一定要注意英汉之间形合和意合的差别，在翻译连词时，可根据具体的语境选择省译、增补、转译等方法。

1. 连词的省译

连词的省译，可使译文的意合性增强。

例：Do you want your coffee with or without sugar？

译文：您的咖啡要不要加糖?

例：I can’t come today or tomorrow.

译文：我今明两天都不能来。

这两个句子当中的“or”在翻译当中都被省略了，直接意合为“要不要”和“今明两天”。

2. 连词的增补和转译

英语连词的翻译难度不大，但是译文要符合汉语的语言习惯和行文规范，有时候会涉及英语连词的增补和转译。这需要译者对原文的深层逻辑关系有准确的把握。

例：He went and lost my pen！

译文：他居然把我的钢笔弄丢了！

这个句子中的“and”没有实际的连接意义，只是用“go”之后表示说话者的惊讶或愤怒。因此，在译文当中，我们完全找不到类似“和”“且”等表示连接的字或者词。

例：We got there nice and early.

译文：我们早早就到了那里。

同样，这个句子中的“and”在翻译时也意合到了整个语境中，译为“早早就”。

（四）介词的翻译

英语当中的介词用法繁多，所起的作用也各不相同。一般来说，介词按结构可分为简单介词，如“about”“up”“during”等；合成介词，如“alongside”“inside”“throughout”等；带“-ing”词尾的介词，如“barring”“following”“including”等；短语介词，如“according to”“on behalf of”“together with”等。如果按照意思分类，介词又可分为引导时间短语的介词，如“at”“on”“till”等；引导地点短语的介词，如“in”“between”“among”等；引导其他短语的介词，如“with”“in spite of”“owing to”等。不管如何分类，所有的介词都没有独立的意思，也不能在句子中作为独立的成分存在，只能与名词、代词、动名词、另一个介词、副词或形容词等以介词短语的形式在句中充当成分。

英汉翻译当中，介词的翻译也是非常灵活的，经常会根据具体语境处理为汉语的动词，也可译成汉语的介词、定语、状语，或采用成语转译，甚至省译。

例：She is out of work.

译文：她失业了。

例：The old man is familiar with the town.

译文：那位老人对这个镇很熟悉。

例：The house next to ours was burnt down last week.

译文：我家旁边的房子上周烧毁了。

例：At last he went back on foot.

译文：最终他还是走回去了。

例：What are the major differences between British English and American English？

译文：英式英语和美式英语有什么主要的区别？

例：He fell for her at first sight.

译文：他对她一见钟情。

三、词汇的翻译策略

“语词”是指词或词组等独立的可以自由运用的最小的语言单位，也是语篇翻译中的基本单位。对词语的理解不深，或一知半解，或粗心大意，必然造成误译或错译，进而影响整个句子、段落和整篇文章的理解。

翻译过程中，无论是英译汉还是汉译英，先遇到的也正是语词的理解和翻译。由于英汉两种语言在词汇方面存在较大差异，所以原文词义的辨析和译语用词的表达就成了英汉、汉英翻译的基本问题，也是影响译文质量的一个关键环节。词义的理解是否得当，除译者的英汉语言知识外，还涉及有关专业知识和文化背景知识。对于初学翻译的人来说，切忌望词生义，不求甚解，尤其是遇到一些常用的多义词时，除了在日常阅读时多加注意外，翻译中更应勤查字典和有关工具书。

在跨文化的英译汉中，选择和确定词义通常从以下几个方面着手：

（一）从词的语法分析来理解

对初学翻译的人来说，准确的理解往往离不开语法分析。语法分析主要从构词法、词性、涉指关系来分析词在句中充当的成分。

1. 从词的构词来分析

词的形貌结构体现了词的自身含义，因此，分析词的构成有助于弄懂词义，获得词的基本含义，从而为译入语的选词提供必要的参考依据。此外，名词的单复数不同，其词义可能全然不同，如下：

force 力量——forces 军队。

green 绿色——greens 青菜，蔬菜。

finding 发现，探索——findings 研究成果，调查结果。

work 工作——works 工厂，著作。

damage 损失，损害——damages 赔偿金。

air 空气——airs 装腔作势，做作。

2. 根据词性判断词义

英语中一个词可以分别属于几种不同的词性。词性不同，词义也有所不同。正确判断词性对理解词语的意义起着决定性的作用。例如，“Workers can fish.”此句中的“can”“fish”分别被看成是助动词和动词时，此句应译为“工人们能够捕鱼”；当它们分别被看作谓语动词和名词时，此句就变成了“工人们把鱼制成罐头食品”。下面以 right 为例加以说明：

Your account of what happened is not right.（形容词）

你对发生的事情的叙述不太正确。

Go right on until you reach the end of the street.（副词）

一直朝前走，直到你到达街道的尽头为止。

I have the right to know the truth about the matter.（名词）

我有权利知道这件事的真相。

I hope your troubles will soon right themselves.（动词）

我希望你的困境很快就能扭转过来。

3. 从涉指关系来分析

涉指关系指词在上下文中的照应关系，包括人称照应、指示照应和比较照应等。人称照应包括人称代词的各个格，指示代词 such 和不定代词 some、any、each、both 等，以及一些限定词 much、many、few、little 等。指示照应包括名词性指示词 this、that、these、those，以及副词性指示词 here、there、now、then 等。比较照应的实现则是通过形容词、副词的比较级形式和其他一些具有比较意义的词语。

例：It may be possible to build faster ships，but scientists believe that they couldn’t travel as fast as light. So they would still have long journeys ahead of them.（人称照应）

译文：虽有可能造出速度更快的飞船，但科学家相信这种飞船的速度不会达到光速，因此科学家还面临着漫长的探索道路。

例：Health is above wealth，for this cannot give so much happiness as that.（指示照应）

译文：健康比财富更重要，因为财富不能像健康那样给人以幸福。

例：I hate blue shirt；white suits me but grey is the most preferable.（比较照应）

译文：我讨厌穿蓝衬衫，喜欢穿白衬衫，而最喜欢穿灰衬衫。

4. 从句子成分来分析

一个词语在句中充当的成分不同，意义也不相同。特别是当某些词语，从形式上看，既可用作这一成分，又可用作另一成分时，必须根据上下文和全句的意思作出准确的判断，否则就会产生理解错误。

例：The inventor began his scientific career as a chemistry teacher.（介词短语用作状语修饰动词“began”）

译文：这位发明家从化学老师开始了他的科学生涯。

例：His first act as an engineer was to labour in the workshop.（介词短语用作定语修饰名词“act”）

译文：他当了工程师后的第一个行动是下车间劳动。

例：A successful scientist rejects authority as the sole basis for truth.（介词短语用作宾语“authority”的补足语）

译文：有成就的科学家总是拒绝把权威当作真理的唯一基础。

例：I wrote four books in the first three years，a record never touched before.（“a record never touched before”为评价性质的附加语，对主句作补充说明，不能理解为 wrote 的宾语）

译文：我在头三年里写了四本书，打破了以往的记录。

（二）根据上下文和逻辑关系来确定词义

一般，一个孤立的英语单词，其词义是不明确的。句中的词从其所处语法、语义关系及其与其他词的指涉关系中获得词义，即当其处于特定的关系中时，它的词义将受到毗邻词的制约而稳定明确。这里的上下文包括词的搭配、一般意义和专业意义、词的文化背景知识、上下文提示、有关虚词的关联作用、逻辑关系等。因此，在跨文化英语翻译的过程当中，根据上下文和逻辑关系判定词义是词义辨析非常重要的方法。

例：You should check your answers again and again before you hand in your paper.

译文：你交卷之前应当反复核对答案。

例：I haven’t checked my luggage yet.

译文：我的行李还未寄存。

例：A change of wind checked the fire.

译文：风向改变抑制了火势。

例：Have you checked the examination papers yet，sir？

译文：你改完试卷没有，先生？

例：Mr.Robert did not check in until yesterday.

译文：罗伯特先生直到昨天才签到。

例：The woman guest has checked out of the room before 12 o’clock.

译文：那位女房客已经在 12 点之前结账离开了房间。

例：I will give you all the help within my power.

译文：我会尽力帮助你的。

此例为常用生活用语，“power”一词根据句中的情境，词义发生转变，此处翻译为“尽力”。

（三）根据词的搭配

词的搭配，指词与词之间的一种横向组合关系。英汉两种语言在长期使用过程中各自形成了一些固定的词组或常见的搭配，这些搭配有时可以逐字译成另一种语言，有时则不行。造成英汉词语搭配差异的因素有三种：词在各自语言中使用范围大小不同，词在各自语言中引申意义有所不同，词在各自语言中上下文的搭配分工不同。因此，翻译时应注意英汉两种语言中词的搭配差异，在译语中选择恰当的语言来表达。

例：open

an open book 一本打开的书。

an open question 一个悬而未决的问题。

an open river 一条畅通无阻的河流。

open wires 裸线。

open speech 开幕词。

in the open air 在露天。

例：soft

soft pillow 软枕。

soft cushion 靠垫。

soft music 轻柔的音乐。

soft breeze 和风。

soft fire 文火。

soft drink 不含酒精的饮料。

soft heart 慈心。

此外，动物的叫声在英汉语言中都有各自的表达法。汉语里描述动物的叫声用得最多的是动词“叫”，但英语中动物的拟声词十分丰富，各种动物的叫声都有自己的表达法。翻译时，如果不加区别地使用，就会出现搭配错误。例如，狗叫 dogs bark，蜜蜂嗡嗡叫 bees buzz，绵羊咩咩叫 sheep bleat，小鸡吱吱叫 chickens peep，鸭子呱呱叫 ducks quack。

（四）注意词的语用色彩

注意词的语用色彩即注意词义的运用范围、轻重缓急、褒贬色彩、语体色彩和政治含义。任何语言都有语体之分，有文雅，有通俗，有粗野，还有俚语、公文语及术语等。因此，为了忠实于原文的思想内容，翻译时应正确理解原作者的基本政治立场和观点，在译语中选用适当的语言手段加以表达。

1. 词义的运用范围及其侧重点

翻译时应准确理解词的意义。比如，country 表示国家的地理范畴，nation 体现在共同的地域和政府下的全民概括，land 给人以国土或家园之感，state 指国家的政治实体，power 表示国家的实力。

又如，look、glance、stare、gaze、eye 和 peep 都表示“看”，但各个词的使用范围却有所不同。look 是词义范围比较广泛且比较通俗常用的词，泛指“看”这个动作；glance 是“一瞥”（a short，quick look）；peep 表示“偷看，窥视”（a secret glance）；gaze 表示“凝视，注视”（along，steady look，often caused by surprise or admiration）；stare 表示“盯着看，目不转睛地看”（a very surprised look or a very ill-mannered gaze）；eye 表示“注视，察看”（watch carefully）。

再如，offender、criminal 和 culprit 都有“罪犯”的意义，但其侧重点却有所差异。offender 指任何违反法律的人，不一定受法律的制裁，如 a juvenile offender

（少年犯）、an old offender（惯犯）；criminal 指严重犯法的人，理应受到法律的制裁，如 a war criminal（战犯）、a habitual criminal（惯犯）；culprit 指已被起诉的犯下罪行的人。

2. 词义的轻重缓急

表示“笑”的词语有很多，如 laugh 是指“大笑”，chuckle 是指“轻声地笑”，smile 是指“微笑”，guffaw 是指“放声大笑、狂笑”，giggle 是指“傻笑”，jeer 是指“嘲笑”，smirk 是指“得意地笑”，grin 是指“露齿一笑”。表示“哭”的词语也有很多，如 weep 是指“哭泣”，teary 是指“含泪的”，sob 是指“呜咽”，yammer 是指“哭诉”，howling 是指“哭哭啼啼的”，cry 是指“大哭”。

例：我国的进出口贸易总额有了较大幅度的增长。

译文：There has been a sharp increase in the total volume of imports and exports.

在这里，“sharp increase”是“激增”的意思，可改译为“big increase”。

例：我们必须广泛利用现代科学技术的新成就。

译文：We must utilize the results of modern science and technology on a wide scale.

“成就”译为“results”，太轻了，可改译为“achievements”。

3. 词义的褒贬和语体等感情色彩

词语的感情色彩取决于该词在交际情景中的使用情况，反映了作者运用某一词语时所赋予它的或肯定或否定，或尊敬或诅咒，或古朴典雅，或庄严肃穆，或诙谐幽默等意义。例如，“ambition”一词的词义既可作褒义，又可作贬义，完全取决于它在句中所含的潜在态度。

例：It is the height of my ambition to serve the country.

译文：报效祖国是我最大的志向。

例：We have no ambition for that distinction.

译文：我们并不奢望得到这个荣誉。

例：That politician is full of ambition.

译文：那个政客野心勃勃。

例：Her ambition is unbounded.

译文：她欲壑难平。

例：Now some of the young men in our society are without ambition.

译文：现在社会上有些年轻人胸无大志。

例：She writes in an ambitious style.

译文：她的文风矫揉造作。

例：The president has announced his ambitious program to modernize the country in fifteen years.

译文：总统宣布了一项规模宏大的计划——在 15 年内实现国家的现代化。

在所指事物相同的情况下，一组同义词中的各个词可以分别用于不同的文体中，有的适用于一般文体，有的适用于正式文体，有的适用于非正式文体。因此，翻译时应注意词的文体特征。

第二节　跨文化交际视域下英语句式翻译

在跨文化交际视域当中，英语重替代，汉语重重复。并且在英语中，除修辞需要外，很少在句子中重复同一个词或结构，而在汉语中，重复现象却十分常见，这与中国的平衡与美学文化有关。因此，在跨文化视域下的英汉互译的过程当中应注意这一点。

翻译是文化交际的桥梁。不同的国家、民族之间不同文化的交流和渗透，都离不开翻译活动。翻译活动不仅是一种语言活动，更是一种思维活动。不同民族由于历史、生态、宗教、民情、习俗的不同，对于同一思维对象或内容的思维角度就不尽一致，所以在语言上采用不同的表达形式。因此，不同民族在语言表达上存在着明显的差异。

英汉句子结构的差异和表达习惯的不同，反映了东西方两个民族思维方式和文化心理结构的不同。因此，在跨文化翻译过程中，必须按照译入语民族思维方式的特点，调整语句结构，以符合译入语民族的表达习惯来表达。

东西方民族各有各的思维形式，西方民族的思维形式是重在分析，这种思维形式使西方人惯于“由一到多”的思维，句子结构以主语和谓语为核心，统摄各种短语和从句，由主到次、递进叠加、结构复杂，但形散而意合，形成了“树杈形”的句式结构。而东方民族思维形式是重在综合，这种思维形式使中国人注重整体与和谐，强调“从多而一”的思维形式，句子结构以动词为中心，以时间顺序为语序链，形成“流水型”的句式结构。汉语里多是流水句，一个子句接一个子句，很多地方可断可连。汉语的这种流水句式，用节节短句逐点交代，把问题层层展开，使得在表达相同内容上，汉语句子在数量上往往多于英语句子。因此在翻译时，汉语的几个短句往往可以译成一个由英语关联词及各种短语连接在一起的一个英语长句。

一、特殊结构句的翻译

（一）汉语无主句、无宾句的处理

汉语是意合性的语言，只要在上下文中，意思上能够理解，就可省去任何东西，而不考虑语法或逻辑关系。在汉语中，没有主语或没有宾语的句型很普遍。英译时常需要将隐含的主语或宾语补上，以符合英语语法习惯。在处理每一个语段时，必须试做“完形分析”，力图捋清每一个非完整句（或词组）的结构，要对汉语形式结构进行补足，“一般待补足的部分主要是主语、宾语及连接词”。

在跨文化翻译汉语无主句时，经常使用以下几种方法：

①补上人称代词作为主语，这是在口语体翻译中常用的一种办法。

②补上语义比较虚泛的名词当主语。

③转为英语被动语态，这种方法常用于正式文体，如科技论文。

④将汉语句子中的其他非主语成分转成英语主语。

⑤补上省略的宾语。

1. 补上人称代词作为主语

“脱下衣服的时候，他听见外面很热闹，阿 Q 生平本来就爱看热闹，* 便寻声走出去了。* 寻声渐渐的寻到赵大爷的内院里，虽然在昏黄中，* 却辨得出许多人，赵府一家连两日不吃饭的太太在内，还有间壁的邹七嫂，真正本家的赵白眼，赵司晨。”（鲁迅:《阿 Q 正传》）

译文：While he was taking off his shirt he heard an uproar outside，and since Ah Q always liked to join in any excitement that was going，he went out in search of the sound. He traced it gradually right into Mr.Chao's inner courtyard.Although it was dusk he could see many people there：all the Chao family including the mistress who had not eaten for two days.In addition，their neighbour Mrs.Tsou was there，as well as their relatives Chao Pai-yen and Chao Szu-chen.（杨宪益、戴乃迭 译）

分析：在句中至少有三处省略了主语“他”（为了便于观察，省略处均以 * 相示），但在理解上并未造成困难，因为被省略的主语全都暗含在上下文之中。但在同样的情况下，英语中的主语是不能省略的，否则句子在结构上会不完整，因此英译时要补出。

2. 补上语义虚泛或具体的词语充当主语

例：过去，只讲在社会主义条件下发展生产力，没有讲还要通过改革解放生产力，不完全。

译文：In the past，we only stressed expansion of the productive forces under socialism with -out mentioning the need to liberate them through reform.That conception was incomplete.

“不完全”可视为“这不完全”的省略形式，翻译时可补上主语。补上的主语可以是较虚的“that”，也可以在可能的范围内将其更具体化一些，上面译文补上了“that conception”，比“that”更具体、更清楚。

3. 转为被动语态

例：基本路线要管一百年，动摇不得。

译文：The basic line should be adhered to for 100 years，with no vacillation.

以上译文采用被动语态进行处理，语义正确，在书面语中比较妥当。但在口语体中，应避免使用被动语态，可采用添加人称代词当主语。如：“We should adhere to the basic line for a hundred years，with no vacillation.”

4. 将非主语成分转为主语

例：自然而然地也能感觉到十分的秋意。

译文 1：And a sense of the fullness of autumn will come upon your unawares.

译文 2：And an intense feeling of autumn will of itself well up inside you.

上述两个译文是从客观角度翻译的，都将原句谓语动词译为译文中的主语。

5. 补上省略的宾语

汉语动词往往没有宾语，隐含的宾语需要读者自己通过推理得出。例如，某人说：“我有如下一个建议……”另一人说：“我接受。”此时，“接受”的隐含宾语就是“建议”。英语中及物动词较多，不宜说“I accept.”而应说“I accept it”必须把宾语显示出来。

（二）省略句

语言的使用以简洁为贵，人们在说话、写作和翻译时，有时出于句法和修辞的需要，常常省去某些不必要的成分，而意思仍然完整，这种缺少一种或一种以上成分的句子称为省略句。英语和汉语中都存在省略句。省略的形式多种多样，可以省略主语、谓语和宾语，也可以是一个成分或多个成分。对省略句的翻译，不管是英译汉，还是汉译英，关键在于对省略成分的准确理解。翻译时，根据译文语言的表达习惯，增加或省略被省略的成分。如果看不清楚被省略的部分，就会产生误解，导致错误的翻译。下面探讨一下翻译省略句的常用方法：

1. 原文中省略的部分，译文中补出

省略是英语句子的一种习惯用法。英语句子中的某个或某些成分有时可以在句中不必出现，或者前面已出现过的某些成分，为了避免不必要的重复，后面可以不再出现。英语中的各种成分，如主语、谓语动词、表语、宾语、定语和状语等，都可以在句中省略。但翻译时，准确理解被省略的成分，可将其在译文中补出。

例：The symbol for hydrogen is H；for oxygen，O；for nitrogen，N.

译文：氢的符号是 H；氧的符号是 O；氮的符号是 N。（增加主语）

例：Courage in excess becomes foolhardiness，affection weakness，and thrift avarice.（省略定语和谓语动词）

译文：勇敢过度即成蛮勇，感情过度即成懦弱，节俭过度即成贪婪。

例：Truth speaks too low，hypocrisy too loud.（省略谓语动词）

译文：真理讲话声太低，虚伪嗓门太大。

2. 原文中省略的部分，译文继续省略

英语中被省略的部分，有时根据译文需要，也可以在译文中省略。例如，有些从句中省略了和主句中相同的部分，此时根据需要，可以省略原文中省略的部分，尤其是由 than 引导的比较从句，从句中被省略的部分常常不译。

例：What if the sun is not shining？（What will happen if.）

译文：如果没有太阳照耀，那怎么办？

例：In 1975，the number of students in our school is about five hundred，and in 2005，over four thousand.

译文：1975 年，我校的学生人数为 500 左右；2005 年，已超过 4000。

例：The culture and customs of America are more like those of England than of any other country.

译文：美国的文化和风俗习惯与其他国家相比，和英国最为接近。

在汉译英时，有时根据英语的行文表达习惯，也可以省略一些成分。

（三）倒装句

一般说来，英语陈述句的正常词序为：主语 + 谓语动词 + 宾语（或表语）+ 状语。但英语的词序比较灵活，有时为了强调句中某一成分，从修辞角度考虑，可将句中的有关成分提前，构成倒装。英语的倒装可分为结构性倒装和修辞性倒装两大类。倒装句的翻译关键在于对倒装句的理解，理解的关键在于对句子作出正确的语法分析，找出句子的主干，确定什么成分被倒装。一般来讲，翻译结构性倒装，汉语可采用正常语序；翻译修辞性倒装，可根据译文的需要，或保留原文语序，即仍然在汉语中使用倒装语序，或采用正常语序。

1. 结构性倒装的翻译

结构性倒装是由语法结构的需要引起的倒装，主要包括疑问倒装，there be 结构倒装，虚拟倒装，以 there、here、then、thus、now、so、nor 和 neither 等副词位于句首引起的倒装。结构性倒装的翻译一般采取正常语序。

例：Are you fond of country music？

译文：你喜欢乡村音乐吗?

例：There is nothing on the table.

译文：桌子上什么也没有。

例：Had they been given more help，they would not have failed.

译文：假如给予他们更多的帮助，他们就不会失败了。

例：Tom didn't like sports programs. Nor did his wife.

译文：汤姆不喜欢体育节目，他妻子也不喜欢。

2. 修辞性倒装句的翻译

修辞性倒装句的目的是加强语气，或避免头重脚轻，它包括句首为表示地点的介词或介词短语引起的倒装、否定倒装、让步倒装、only 位于句首引起的倒装、为了叙述方便或使情景描写更加生动形象而引起的倒装等。这类倒装，根据需要，可采用正常语序或倒装语序进行翻译。

例：Little do we suspect that this district is rich in water resources.

译文：这一地区水利资源丰富，我们对此深信不疑。（正常语序）

例：Talent，Mr. Robert has，capital Mr.Robert has not.

译文：说到才能，罗伯特先生是有的；谈到资本，他却没有。（倒装语序）

例：Tired as he was，my brother went on working.

译文：虽然累了，我哥哥仍然坚持工作。（正常语序）

例：Most information we get from him.

译文：大部分消息我们是从他那里得来的。（倒装语序）

（四）分词短语和分词独立结构的翻译

分词短语可分为现在分词短语和过去分词短语。一般说来，分词短语的翻译并不难，可根据它们在句中充当的成分译成汉语中相应的成分。这里主要探讨分词短语作状语时的翻译。分词短语作状语可表时间、原因、方式、结果、条件和伴随状况等逻辑关系。翻译的关键在于要准确理解分词短语与句子谓语动词之间的逻辑关系，然后在译文中补充表示相应逻辑关系的词语。

例：Not knowing the language，he didn't know how to ask the way.

译文：他因为不懂语言，不知道怎样问路。（表原因）

例：The hunter fired，killing a fox.

译文：猎人开枪打死了一只狐狸。（表结果）

例：Shouting loudly，the children ran to the zoo.

译文：孩子们大声喊叫着朝公园跑去。（表伴随）

例：Having more money，I could afford to buy the house.

译文：如果有更多的钱，我就能买下这座房子了。（表条件）

例：Being a metal，mercury is not a solid.

译文：汞虽是金属，但不是固体。（表让步）

例：Coming out to the street，I felt a bit cold.

译文：来到大街上之后，我感到有点冷。（表时间）

当分词短语作状语，带有自己的逻辑主语时，这种结构称为独立结构。独立结构可表示时间、原因、条件或伴随状况等逻辑关系。分词独立结构的翻译关键在于弄清楚独立结构表示什么关系，然后在译文中补充表示相应逻辑关系的词语。

例：Weather permitting，we will have the match.

译文：如果天气允许，我们就举行比赛。（表条件）

例：Her leg wounded，Ellen could do nothing but stay at home.

译文：腿受伤了，艾伦只好待在家里。（表原因）

（五）并列结构句

汉语的动词没有形态变化，所以从表面形式上看并列的结构较多。英语动词可以呈现不同的形态，如动词原型、动词不定式、分词。此外，在汉译英中常出现词性转换的情况。例如，汉语动词可转为英语名词、介词等。因此，在英译的过程中，汉语的并列结构常转为不并列的结构会失去原汉语的平衡美感。有时译者应有意识地保持英译文中词汇形态的一致性和结构的平衡性。如果出现形态不一致的情况，可以改变英译文中词汇的词性、词形，甚至增补语义不明显的词汇，以求形态一致。

当然，有时汉语句型结构也会比较随意，翻译时如果发现汉语语义上并列，但结构上未处于并列关系，译者应调整词序，使它们处在相应的结构上，这样可以增强译文的平衡感和可读性。

（六）被动句

语态是动词表示主语与谓语关系的一种形式，可分为主动语态和被动语态两种。主动与被动虽是人类认识客观世界的两种不同的角度，但表达了同一个事实。两者意义上的差别在于：主动语态表示主语是谓语动词动作的执行者，强调的是动作；被动语态表示主语是谓语动词动作的承受者，强调的是动作完成后所呈现出来的状态。

主动与被动表现形式的差异主要取决于语言自身的特点，同时与一个民族的文化和思维方式有关。中国的传统哲学注重物我合一，强调思维上的整体观，在“物”与“人”的关系上，强调“万物与我为一”。也就是说，在人和万物之间和谐统一的关系中，人要起主导作用，体现了中国人思维模式中的主体意识。这种主体意识使中国人认为行为和动作一定是“人”这个主体才能进行和完成的，于是在汉语中，不管是主动意义还是被动意义，句子多用主动句来表示。西方哲学的“人为万物尺度”讲究物我分明，主客体对立。所以，在西方人的思维中，该强调物时，就是客体意识，该强调人时，就是主体意识。体现在主动和被动的使用上：该强调“人”，即动作的执行者时，就用主动句；该强调“物”，即动作的对象时，就用被动句。英语是形合语言，具有丰富的形态变化，特别是动词。英语的被动句是由被动语态来表达的，由“be+ 动词的过去分词”构成，是显性的。汉语是意合语言，基本上没有形态变化，动词本身也不具备被动语态，所以汉语被动含义的表达一般是依靠其他手段实现的。

二、常见英语从句的翻译

（一）定语从句

1. 限制性定语从句的翻译

限制性定语从句对所修饰的先行词起限制作用，与先行词关系密切，不用逗号隔开，跨文化视域下，翻译这类句子可以用以下方法：

第一，前置法。前置法就是将英语限制性定语从句译成带“的”字的定语词组，放在被修饰的词前面，从而将复合句译成汉语单句。这种方法常用于比较简单的定语从句的翻译中。

例：Everything that is around us is matter.

译文：我们周围的一切都是物质。

例：That’s the reason why I did it.

译文：这就是我这样做的原因。

例：A man who doesn’t try to learn from others cannot hope to achieve much.

译文：一个不向别人学习的人是不能指望有多少成就的。

例：The few points which the president stressed in his report are very important indeed.

译文：院长在报告中强调的几点的确很重要。

第二，后置法。如果定语从句的结构比较复杂，译成汉语前置定语显得太长而不符合汉语表达习惯时，可以译成后置的并列分句。

首先，可以译成并列分句，省略英语先行词。

例：He is a surgeon who is operating a patient on the head.

译文：他是一个外科医生，正在给病人头部动手术。

其次，可以译成并列分句，重复英语先行词。

例：She will ask her friend to take her son to Shanghai where she has some relatives.

译文：她将请朋友把她的儿子带到上海，在上海她有些亲戚。

第三，融合法。融合法是把原句中的主句和定语从句融合在一起译成一个独立句子的一种方法。

例：There is a man downstairs who wants to see you.

译文：楼下有人要见你。

2. 非限制性定语从句的翻译

英语非限制性定语从句对先行词不起限定作用，只对它加以描写、叙述或解释，在跨文化视域下，翻译这类从句时可以运用下列方法：

第一，前置法。一些较短的且具有描写性的非限制性定语从句可以译成带“的”字的前置定语，放在被修饰词的前面。

例：The emphasis was helped by the speaker’s mouth，which was wide，thin and hard set.

译文：讲话人那又阔又薄又紧绷的嘴巴，帮助他加强了语气。

例：He liked his sister，who was warm and pleasant，but he did not like his brother，who was aloof and arrogant.

译文：他喜欢热情快乐的妹妹，而不喜欢冷漠高傲的哥哥。

第二，后置法。后置法的处理主要有两种情况。

首先，译成并列分句。

例：After dinner，the four key negotiators resumed the talks，which continued well into the night.

译文：饭后，四位主要人物继续进行谈判，一直谈到深夜。

其次，译成独立分句。

例：They were also part of a research team that collected and analyzed data which was used to develop a good ecological plan for efficient use of the forest.

译文：他们还是一个研究小组的成员，这个小组收集并分析数据，用以制订一项有效利用这片森林的完善的生态计划。

3. 兼有状语功能的定语从句的翻译

英语中有些定语从句兼有状语从句的功能，在意义上与主句有状语关系，如原因、结果、目的、让步、条件、假设等关系。在跨文化视域下，翻译的时候，应根据原文发现这些逻辑关系，然后译成汉语各种相应的偏正复合句。

（1）译成原因偏正句

例：Einstein，who worked out the famous Theory of Relativity，won the Nobel Prize in 1921.

译文：爱因斯坦由于提出了著名的相对论，于 1921 年获得了诺贝尔奖。

（2）译成时间偏正句

例：Electricity which is passed through the thin tungsten wire inside the bulb makes the wire very hot.

译文：当电通过灯泡里的细钨丝时，会使钨丝变得很热。

（3）译成目的偏正句

例：He wishes to write an article that will a tract public attention to the matter.

译文：他想写一篇文章，以便能引起公众对这件事的注意。

（4）译成结果偏正句

例：There was something original，independent and heroic about the plan that pleased all of us.

译文：这个方案富于创造性，独具匠心，很有魅力，我们都很喜欢。

（5）译成让步偏正句

例：The question，which has been discussed for many times，is of little importance.

译文：这个问题尽管讨论过多次，但没有什么重要性。

（6）译成条件或假设偏正句

例：The remainder of the atom，from which one or more electrons are removed，must be positively charged.

译文：如果从原子中移走一个或多个电子，则该原子的其余部分必定带正电。

（二）名词性从句的翻译

1. 主语从句的翻译

以 what、whatever、whoever 等代词引导的主语从句可按原文的顺序翻译。

其中，以 what 引导的名词性关系从句可译为汉语的“的”字结构或在译成“的”字结构后适当增词。

例：Whoever did this job must be rewarded.

译文：无论谁干了这份工作，一定要得到酬谢。

例：What he told me was half-true.

译文：他告诉我的是半真半假的东西而已。

以 it 作形式主语的主语从句，翻译时根据情况而定。可以将主语从句提前，也可以不提前。

例：It doesn't make much difference whether he attends the meeting.

译文：他参加不参加会议没有多大关系。

例：It seemed inconceivable that the pilot could have survived the crash.

译文：驾驶员在飞机坠毁之后，竟然还活着，这似乎是不可想象的。

2. 宾语从句的翻译

以 what、that、how 等引导的宾语从句，在翻译时一般不需要改变它在原句中的顺序。

例：Can you hear what I say？

译文：你能听到我所讲的话吗？

3. 表语从句的翻译

同宾语从句一样，表语从句一般也可按原文顺序进行翻译。

例：This is what he is eager to do.

译文：这就是他所渴望做的事情。

例：That was how a small nation won the victory over a big power.

译文：就这样，小国战胜了大国。

例：This is where the shoe pinches.

译文：这就是问题的症结所在。

4. 同位语从句的翻译

一般情况下，同位语用来对名词或代词做进一步解释，单词、短语或从句都可以作同位语。在跨文化视域下，翻译时，并没有对同位语的顺序做过多规定，一般可以保留同位语从句在原文的顺序，也可以将从句提前。

例：It does not alter the fact that he is the man responsible for the delay.

译文：延迟应由他负责，这个事实是改变不了的。

例：He expressed the hope that he would come over to visit China again.

译文：他表示希望再到中国来访问。

此外，在翻译时，还可以采用增加“即”或“以为”，或用破折号、冒号将同位语从句与主句分开的方法。

例：But it ignores the fact that，though pilots，we potentially were in as much danger of capture as any covert agent.

译文：但忽略了这一点，即我们虽说是飞行员，却和任何潜伏的特务一样有被俘的危险。

（三）状语从句的翻译

1. 时间状语从句的翻译

对于时间状语从句的翻译，这里以较为复杂的 when 为例进行说明。在翻译 when 的时间状语从句时，不能拘泥于表示时间的一种译法，要结合实际环境，采用不同的翻译方法。具体翻译方法有以下几种：

（1）译为相应的表示时间的状语从句

例：When she spoke，the tears were running down.

译文：当她说话的时候，眼泪都流下来了。

（2）译为“刚……就……”“一……就……”结构

例：Hardly had we arrived when it began to rain.

译文：我们一到就下雨了。

（3）译为“每当……”“每逢……”结构

例：When you look at the moon，you may have many questions to ask.

译文：每当你望着月球时，就会有许多问题要问。

（4）译为“在……之前”“在……之后”结构

例：When the firemen got there，the fire in their factory had already been poured out.

译文：在消防队员赶到之前，他们厂里的火已被扑灭了。

（5）译为条件复句

例：Tum off the switch when anything goes wrong with the machine.

译文：一旦机器发生故障，就把电源关上。

（6）译为并列句

例：He shouted when he ran.

译文：他一边跑，一边喊。

2. 条件状语从句的翻译

（1）译为表“条件”的状语从句

例：If you tell me about it，then I shall be able to decide.

译文：如果你告诉我实情，那么我就能作出决定。

例：Presuming that he is innocent，he must be set free.

译文：假如他是无罪的，就应当释放他。

（2）译为表“补充说明”的状语从句

例：He is dead on the job. Last night if you want to know.

译文：他是在干活时死的，就是昨晚的事，如果你想知道的话。

（3）译为表“假设”的状语从句

例：If the government survives the confident vote，its next crucial test will come in a direct vote on the treaties May4.

译文：假使政府经过信任投票而保全下来的话，它的下一个决定性的考验将是 5 月 4 日就条约举行的直接投票。

3. 原因状语从句的翻译

（1）译为因果偏正句的主句

例：Because he was convinced of the accuracy of this fact，he stuck to his opinion.

译文：他深信这件事正确可靠，因此坚持己见。

（2）译为表原因的从句

例：The crops failed because the season was dry.

译文：因为气候干旱，农作物歉收。

4. 让步状语从句的翻译

（1）译为表“无条件”的状语从句

例：No matter what misfortune befell him，he always squared his shoulder and said：“Never mind. I’ll work harder.”

译文：不管遭受到什么不幸的事儿，他总是把胸一挺，说："没关系，我再加把劲儿。"

（2）译为表"让步"的状语从句

例：While this is true of some，it is not true of all.

译文：虽有一部分是如此，但不见得全部是如此。

5. 目的状语从句的翻译

（1）译为表"目的"的前置状语从句

例：We should start early so that we might get there before noon.

译文：为了在正午以前赶到那里，我们应该尽早动身。

（2）译为表"目的"的后置状语从句

例：He told us to keep quiet so that we might not disturb others.

译文：他叫我们保持安静，以免打扰别人。

三、英语长难句的翻译

英语中，由于连词、冠词、介词等功能词的作用和非谓语动词、谓语动词等结构形式的存在，使英语句子的修饰成分相当复杂，可以是单词、短语，也可以是从句，而且这些修饰成分还可以一个套一个地使用。再加上英汉句子语序上的差异，如定语和状语修饰语的位置差异、句子的逻辑安排差异等，就使英语句子结构复杂，长句较多，有时一段可能只有一句话。对初学翻译的人来说，长句的确使人感到扑朔迷离，翻译起来无从下手。实际上，只要方法得当，长句的翻译并不难。

长句的翻译关键在于理解分析。一般说来，对长句的理解分析可采用以下步骤。第一，通过语法分析，判断出句子是简单句、并列句，还是复合句。第二，具体分析句子结构成分。如果是简单句，找出句子的主干部分、定语和状语；如果是并列句，找出连接句子的并列连词，然后再具体分析各个并列分句的结构成分；如果是复合句，找出从属连接词，分清主从句，然后再分别分析主从句各自的结构成分。通过层层分析，将长句化繁为简、化整为零。翻译时，采用适当的方法，将长句用符合译语表达习惯的语言表达出来。但在表达时，需要注意英汉语言的差异，采用不同的翻译方法灵活处理原文的结构。

（一）英语长句的翻译

英语长句的翻译主要采用以下几种方法：

1. 顺译法

有些英语长句讲述的内容是按事件或动作发生的时间先后顺序或内在的逻辑关系排列的，与汉语的表达习惯基本一致。翻译时，一般可按原句的顺序译出。

例：When the soft，low call of the wood-doves，those spirits of the summer，came out of the distance，she would incline her head and listen，the whole spiritual quality of it dropping like silver bubbles into her own great hearts.

译文：每当作为夏季精灵的斑鸠儿从远处发出柔婉呼声的时候，她总侧着脑袋倾听，那声音的全部精髓就跟银色的水泡一般落进她自己那颗伟大的心。

例：One wretched breathless child，panting with exhaustion，terror in his look，agony in his eyes，large drops of perspiration streaming down his face，strains every nerve to make head upon his pursuers.

译文：一个可怜的孩子，累得上气不接下气，神情充满恐怖，目光溢出痛苦，大颗大颗的汗珠从脸上直往下淌，每一根神经都绷得紧紧的，为的是摆脱追捕的人群。

2. 逆译法

英语中，有些句子的表达顺序与汉语的表达习惯不同，甚至相反，尤其是一些复合句，其主句一般放在句首，即重心在前。而汉语则一般按时间和逻辑顺序，将主要部分放在句尾，形成尾重心。对这些句子，翻译时宜采用逆序法，也就是从后向前译。

例：You must fix in mind the symbols and formulae，definitions and laws of physics ; no matter how complex they may be，when you come in contact with them，in order that you may understand the subject better and lay a solid foundation for further study.

译文：为了更好地学习物理学并为进一步学习打好坚实的基础，当你接触到物理学上的符号、公式、定义和定律的时候，不论它们多么复杂，你也必须把它们牢牢记住。

3. 分译法

英语句子重形合，汉语句子重意合，这是英汉两种语言句子结构的根本差异之一。英语句子的各种成分前后都可有各种各样的修饰语，主从句之间有连接词，短语可以套短语，从句可以套从句，因而英语句子长而复杂。汉语造句采用意合，少用或不用连接成分，叙事按时间或逻辑顺序安排，因而语段结构流散，语义层次分明。这就使汉语中散句、松句、紧缩句、省略句或流水句较多，而长句较少。因此，英汉翻译时，往往需要根据意合的原则，改变原文的句子结构，化整为零，化繁为简，将原文译为并列的散句或分离的单句，以适应汉语的表达习惯，这就是分译法。分译法既适用于翻译单个的单词、短语，也适用于翻译简单句，还可以用来翻译长句或难句。

例：The number of the young people in the United States who cannot read is incredible—about one in four.

译文：大约有四分之一的美国青年人没有阅读能力，这简直令人难以置信！（单词分译）

例：The ancients tried unsuccessfully to explain how a rainbow is formed.

译文：古代人曾试图说明彩虹是怎样形成的，但没有成功。（单词分译）

例：Bad weather prevented us from starting.

译文：天气太坏，我们无法动身。（短语分译）

4. 综合法

英语语言的表达习惯往往是将重点部分或概括部分放在句首，然后分析叙述次要部分。而汉语则往往从小到大，按时间或逻辑顺序，层层推进，最后得出结论，突出主题。因而在英汉翻译过程中，使用前面所讲的几种方法的确可以解决很多问题。但实际上，英语中有很多长句，如果纯粹运用顺译法、逆译法或分译法，并不能解决实际问题。那么，在这种情况下，更多的是根据具体情况，并结合上下文，将这几种方法结合起来，或按时间的先后，或按照逻辑顺序，顺逆结合，主次分明地对长句进行综合梳理，这种翻译方法称为综合法。使用综合法可以灵活变通长句语序，使译文的句法通顺自然，更符合汉语的表达习惯和中国人的思维方式。

（二）汉语长句的翻译

汉语句子呈现话题—评述结构。也就是说，汉语句子由于其逻辑语言的特点，句子的表达以意尽为界，没有语法形式的限制。只要句子的评述没有结束，句子就可以一直延续下去，其中的意思可用逗号分开，这样，句子就显得较长。而英语句子则不能这样，因为英语句子是主语—谓语结构。不管对主语的说明有没有结束，一个句子有了主谓就可以结束。因此，在翻译汉语长句时，应仔细分析汉语句子结构，弄清句中各层次间的逻辑关系，然后根据汉语的表达习惯选择适当的翻译方法。

汉语长句一般采取顺译、断句和合句这三种翻译方法来处理。

1. 顺译法

当汉英叙述层次一致时，可按原文顺序翻译，在需要的地方加上适当的连接词语。

例：这种制度实行相当长时间的结果就是只有一小撮富裕的资本家千方百计（大多是不正当地）掠夺了大工业、银行、铁路和造船等的支配权，而且掠夺了大部分自然资源，如煤、石油、铁、铜和木材。

译文：The general result of this system's operation over a long period is that rela -tively a handful of rich capitalists have，by hook or by crook（most crook），grabbed possession of big industries，banks，railroads and shipping lines，as well as most of the nation's natural resources，such as coal，oil，iron，copper and lumber.

例：不一会儿，北风小了，路上浮尘早已刮净，剩下一条洁白的大道来，车夫也跑得更快了。

译文：Presently the wind dropped a little. By now the loose dust had all been blown away，leaving the roadway clean，and the rickshaw man quickened his pace.

2. 断句法

翻译汉语长句时，断句是最常用的一种方法。由于汉语长句多为复句，包含层次较多，逻辑复杂，所以翻译时可根据复句或句子之间的逻辑关系，适当将句子分成几句来翻译，这样可以使结构利落，译文意思表达得更加清晰、明白，符合英语的表达习惯。

例：但他性情与人不同，不求名利，不交朋友，终日只是忙于自己的本职工作。

译文：He is，however，eccentric. He does not seek fame and gain，and does not like to make friends. Every day he is only engaged in his own job.

3. 合句法

由于汉语缺少形态变化和足够的关系词，因而汉语组句只能依靠时间顺序和逻辑顺序来安排，行文也就一句一句地发展下去。而英语句子结构呈现叠床架屋结构，如果按汉语结构直译，那么译文就会成为一个一个简单的独立句，相互之间没有联系，这不符合英语句子的结构特征。因此，在翻译汉语时，不能看一句译一句，要对几个句子从意思上一起分析，根据英语句子结构灵活多样的优势，将逻辑上有关系的几个句子合起来处理，译成一句比较精炼的英语句子。在汉语句子比较复杂，很难顺译或断句时，常常采用合句手段来处理。

例：经过多年的努力，我们国家已能用仅占世界百分之七的耕地，养活占世界百分之二十二的人口，使十三亿人民基本解决了温饱问题。

译文：Now our country has solved the problem of food and clothing to a point where it has managed to feed its 1.3 billion people，22 percent of the world’s total population，with only 7 percent of the world’s cultivated land.

第三节　跨文化交际视域下英语语篇翻译

语篇翻译一直受到人们的关注，因为它可以最大化地移植外来文化、向外国推介本国文化。经过人们长期地、坚持不懈地努力，跨文化语篇翻译已经成为翻译学的一个重要组成部分。

跨文化翻译不是词语和句子的对译，而是文化和语篇的转换。语篇，尤其是文学语篇，和特定的文化密切相连，没有文化的介入，文学语篇将成为无本之木、无源之水。文化之所以在跨文化语篇翻译中作用很大，是由文化的特性决定的。文化是一种社会现象，是人们长期创造形成的产物。同时文化又是一种历史现象，是人类历史的积淀物。确切地说，文化是指一个国家或民族的历史、风土人情、传统习俗、文学艺术、行为规范、价值观念等的综合体。根据文化的结构和范畴可以把文化分为广义和狭义两种概念。广义指人类在社会历史实践中所创造的物质财富和精神财富的总和。狭义指社会的意识形态，以及与之相适应的制度和组织机构。文化的存在依赖了人们创造和运用符号的能力。符号指能有意义地表达某种事物的任何东西，这些符号可以传递和保存复杂的信息，借助符号人类可以创造文化和学习文化。

文化具有持久性、稳定性和传承性。系统功能语言学认为，语言和文化是密切相关的，语言只是社会文化这个大系统其中的一个子系统，这就决定了语言功能的实现离不开语言外的社会文化环境。语言反映文化，又受文化制约。文化是通过社会学习获得的知识，而语言则是人类凭借特有的语言能力，通过后天社会语言环境的触发而习得的一套知识体系。由于语言与文化的这种相互依存的关系，人们在使用语言时必须参照特定的文化。使用语言的过程其实就是基于语言内部结构和外部文化作出选择的过程。所以在语篇翻译活动中，翻译的内容不仅仅是语言符号本身，而且涉及语言符号所承载的文化，语篇翻译是一种跨文化的交际活动。较好地转承、衔接双方文化并处理好文化差异所带来的影响是语篇翻译准确的关键。

语篇的最大特点是具备完整的意义和交际功能。语篇翻译的特点使其在跨文化交流中的作用十分重要。语篇翻译的质量直接影响着文化交流的质量。文化交流的目的是人类互相学习，共同享受各民族创造的精神财富。通俗地说，将外语译成本族语是吸收文化，而将本族语译成外语则是输出文化。从这个角度说，语篇翻译承载着文化转换和文化传播的意义，跨文化交流中的语篇翻译不仅仅是语言符号的转换，它还总会直接或间接地传达着文化信息。这就要求译者既要熟知源语和译语的语言特点，又要熟悉源语文化和译语文化；译文既要接近译语，照顾读者的文化习惯，更要尽可能保留源语文化的内涵。对于真正成功的翻译来说，“双文化”能力甚至比双语能力还重要，因为词语只是在其发挥功能的文化中才具意义。

一、英汉语篇的基本差异

（一）英汉语篇的共同点

在跨文化交际视域下的英语翻译当中，自然语言的语篇，无论是英语还是汉语，都具有以下共同点：

1. 语义的连贯性

“完整语义”的语篇必须是一个语义单位，应合乎语法，语义连贯，有一个论题结构或逻辑结构，句子之间有一定的逻辑关系。语篇中的段落或句子都是在这一结构基础上组合起来的。一个语义连贯的语篇必须具有语篇特征，所表达的应是整体意义。语篇中的各个成分应是连贯的，而不是彼此无关的。

例 1：A：今天你上街去干什么？ B：我上街去买衣服。

例 2：A：今天你上街去干什么？ B：他父亲是个医生。

例 3：Fishing is Mark's favorite sport.She often waits for her sister for hours.But this is not my watch.

例 4：Fishing is Mark's favorite sport. He often fishes for hours without catching anything. But this does not worry him.

例 1 中的一问一答从语义上看是连贯的，因而具有语篇特征。例 2 中的 B 句答非所问，因而不具有语篇特征，不是语篇。例 3 中三个分句虽然语法正确，但它们之间缺乏语义连贯，无法形成表达一定意义的整体，也就无法形成语篇。例 4 中三个句子衔接连贯，构成语篇。

2. 衔接手段相同

衔接是将语句聚合在一起的语法及词汇手段的统称，是语篇表层的可见语言现象。从语篇的生成过程来看，它是组句成篇必不可少的条件。

3. 显性连贯和隐性连贯

连贯可分为显性与隐性两种情况：显性是体现于词汇、语法、结构等语言表层形式的，隐性则是有赖于语境和语用因素蕴含的连贯。衔接是连贯的外在形式，连贯是衔接的内在意义，两者既统一（显性连贯），又不统一，即并非有衔接就是真正连贯的语篇，无衔接的也可能是真正连贯的语篇（隐性连贯）。总之，语义连贯是语篇的实质，种种有形的衔接是其组织形式。单有衔接而无连贯不是语篇，两者皆备是显性连贯，有连贯而无衔接是隐性连贯。

连贯的语篇是思维连贯性的语言表现，思维的连贯性就是思维的逻辑性，这是人类理智的共同特征和功能，是人与人之间的交流、沟通及互译的根本保证。缺乏逻辑性或违背逻辑的任何语言符号既无意义，也产生不了真正的语言交际。因此，可以说，形成语篇的根本是逻辑，理解语篇的根本也是逻辑，一切语篇无不深藏着思维的逻辑。自然语言丰富多彩，种种语言变化无穷的语篇之所以具有共性和相通性，关键就在于逻辑的普遍性。明确这一点乃是分析语篇、理解语篇的基础，也是跨文化英汉语篇对比的基础。只有明确这一点，人们才会明白，语义相同的语篇，其衔接与连贯的不同只是语言形式上的，只有把握其内在逻辑的一致，才能保证语义内容的忠实传达。

4. 文体的多样性

自然语言的千差万别可以归为文体、体裁、语体和风格的不同，包括口头与书面、正式与非正式、不同语域和区域性的语体分别，不同时代的文风差异，诗歌、散文、小说、论述、应用等各具特色的体裁划分，因人而异的不同风格。文体多样性在英汉语言中同样存在，它们的分类也大体相同。各种分类都能在译语中找到相对应的形式。

（二）英汉语篇的基本差异

英汉语篇的基本差异有内在的思维和外在的衔接与连贯两个方面，内外相互影响，又相互独立。一般说来，思维层面的差异是决定性因素。

首先，英汉语篇分别呈现直线形与螺旋式的特征，这从根本上讲是中西方各自重综合与重分析的思维习惯的体现。所谓直线形，就是先表达出中心思想，然后由此展开，后面的意思都由前面的语句自然引出。英语长句“叠床架屋”式的结构最典型地表明了这种思维逻辑。

例：But I would like to do the same with the acclaim too，by using this moment as a pinnacle from which I might be listened to by the young men and women already dedicated to the same anguish and travail，among whom is already that one who will some day stand here where I am standing.

译文：对于人们给予我的赞扬，我也想作出同样的回报：借此国际学界的最高盛会，请已献身于同样艰苦劳作的男女青年听我说几句话，因为在他们中间，将来站在我现在所站的讲台上的人已经产生了。

汉语的螺旋式是以“起、承、转、合”为典型的，先宣称主题之重要，然后展开反复论述，最后回归主题，并对它再三强调。其根本特征是重复，乃至不厌其烦地强调，即词语和结构的复现与叠加。简短的语篇也常见这种现象。英汉语篇思维逻辑的差异继而造成两种语言语篇衔接与连贯方式的不同。

其次，在语言构思方式和语言组织方式上，英语呈现形合特征，而汉语呈现意合特征。形合和意合的区别就是语篇连贯的隐显不同。英语形合指英语必须含有体现词汇语法的显性衔接，也就是从语言形式上把词语、句子结合成语篇整体。而汉语的意合则无须借助词汇、语法的衔接手段，仅靠词语和句子内涵意义的逻辑联系，或靠各种语境和语用因素，便能构成连贯的语篇。因此，英汉互译时，便常见隐显不一的情况。

在跨文化翻译实践中并不是简单地翻译一句话或一段话，往往是整个篇章，对文章支离破碎的理解会造成断章取义，所以教师要多进行跨文化翻译实操训练，锻炼学生汉英句法结构，并培养学生对其差异进行有效的处理。在翻译实践中，选择的材料无论在形式和内容上都要具有多样性。

二、语篇翻译的衔接与连贯

（一）衔接

1. 英汉语言的语法衔接

语法连接指借助构造句子的语法手段，即标示词语之间结构关系的因素来实现语篇的衔接和连贯，这些因素可以是具有语法功能的词语，也可以是词语的特定语法形式，还可以是无特定词语的纯结构形式。

（1）英汉语言语法连接的差异

英语的语法连接具有明显的显性连贯，而汉语的语法连接接近于隐性连贯。英语的显性连贯借助形态变化和形式词，明显地标明词语之间、短语之间或小句之间等的语法关系。形态变化包括起构词作用的构词形态和表示语法意义的构形形态。英语有形态变化，而汉语中却没有严格意义的形态变化。英语中的形式词指用来表示词语间、句子中小句间和语段中句子间关系的起连接作用的词。英语中作为连接手段和形式的词不仅数量大、种类多，而且使用频繁，主要的连接手段和形式有介词、冠词、关系词（包括关系代词和关系副词）、连接词（包括并列连接词和从属连接词）和其他连接手段，如 it 和 there。汉语造句更注重隐性连贯，以意统形，少用甚至不用形式手段，靠词语与句子本身意义上的连贯与逻辑顺序而实现连接。

例：He boasts that a slave is free the moment his feet touch British soil and he sells the children of the poor at six years of age to work under the lash in the factories for sixteen hours a day.

译文：他夸口说一个奴隶从他的脚踏上英国土地的那一刻起就是自由的，但他却把穷人家 6 岁大的孩子们卖到工厂在皮鞭下干活，一天要劳作 16 个小时。

英汉两种语言在语法连接手段上相似，但各自所采用的具体方式有所不同。由于英汉语篇在语法衔接手段上存在差异，在英汉翻译时就需要恰当地进行语法连接手段的转换。英语（或汉语）用某种语法连接方式，翻译成汉语（或英语）则要靠词汇手段、逻辑手段或隐性连贯等。

（2）英汉语篇语法衔接的转换

第一，从时体形式上分析。英语的时体作为语篇衔接的语法手段时，翻译成汉语要加以转换。

例：Roger has finished the thesis. Caroline arrived from New York.

译文：罗杰完成了论文。因为卡罗琳从纽约来到了他身边。

例：Roger has finished the thesis. Caroline will arrive from New York.

译文：罗杰完成了论文。卡罗琳将从纽约来看他。

第二，从替代关系上分析。所谓替代，指用词语代替前文的某些词语，但不是指称性的一致关系，而只是具有同等或类似语义。替代主要包括名词替代、动词替代和分句替代。替代在英汉语中都存在，且往往互相对应。但互不对应难以翻译时，需要借助其他衔接或连贯手段。

例：A：I'll have a cup of black coffee with sugar，please.

B：Give me the same，please.

译文：A：劳驾，我要一杯加糖的清咖啡。

B：请给我也来一杯。（试比较：请给我也来同样的。）

第三，从省略关系上分析。省略是用词汇空缺的方式来达到上下文衔接的目的。语篇分析中常将省略分为三类：名词性的省略、动词性的省略和分句性的省略。这三类省略多数是出于语法结构的需要。语法结构上的省略是英汉语篇衔接的常见形式。无论是英语还是汉语的语法结构上的省略，若无法忠实翻译，都是以目的语的词语重复或替代来解决问题的，但名词性省略一般英汉语是一致的。

例：Take these pills three times a day. And you'd better have some of those too.

译文：这些药片一天吃三次。还有那些也最好吃一点。

汉译英中要特别关注的省略现象是汉语零位主语的问题。汉语的零位主语是汉语中的一种普遍现象，与英语中的省略并非完全一回事。这是因为汉语不是主语突出的语言，组词成句是围绕主题而展开的。所以，汉语中主语有时无须出现，而读者自明。这时，汉译英就需要填补上。

2. 英汉语言的词汇衔接

词汇连接指的是语篇中出现的一部分词汇相互之间在语义上的联系，或重复，或由其他词语替代。词汇连接是运用词语达到语篇衔接目的的手段，包括语义的重复再现和各种指称关系。英汉语篇的词汇衔接手段不仅总的具体方式完全相同，而且几乎都能够对应翻译，特别是在语义重复方面。但也有不一致的地方，尤其在指称照应方面，不同多些。

（1）语义重复

语义重复指运用同义词、近义词、上义词、下义词、概括词等构成的词汇链。它包括完全相同的语义词汇的直接重复，具有各种语义关系的词的同现，以及具有因果、修饰等组合搭配关系的词的同现。

例：The recovery of organs does not begin until after the heart stops beating and death is certified by a physician not affiliated with the transplant program.

译文：器官的复原，应在心脏停止跳动，死亡已被与器官移植无关的医生证明之后，才能进行。

（2）指称照应

指称照应是语篇衔接的重要手段，涉及人、物、事、时间、地点和词语等一切方面，既有对外部现实世界的外指，又有对语篇内语言要素的内指，既有回指，又有下指。指称照应是为了语篇上下文的照应，形成一个照应性的系统，即一个意义完整、有机统一的语篇。英汉语篇在指称照应上的差异主要体现在人称指称和指示指称上。就英汉翻译而言，人称指称和指示指称是最具实践和理论价值的语篇现象。

人称照应在有些上下文中是至关重要的，尤其是英译汉。如果理解不正确，译文就会出现错误。

例：The patient shook her head and stretched out her hands towards the baby.The doctor put it in her arms.She kissed it on the forehead.

译文：病人摇了摇头，把手向婴儿伸去。医生将孩子放到她怀里，她吻了吻孩子的前额。

例：There are two classes of people：the selfish and the selfless；these are respected，while those are looked down upon.

译文：世上有两种人：自私者和忘我者；忘我的人受到尊敬，而自私的人则遭到鄙视。

3. 英汉语言的逻辑衔接

逻辑连接的差异是语篇内深层次最普遍的连接，是保证语篇的必备条件之一。逻辑连接也有显性与隐性之分。显性逻辑连接指使用了 and、but、then、for 等连接语的衔接。隐性逻辑连接指那些不使用连接语而靠语用、语境等实现的连接。就英汉语比较而言，逻辑关系总的来说是英汉相通的，即时空、因果、转折和表示相类同的推延等基本的逻辑关系是一致的。但是英汉语的逻辑关系有时也有差异，如英语的时空关系，汉译时常改为因果关系，反之亦然。总的说来，由于英汉连接语的差异和逻辑关系中显性与隐性的差异，在跨文化英汉翻译时，译者应选择正确的逻辑连接词或连接语，或隐或显，以使译文符合译入语的表达习惯。

（二）连贯

在跨文化翻译中，如果一句一句孤立地看，有些译文似乎问题不大，但从通篇或整段来看，译文却犹如断线残珠，四下散落，没有贯穿联成一气的逻辑线索或脉络。究其原因，主要是忽视了原文中或显或隐的连贯性，没有在翻译中采取相应的连接和连贯手段，使译文不能成为一气呵成的有机整体。由此可见，连贯性在翻译中起着非常重要的作用。连贯是语篇中语义的关联，连贯存在于语篇的底层，通过逻辑推理来达到语义连接。它是将词语、小句、句群在概念和逻辑上合理、恰当地连为一体的语篇特征。连贯的语篇有一个内在的逻辑结构，从头到尾将所有概念有机地连接在一起，达到时空顺序明晰、逻辑层次分明的效果。

实际上，连贯总是和衔接密切相关的，它们都是构成语篇的重要特征之一，但这两个概念也有区别。衔接是通过词汇和语法手段得以实现的，而连贯可以借助信息的有序排列来达到。要实现语篇连贯，通常采用“明显”和“隐含”两种方法。前者与语篇的衔接有关，指运用词汇手段，如连接词来形成连贯标志；后者指信息的合理排列，这是一种无标志的连贯。

在跨文化翻译过程中，译者最终提供给读者的是怎样的一个语篇，完全取决于译者对原文语篇内容的理解、结构的认识及译语语篇的构建能力。就语篇连贯性而言，译者先要充分把握原文，认清原文的逻辑层次和脉络，也就是说要对原文语篇的连贯结构有明确的分析和把握，这是保证译文具有连贯性的前提。然后，在对原文语篇连贯结构充分理解的基础上，译者要依照译文的连贯模式和规律对原文语篇进行重新构建。译文不连贯可表现在词或词组、句子内或句群内。

总之，跨文化翻译过程不仅是一种语言符号的转换过程，也是逻辑关系的转换过程和连贯结构的重新构建过程。从本质上看，这一过程涉及思维的转换过程，即译者的思路要经历一个从原文连贯结构到译语连贯结构规范的转换。这种转换体现着两种语言、两种文化的思维定式的对应、对照甚至冲突，这就需要译者在思维方式上进行调整、变通，并把这种调整在译语语篇的连贯结构中具体体现出来。

三、英汉应用文体翻译方法

应用文体并非专指某一种文体，而是指一种特定的文体类别。一般来说，应用文体是与文学文体相对应而存在的文体，称为“非文学文体”。

（一）应用文体翻译概述

跨文化翻译不仅要译出原文的意思，而且要译出原文的文体风格，翻译家应具有独特的风格。对此，王佐良先生曾认为：“似乎可以按照不同文体，定不同译法。例如，信息类译意，文艺类译文，通知、广告类译体……所谓体，是指格式、方式、措辞等，须力求符合该体在该语中的惯例，不能‘以我为主’，把商品广告译成火气甚重的政治宣传品等。”[①] 关于文体与翻译问题，有学者认为无论从理论上讲，还是从实践的角度看，译者都应具有自己的风格。从翻译理论角度看，译者在传达原作的思想时，必定会使用两种不同的语言，因而在翻译的过程中不可避免地会受到多种因素的制约。其中，最重要的两个制约因素如下：

第一，译者对原作所表达的“思想”的理解程度、精确性和方式；第二，译者把理解所得转换成自己熟悉的语言时，往往会不自觉地体现译者自己的个性特色。作为主体的译者在翻译的过程中，不仅会自然或不自然地在理解原文时流露

① 王佐良．翻译：思考与试笔 [M]. 北京：外研社，1989.

出自己的个性，而且会在具体表达时显示出自己的个性，这就是译者风格形成的理论基础。从翻译实践的角度看，我国现代和当代翻译史上的大家无一例外地都具有自成一家的风格。比如，鲁迅的译文凝重洗练；朱生豪的译笔浑厚畅达，气势磅礴；傅雷的译文则圆熟流畅，干净利落；巴金的译文则明白晓畅，文气自然。

基于此，在跨文化翻译教学和实践中，我们有必要注意文体的问题。概言之，译者只有熟悉英汉各种文体类别的语言特征，才能在英汉语言转换中顺应原文的需要，做到量体裁衣，使译文的文体与原文的文体相适应，包括与原文作者的个人风格相适应。

一般说来，文体风格不仅包括因时间、地点、阶级、性别、职业、年龄、情景等所引起的语言变体，如各种方言、正式用语、非正式用语等，还包括各种体裁的作品，如应用文体、科技文体、论述文体、新闻报刊文体等。

（二）功能目的论与英汉应用文体翻译

根据文本不同的内容和文体可以把文本划分为表达功能（expressive function）、信息功能（ informative function）和呼唤功能（ vocative function）三种。以表达功能为主的文本主要包括文学作品、散文、自传、个人信件等，其目的在于表情达意，将个人的感情表达出来。以信息功能为主的文本包括非文学作品、教材、学术论文、报纸杂志上面的文章等，其中心是涉及语言之外的现实生活。以呼唤功能为主的文本旨在呼吁、号召读者采取行动、去思考、去感受，这类文本通常涉及通知、宣传、口号和广告等内容。

从语言用途的角度划分，应用翻译属于“特殊用途英语”（English for Specific Purposes，ESP）的范畴。专门用途英语是现代英语的一种变体，涵盖的语篇体裁非常广泛，几乎包括了除文学诗歌类语篇之外的所有体裁。

（三）英汉应用文体翻译的策略

关于应用翻译的原则和标准，应用文体包罗广泛，不同的次语域具有不同的特点。信息性、劝导性和匿名性是绝大多数应用语篇具有的主要特点。根据不同的问题、特点及翻译委托人的要求，应采用不同的跨文化翻译策略。译者应多读各种各样的应用英语的真实材料。“看”是英语翻译的基础；“译”即参照同类英语材料的写作格式、专门用语及表达方式，把想表达的内容要点译出来；“写”就是译者根据相关文体的格式用目的语把原文书写出来。“看、译、写”从翻译过程的角度，对应用文体的翻译进行了较为具体的阐释，不失为应用文体翻译的一种方法。

为了进一步加强跨文化应用翻译的研究、提高跨文化应用翻译的理论和实践水平，建立应用翻译学，学者已进行了多方尝试，如今已有可观成果，亦可持续研究。本学科的建立可以提升并解释翻译技艺，可升华为基本理论，可直接指导实践，奠定译学基础。跨文化应用翻译学的分立研究将升华整个译学研究，加强应用翻译研究具有非常重要的意义。

尽管不同文体会有不同的语言特征，但对译者来说，首要的还是要实现原作的“文本目的”，减少读者的“理解成本”，要让不懂原文的读者通过译文知道、了解甚至欣赏原文的思想内容及其文体风格。而要实现这一目的，就必须追求目标语文本与源语文本之间的意义之相当、语义之相近、文体之相仿、风格之相称。这里的“文体之相仿、风格之相称”是应用文体翻译过程中必须解决的问题。

第四节　跨文化交际视域下英语修辞格翻译

在跨文化交际当中，英语修辞格 Parody（仿拟）与汉语修辞格仿拟相同。这种修辞方式是故意模仿某一著名的诗歌，或某一名言警句，或某一谚语，改动部分词语而去表达一种新的思想，创造临时性新语句的一种修辞方式。仿拟修辞格运用的关键在于新颖的创意，有了新颖的创意才能根据新的语境创造出新的表达形式。随着社会、经济、文化的迅猛发展，新生事物、新观念、新思想的不断涌现，人们需要更丰富、更快捷、更活跃的语言。人们喜爱这种修辞格的独特修辞效果。这种修辞虽为一种临时性语言变体，但由于其表现出的机智活泼，精炼传神，新鲜奇妙，幽默风趣，嘲讽犀利，表现力强的特点而经常出现在语言交际、新闻、广告和文学作品中。

语言和文化是密切相关的。它是社会文化发展的产物，没有语言可以脱离其社会与文化环境。在进行英语翻译的时候需要了解中西方的文化，即跨文化意识。有些译者不愿随意更改其原来的联想及形象，对于那些了解源语言文化的人来说，不仅可以欣赏译作，还可以领略别国的文化，但是对于不太了解源语言文化的人，这种翻译的作品无异于云里雾里了。因此，在跨文化与跨语际交际时，译者不仅要解读出英语中所使用的修辞格的含义，并且还要追究其中文字中所表达的其民族文化意义。

当今社会，人们在言语交际中离不开修辞格。修辞格的使用在人们的言语交际中起着重要的作用。任何人如果想要建立和维系良好的人际关系，能在各种场合中成为脱颖而出的佼佼者，能够得心应手地处理突发事件和棘手的问题，始终保持举止优雅得体、谈吐机智、幽默，非使用修辞格不可。

修辞格是指在一定的语境中使用有效的语言操作方法，以实现说话者目的效果的语言实践艺术。跨文化是指目的文化知识和交际技能的获得以及立场、情感、行为模式从本族文化转移到目的文化。修辞格和跨文化关系密切，两者相互作用、相辅相成。两者在原语的基础上，使用修辞的手段将原语转化成听者能接受并理解的目标语，以此来达到语言转化的目的。修辞格有利于跨文化的语言输出，使得输出的语言拥有多样的形式和丰富的表达性，从而让听者容易理解，乐于接受，形成良好的会话和沟通。跨文化交际给修辞格提供语言素材，使之在跨文化交际中更具有民族性和影响力。

一、英汉修辞格的特征

英语中对修辞的定义：“The art of using words in speaking or writing so as to persuade or influence others.”其明确将修辞看作在演讲或写作中为说服或影响别人而使用词的艺术。在西方古代，演讲人为了吸引听众而讲究用词艺术，以提高演讲的效果，这种演讲的传统由来已久。在诗学及修辞学中，西方人明确提出了比喻等修辞手段和风格的概念。

西方的古代哲学家、语言学家，以及近现代的哲学家、语言学家都从各自的研究领域或方向对语言的修辞给予了一定的阐述，或将其意思隐含在其表述中。例如，英国哲学家奥斯汀（Austin）创立的言语行为理论中有一条是言外行为，它是指以言行事，即表明说话是为了达到影响他人或约束自己的目的；美国哲学家格赖斯（Grice）创立的合作原则中有一条准则是关联准则，它要求说话人语言要贴切；美国语言学家派克（K.L.Pike）从语调的意义出发将说话人在词义之外对话语所加的态度和感情看作修饰句子或短语的词汇意义。国内的一些学者也从不同的角度对修辞的特性进行了阐述，如修辞是言语行为，言语行为的目的是交流，交流是为了信息和情感的互动，互动就是在平等的基础上沟通，沟通就要对话。吕熙先生将修辞浓缩为语言的准确、鲜明、精炼、生动、深刻等。

中文“修辞格”这个术语可以追溯到1923年，当年，唐钺著的《修辞格》出版发行。1932年，陈望道《修辞学发凡》一书中将此术语广泛使用，并使之推广。那么，从修辞的结构上看，其特点与种类分为四种。

第一，描述体——描述对象体。所谓描述体是对对象体表示形象的修辞体，对象体是被描述的对象。

第二，换代体——换代本事体。所谓换代体是一种从正面、侧面、反面临时换代本事体的修辞体，本事体是固有的、隐形的、与换代体在内容上相同的修辞体。

第三，引导体——引导随从体。所谓引导体是指两个或两个以上的修辞语句的先行语句，随从体是引导体的随从，受引导体的引导和支配。换句话说，引导体怎么引导，随从体就怎么随从。

第四，变形体——变形原形体。所谓变形体是通过增加或减少等手段，对原形体给以结构形式的变化，不是变得面目全非，而是对原形体给以全部、部分形式的保留。原形体是指原有语句结构未经任何改变的修辞体。

以上四点将辞格的基本特征、特点、内容全部涵盖在内，比较全面地反映了修辞格的各种结构形式。

从特性上看分为三种：具有动人的表达效果，具有特定的结构模式，具有稳定性、发展性。

综览中外语言修辞特点，其共同点为化平淡为新奇，化呆板为鲜活，化枯燥为生动，化冗杂为洗练，化晦涩为明快，化一般为艺术，激发联想，唤起美感，娱人耳目，增强表现力、说服力和感染力，做到语言形式与表现内容完美、和谐地统一。

二、常见修辞格的跨文化运用

修辞格不仅在同一种语言内部广泛使用，而且在跨文化交际中不同语言之间也普遍使用。常用的修辞格有以下几种：

（一）隐喻

隐喻是指用一种事物暗喻另一种事物。它是一种重要的修辞格，在所有修辞格中具有举足轻重的地位。隐喻使用恰当可以使语言委婉、含蓄、富有意义。在跨文化交际中，需要注意不同语言文化背景下隐喻含义可能发生相应的变化，需要对其进行相应的转换。

在汉语中，人们常常对无中生有、夸大其词的人的言语行为称为“吹牛”。但是，在英语文化里，人们通常把“吹牛”称为“talk horse”。可见，英汉文化之间存在着明显的差异。在汉语里意象是“牛”，然而，在英语里意象是“horse”。在跨文化交际中，如果不清楚在跨文化交际中“吹牛”不同的语言表达方式是会出洋相的。

又如，汉语里有一个成语叫“胆小如鼠”。这个成语是比喻一个人像一只老鼠一样胆小怕事。但是，西方人通常用兔子来形容人胆小怕事。于是就产生了“as timid as a hare”这一成语。很明显，汉语和英语中该成语的意象是不同的，即汉语成语中用的意象是“鼠”，英语成语中用的意象是“兔”。如果不注意英汉两种语言在表达方面的差异，就会让西方人不知所云。再如，英语谚语“Love me, love my dog”是指喜欢一个人连同喜欢他身边的事物。汉语里也有表达同样意义的成语，即“爱屋及乌”。但是，汉语这个成语里所用的意象不是“我”和“狗”，而是“屋”和“乌”。“胆小如鼠”在英语和汉语里的表达方式虽然是“八竿子打不着边”，但是他们的含义却是有相通之处的。

（二）排比

排比是利用三个或三个以上意义相关或相近、结构相同或相似和语气相同的词组或句子并排以达到一种加强语势的效果。在跨文化交际中，排比的运用在不同的文化背景之下是有差异的。西方人注重先重点后次要，侧重线性思维；中国人更倾向于先部分后整体，侧重发散思维。因此，英语学习者需要注意中西方人在使用排比时的差异性。

比如“You are overwhelming jade, as white as snow, as smooth and moist as grease, as brilliant as candles, and as firm as rock”。这个例子用三个排比形容女子洁白如雪，润泽如脂，光辉如烛，坚贞如磐，如令人倾心的美玉一样美丽，活灵活现地将女

子美貌勾勒出来。它反映了西方人逻辑思维的特点是先宏观后微观，而中国人的逻辑思维恰恰相反，即先微观后宏观。具体来说：中国人先细细地把女子的美描绘一番，然后将这名美貌的女子比喻成通透的美玉；西方人更青睐于先把她定义成美玉，然后在细致地描绘她动人的美丽。在跨文化交际中，西方人注重先重点后次要，而在中国人更倾向于先部分后整体。

（三）双关

双关是指范畴化的词语的语义从一个范畴到另一个范畴进行跨越式移动。例如“Rose is a rose as a rose is a rose—Gertrude Stein”。例中的“rose”不仅指玫瑰，还指她的小说中一个人物的名字，另外还指一个概念。这里重复使用玫瑰这一词，既有它字面的意思，也有它的内在含义，双关很好地被运用在这个句子中。不同的人对这句话有不同的解读：在中国人眼里，玫瑰代表高贵、美丽；在西方人眼里，玫瑰代表爱情。

又如“He drove his expensive car into a tree and found out how it bends”。“bends”实际上是指德国的名车品牌“Bendz”（奔驰），又指这个车撞弯了。这句话用双关将车牌子和车撞弯了联系在一起，把一个人开着奔驰车撞到树上和车子被撞弯绘声绘色地表现出来，很具有幽默感。如果读者不了解“奔驰”是一个德国的品牌车，那么很难体会这句话的幽默感。

再如“Time flies like an arrow，fruit flies like a banana”。从意义上不难看出，这句话运用了双关的修辞格。中国人理解“时光飞逝”，但不理解“果蝇噬蕉”。在跨文化交际中，如果母语不是英语的人是比较难发现这句话所暗含的幽默感的；反之，对于一个母语是英语的人或熟知英语的人来说，这句话在跨文化交际中可以增添语言的趣味性。

在跨文化交际中恰当地使用隐喻、双关和排比这三个修辞格可以使语言流畅、得体、高雅。这三种修辞格在跨文化交际中发挥重要作用，掌握这几种修辞格能极大提高英语学习者的实际表达能力。

第五章　跨文化交际视域下不同类型的英语翻译研究

本章的主要内容为跨文化交际视域下不同类型的英语翻译研究，共分为以下四个方面的内容，分别是跨文化交际视域下科技英语翻译、跨文化交际视域下旅游英语翻译、跨文化交际视域下新闻英语翻译、跨文化交际视域下商贸英语翻译。

第一节　跨文化交际视域下科技英语翻译

随着时代的发展，中西方文化的互动和联合越来越密切。自 20 世纪 50 年代起，科技英语开始发展成为一种专门用于特定领域的英语。科技英语在简洁、逻辑严密、语言紧凑方面有显著特点，使用大量专业术语和丰富的词汇。而句式多数采用一般现在时和被动语态。在历史、文化、生活方式以及社会习惯等方面，不同的国家和民族之间呈现出了非常丰富的差异。要在科技英语翻译领域获得成功的跨文化交际，不仅需要精湛的语言能力，还需要深入了解双方文化差异和思维方式等方面的知识。

一、跨文化交际中科技英语翻译的语用失误

由于英语和汉语在文化形态、表达方式、认知模式等方面具有显著的差异。科技英语翻译时常常出现跨文化和跨语言语用的错误，这些错误有可能对翻译的准确性和效果产生严重影响。因此，在跨文化交流中，必须意识到并分析语用失误问题，以免出现科技英语翻译错误和译文的语用失误，这是非常必要的。

（一）科技英语翻译在跨文化交际中语用失误的原因

科技翻译在英汉之间呈现独特的风格。科技英语的文体、语言以及交际目的

等因素决定了其文本意义通常不会含有过多隐含意义。因此，科技英语翻译的目标应该是精准、通畅表达原文意思。但是，因为英语和汉语存在显著的差异，在翻译科技英语方面可能会有一些语用上的错误难以避免。另外，科技英语正经历着持续不断的变革和发展，因此，进行跨文化交流时科技英语翻译会受到以下几个因素的影响：

1. 单词字面意思引起的翻译失误

翻译未完全考虑单词的上下文语境和隐含的语言用法，导致翻译内容不够准确和精确。在翻译中，过于注重词语的字面意义而忽视其潜在意义往往导致误译。词语的语用含义指的是词语在具体应用场合中所表达的含义，与词语出现的情境密切相关。

例：Rivers provide good sources of hydropower.

误：河流可以提供好的水力资源。

正：河流具有丰富的水力资源。

我们了解到“good”这个词是表示赞扬或赞美的意思，但是这个词的含义是什么？为了确保句子意思更加明确和清晰，我们应该在翻译时根据具体情况进行巧妙运用。“优质信息渠道”也可以表达为“good sources”。

2. 文化差异的影响引起的翻译失误

中国是一个拥有悠久历史的东方文明古国，其传承至今受到儒、道、佛家影响深远。在进行跨文化交流时，由于英国和其他西方国家信奉基督教信仰，因此科技英语翻译必须考虑这两种文化背景。语言是文化不可或缺的组成部分，如果两种文化的差异越明显，那么在进行跨文化交流时，科技英语翻译也会变得更加具有挑战性。在跨文化交际中，科技英语翻译能否成功进行取决于其对目标语言文化的了解程度。这一点非常关键。当翻译科技文献时，文化因素是至关重要的，因为翻译过程中难免会受到特定文化的影响。在没有考虑到文化方面的因素时，进行科技翻译交流可能会遇到困难。

许多主题在中西方文化中都很受欢迎，包括个人兴趣、度假、天气、职业、电影或文学作品等。如果在跨文化交流中，双方仅坚持自己的语言模式，则有可能违反对方的传统惯例和规范，从而导致沟通的困难。这时候我们需要了解文化差异，以避免翻译中出现的语言错误。

例：Have faith in me，please. I can separate the sheep from the goat.

误：请相信我，我会区分绵羊和山羊。

正：请相信我，我会区分好坏的。

“separate the sheep from the goat”这个说法源自圣经，意味着将善良和邪恶的人区分开来。英语中，sheep 和 goat 有不同的含义，这个短语常表示区分好坏。

3. 思维方式和价值观不同引起的翻译失误

由于民族的思维方式不同，民族的语言形式也不同，因此在跨国交流中需要注意这个问题。在西方文化里，人们习惯于区分个体和集体，注重个人独立思考，认为整体只能通过个体间的竞争实现。在西方文化中，人们注重从多个角度探究问题，通过发掘异同之处来揭示问题的本质。他们提倡个体独立思考和主观能动性，主题对于他们来说十分重要，同时主客观之间有明确的界限。在思考问题时，他们通常使用逻辑和抽象思维方法。就语言而言，西方人通常注重单词的发音和形式，而中国人则更加关注词汇的含义和内涵。在语言表达时，通常会使用非人称主语和被动语态，而很少会省略主语。中国人更倾向于通过形象化的方式来表达和理解事物。同时，中国人也习惯在异质文化中寻求共同点，更倾向于采用综合思考方式，既注重感性思考，也注意整体思维，从已知事实出发，逐渐探索未知领域，并强调主观因素与客观因素的融合。在语言上表现出的特点是看重语言能否准确表达事物的含义。在语言表达中，常使用无主体句和主动语态，并尽量避免过多使用连词，以追求文章的对称与和谐。

例 :Now，parents can have god——like powers over their children online lives viewing everything the kids do as they surf or chat，and immediately slopping any activity that the parents is not approve of.

译：如今，在掌控孩子的网络生活上，父母简直具有上帝般无所不能的能力。他们可看到孩子们网上冲浪或聊天的一切内容，并马上阻止任何他们不认可的行为。

在西方文化中，上帝被视为具有无限能力的存在，而在中国文化中，人们通常在翻译中加入诸如“无所不能”这样的描述，以表达原文的意思。

4. 表达习惯不同引起的翻译失误

在科技英语中，常使用非生物或抽象概念作为主语，并使用动作动词来构成谓语。在汉语中，不能使用行为动词来描述非生命物体或抽象概念。在翻译时需顾及汉语的表达习惯，避免语用失误的发生。在某些场合下，汉语和英语通常使用常见的表达方式，但在科技文章中，它们常采用一些特有的句式。如句子可以使用被动句或分词短语等结构来表达。在进行翻译时，需要特别注意英语和汉语表达之间的差异，只有如此才能使用准确的语言和表达方式将原文的信息和意义传达出来，从而避免出现语言使用上的错误。完成翻译并非只需死板地进行硬性翻译，而是需要巧妙地运用各种翻译方法和技巧。

例：Heat from the sun comes to us by radiation.

误：太阳的热量通过辐射到达我们。

正：太阳通过辐射给我们以热量。

例：The engine has given a consistently good performance.

误：这台发动机一直给出好的性能。

正：这台发动机一直工作很好。

“comes to”和“has given”这两个谓语动词的机械直译导致译文表达不够优美。应在保持原文意思不变的前提下，用更符合汉语表达习惯的方式进行翻译，同时纠正语用错误。如果我们直接将英语中的完美的组合方式翻译成中文，通常会导致语用不当。

5. 专业知识缺乏引起的翻译失误

科技英语翻译是一项广泛的任务，需要翻译许多专业领域的内容，不限于文学和社会科学。这样的翻译要考虑到具体学科领域的专业知识，并结合语言学和翻译学等多个学科领域的知识进行翻译。科技英语覆盖范围广泛，涉及众多专业领域。专业知识是科技翻译的基石。如果对专业知识没有足够的了解，不重视或只依赖语言知识进行翻译，那么翻译的准确性会受到直接影响。没有足够专业知识的翻译可能会导致表达的方式不清晰、信息有误，甚至会产生误译的现象。

例 :All the various loses，great as hey are，do not in any way contradict the law of conservation of energy.

误：所有这些各种各样的损失，虽然很大，却并不都是和能量守恒定律有矛盾的。

正：所有这些各种各样的损失，虽然很大，但和能量守恒定律没有任何矛盾。

上述错误的翻译仅从语法方面来看，没有任何错误，但任何拥有一定科技知识的人都了解，能量守恒定律是一条不容置疑的法则，自然界中任何形式的能量损失都不会违反该定律。

（二）克服翻译中语用失误的措施

1. 加强语言的文化学习

语言能力、语用能力、交际能力和文化能力是互为支撑的，这意味着在学习语言的同时，必须注重学习相关文化，因为这是不可或缺的一部分。必须系统地、有目标地并遵循一定步骤去了解所学语言的国家文化和民俗习惯。在翻译时，应该细心考量交流场合、原文所处的文化背景以及常见的推理逻辑等因素，以便更准确地理解原文所表达的含义。在翻译时，需要运用文化背景知识和读者推理习惯，以确保准确传达原作者的意图。我们在翻译的过程中要注意，不能改变原文的含义，以免读者对译文理解错误或产生误解。我们也应该尽力避免由于中文和其他语言之间的文化差异而造成的翻译错误。

2. 提高自身的文化意识和文化素养

通过深入探究所学语言国家的文化，包括探讨他们的传统习俗、历史文化、宗教信仰及价值观念等，可以增强自己的文化意识和提高文化素养。采用这种方式能够更好地适应英语和英美文化，并减少跨文化交流中的翻译阻碍。

3. 加强科技英语教学和科技翻译教学

在英语课程教学中，我们可以将科技英语和科技翻译的内容纳入课堂，进一步了解科技英语的特色和写作方式，探讨科技文章的词汇和结构，同时也可以一起讨论如何进行科技翻译，并分享相关技巧和方法等。

4. 加强英语知识以及科技知识与汉语知识的学习

在进行科技英语翻译时，我们需要拥有娴熟的中文表达能力和高超的英语语言水平。同时，需要全面了解科技方面的知识，并掌握最新的科技发展趋势。如果缺乏这方面的相关知识，那么科技英语翻译的质量就难以确保。

二、跨文化交际视域下科技英语翻译技巧讲解

（一）科技英语的翻译策略

1. 准确理解原文

任何文体的源语文本翻译过程都包括理解与表达这两个重要环节。所谓理解，就是对原文或原作进行解码的过程，即通过认真研读来准确把握源语文本的文意、

语义、主题、思想的思维过程。准确理解原文是翻译的首要前提。众所周知，原文，即源语文本，是翻译工作的出发点和唯一依据，在一般情况下对原文不得有任意的、非理性地删改。只有准确而深刻地理解了原文的确切含义，才有可能做到准确无误的翻译，使译文达到准确、顺达、简练。具体说来应从以下三个方面着手：

（1）从词法规律下手，辨明词语含义

辨明词义对于正确翻译原文是至关重要的。我们常常会遇到这种情况：虽然已经了解原文的汉语表达，却因对个别英语词语的确切含义难以把握而无法着手翻译。在任何语言中，词语都是基本的表意单位，句子不过是按照特定的语言习惯、语法规则由词组合而成的整体。因此，要找到英语中的对应词，首先，要把握每个英语词语的基本义，包括与其他词语组合后的派生义，这往往需要多查阅几本词典；其次，要掌握词语的运用规律和语用功能，熟悉它们的文体特点；最后，要善于根据具体语境来联想或发掘词语的引申义，经常需要结合技术内容去考虑。

（2）从语法结构下手，厘清语法关系

准确理解原文后，在英译时要先从句子的语法结构下手，确定原文的句子结构特征和句子内外语法关系，即句子的时态、语态、情态、语气、句型、句内各种语法成分及其相互关系以及句间衔接手段等。在科技英语翻译中，原则上应先以句子为单位，根据英语语法来确定句子结构，如谁是主语、谁是谓语、谁是表语或宾语以及其他附加成分，还要确定句子类型，包括简单句、并列句、复合句以及各个子句之间的关系等，必要时还要联系上下文语境。

（3）从逻辑分析下手，把握逻辑联系

厘清语法关系和辨明词语含义对于准确理解原文而言，还只能说是创造了必要条件。在下笔之前，还有一个十分重要的程序，那就是从逻辑分析下手，弄清和把握语句的内在逻辑关系，即语句中各个词语或成分之间以及各个语句之间的语义联系，从而验证和确保译文的准确性。英语是一种语境性语言，词语如果脱离了语境、脱离了上下文，常常就很难判断其确切含义。虽然跨文化科技英语的准确理解对于语境的依赖性要远远小于其他文体，但也会不时地遇到不联系上下文就难以弄懂句义的情况。因此，要求译者密切联系上下文，从总体上体会和把握每个句子的真正含义或意味，特别是它们的技术内容，看看它们是否符合逻辑、合乎情理，是否符合学科或专业的学术或技术要求。

例：正是由于这个原因，在那些有充足长途客运的地方，长途直达运营日益增多，这样一来就可避免重要的中间或联轨站站台线路的阻塞，而这些阻塞是由于无正当理由停靠的列车引起的。

译文：It is for this reason that, where full passenger loads can be counted on over long distances, the practice of scheduling long non-stop runs is constantly on the increase, as important intermediate stations and junctions thereby are relieved of the blockage of their platform lines by trains which are stopping for no adequate reason.

分析：汉语原文具有典型的小句推进的特点，汉译英的关键在于确定各个子句之间的逻辑关系。英文将“这样一来”处理为“as”，指代前面的“the practice of”，起到定语从句中关系代词 which 的功能，即指代前面一整句话的含义，然后将最后一个独立的句子译为定语从句，从而使得整个句子的逻辑关系表达得甚为清楚。

2. 确切客观表达译文

准确客观是衡量科技译文质量的一个重要标准。作为信息交流文体，跨文化科技英语主要功能在于认识客观事物，探讨客观世界的真实价值，因而在准确地理解原文之后，摆在译者面前的任务就是要确切、客观地再现原文。翻译工作者必须尊重客观事实，不得随意篡改或增删原文信息，不可加入个人的主观臆断或思想感情，将原文所表述的科技内容恰如其分、不折不扣地翻译并表达出来，使之成为高质量的译文。所谓表达，是指运用目标语对源语文本进行编码的过程，即在正确理解的基础上把源语的内涵用目标语重新表达出来。表达的好坏取决于对源语文本理解的准确度和深度以及对目标语的修改程度。前者是前提，没有对原文准确的理解就不会有恰当的翻译；后者是保障，没有目标语的良好修改，对原文理解得再准确也无以表达。现代科技与多种学科日趋交叉渗透，涉及物理、生物、军事、法律、经济、政治、管理等众多领域，跨文化科技翻译者需要涉猎广泛，从事翻译实践时才能游刃有余，将科技文本中包含的内容、形式以及客观严肃的风格完整、准确地呈现给读者。因此，在此环节必须做好四件事。

（1）准确选词

为了确保跨文化科技文本的翻译准确无误，必须将相关汉语词汇翻译成最贴切的英语术语，以保持原文意思的传达不变。在保持文意不变的前提下，应当在英文中选择等值词，以及经过引申转换的词汇，并注意适当的搭配以符合英语语言的惯用法。尤其对于专业术语，应特别重视其准确性。

例：那艘游艇正全速前进。

译文：The yacht is travelling at its full speed.

例：能算出那颗子弹的初速度吗?

译文：Can you calculate the initial velocity？

分析："Speed"和"Velocity"都指的是物体的运动速度，但它们的用法和含义有些不同。尽管两者有时可以互相替换使用，但它们之间仍有些微妙的差别存在。"速度"是一个常见的术语，指距离与时间相除的比率，它没有方向限制。"Velocity"具备精确的科学意义，表示物体的运动方向和速率，是一个具有方向性的矢量。

例：你能把一根橡皮带拉长到它原来长度的好几倍。

译文：A rubber band can be stretched to several times its normal length.

例：树影随着月亮的移动而伸展。

译文：The shadows of the trees are lengthening with the motion of the moon.

例：良好的保养能延长机器的寿命。

译文：Good maintenance may prolong the life of machine.

分析：词语"stretch""lengthen""prolong"都有延伸或伸长的含义，但它们在使用时有所不同。"stretch"表示具体物体长度的扩展，"lengthen"则强调增加时间和空间，"prolong"则强调时间的延长，且强调这种延长是预期的、正常的或在一定范围内的。

（2）恰当造句

换句话说，适当的句子表述是指以英语语言规则为基础，在不改变原意的前提下，尽可能合理、准确地翻译每个句子。这就要求尽可能遵循英语的语法和修辞习惯，包括语序的排列、动词的语气、时态、语态和情态的表达和使用。

例：在人类历史上，火药的发明是比较晚的，比船舶、自行车的发明都要晚得多。仅仅在大约六百多年前，才有最初的记载。而从木管中发射炸药，在13世纪中国历史上已有记载。

译文：The discovery of explosives came late in man's history，long after the ship，the wheel.Explosives were first written about only 600 years ago. Some explosives，shot from wooden tubes，were reported in Chinese history during the thirteen century.

分析：一般过去时常见于叙述科技发展历程和科技报告等文献中。

（3）理顺逻辑关系，避免歧义

科技文体注重逻辑推理，词与词、句子与句子之间存在着严密的逻辑关系。当进行跨文化科技翻译时，我们不仅需要确保准确理解原文的意思，还需要深入理解原作者的逻辑思维，且清晰地呈现原文中各个概念之间的逻辑联系和层次关系。由于要表达复杂的逻辑关系，科技英语中长句较多，常常是一个主句带若干个从句，从句带短语，短语带从句，从句套从句，互相依附，互相制约，一环套一环，可谓盘根错节，错综复杂。译者在语义辨认和语法分析之外，一定要注重逻辑思维，力求文通理顺，层次清晰，避免产生歧义。歧义是指翻译在表达原文中的词语关系时不够准确，导致意思不明确，容易让读者产生混淆和错误理解。在跨文化翻译工作中，一个极为严重的错误就是在不改变原意的前提下，使用不适当的措辞。因此，在进行翻译时，需要选用恰当的词汇，以便清晰、准确地体现相关词语之间的关系，特别是并列词语之间的关系。此外，也可以改变语气、调整语序和使用不同的语体等方式来表达相同的内容。

例：鲸和鲨鱼的不同在于，鲸是哺乳类动物，而鲨是鱼类动物。

译文：A whale differs from a shark in that the former is a mammal whereas the latter is a fish.

分析："differ from"是这里唯一可以使用的词组，表示两种事物存在差异特征，而在表示人物意见方面，存在"differ from"和"differ with"两种使用方法。

（4）力求简练

简练是跨文化科技英语翻译的标准之一，也是较高的质量要求。虽然做起来很难，但也应尽最大努力去尝试。就科技英语翻译而言，要做到简练。首先，要真正弄懂原文的确切含义；其次，要努力提高译者自身英语的语言修养，熟练地掌握英语语言修辞技巧；最后，要注意突破汉语行文习惯、语法规则的约束，运用英语思维来处理译文，短结构尽可能转换成长结构。

例：气体分子运动起来比液体和固体分子更为自由。

译文：The molecules in gases move more freely than do those of liquids and solids.

分析：将“move freely”替换为“do”，英文翻译将更加直接明了。

例：对大气过程的认知是成功预报的根本，同时也提供了为达到有利目的而能动地调节天气的可能性，并能预见到无意造成的有害影响以免来不及避免。

译文：The understanding of atmosphere processes，which is essential for successful prediction，also affords opportunities of modify weather deliberately for useful purposes and may make it possible to anticipate the inadvertent，deleterious effects before it is too late to avoid them.

分析：在合适的情境下，可以用英语的长句替换汉语中的长句。

（二）科技英语中的名词化结构

语言由三个层面构成，分别是语义层、词汇语法层和音系层。语义、词汇和发音之间形成了一条展现链。换句话说，发音系统是语义系统通过词汇语法系统所表达出来的。词汇语法和语义之间的体现关系表现为一致式（congruent form）和隐喻式（metaphoric form）两种形式。通过隐喻来表达的形式，即隐喻式。恰当地表达语义层和词汇语法层之间相互关系的方式即一致式。科技语篇中名词化结构构成了主要语义内容。名词化是英语和汉语科技语篇中的常见语义表达结构，而且相比之下，为了体现简明、准确、客观的语言特点，英语科技语篇的名词化倾向较汉语科技语篇更为突出，在科技英语中大量使用名词化结构使句子结构更加简化。

1. 用名词短语表示动作

例 1：用泵把储箱中的东西排出。

译文：Discharge of the contents of the tank is effected by a pump.

分析：这个句子中的 discharge 用作名词，而谓语动词则用功能性的、“中性的”或不太有意义的动词。注意，这里不可采用名词形式译成“储箱中所装东西的排出是用泵进行的”，因为这个汉译是汉语式的英语。

例 2：变压器广泛用于输电。

译文：Wide application of transformers in transmitting electrical power is effected.

例 3：将现代风洞设备同其历史上的先驱相比较，很容易对风洞试验技术的进展情况作出评价。

译文：An appraisal of the advances in wind tunnel test techniques can be readily obtained by comparing the modern wind tunnel facilities with their historical predecessors.

例 4：这些方法将在本书下一节里加以讨论。

Analysis of these methods will be given in a later section of the book.

分析：以上这四个名词结构的例句中，都用到表示“动宾”关系的介词“of”。例如在上面的 discharge of，application of…和 an appraisal of…中，discharge 与 the contents，application 与 a potential，an appraisal 与 the advances 都是动宾关系。可以说，正是借助于 of 表示动宾关系的功能，表达出了原文中的这一层关系。此外，这三个例句中的动词谓语一般采用“功能性的”“中性的”或动作意义不是太强的动词，如 effect、obtain 等。可以说这一点也是基于 of 表示动宾关系这一功能。

采用名词结构的实质，在于巧妙而灵活地利用介词 of 表示动宾关系的功能。我们在阅读与翻译时，要充分考虑到英汉两种语言各自的语言习惯，学会运用符合汉语习惯的表达方式来恰当翻译这种名词结构。通常是采用将名词转换成相应动词的词类转换方法，采用动宾短语或主谓结构来表达这种名词结构。

这种典型的名词结构还可以从另外一个角度来理解，即以英语为母语的作者，习惯利用与动词同源的名词来表达该动词的意思。例 1 用名词 discharge 表示动词 to discharge 的意思，例 2 用名词 application 来表示动词 to apply 的意思，例 3 则用名词 appraisal 来表示动词 to appraise 的意思，例 4 用名词 analysis 表示动词 to analyze 的意思。这 4 个名词和相应的 4 个动词，在汉语里对应着既可以用作名词又可以用作动词的 4 个词“排出”“应用”“评价”“分析”。自然应该改用相应的动宾短语“……（东西）（用泵）排出”（宾语提前），“把（电压）输送到”“得出……（评价）”和“……（加以）讨论（分析）”来表示。

2. 用名词短语表示条件、原因、目的、时间等状语从句

例：输入信号太大会引起非线性失真。

译文 1：If an input signal were too large，it would lead to nonlinear distortion.

译文 2：Too large an input signal would lead to nonlinear distortion.

例：由于线圈中存在铁，磁感应强度增加到了原来的 5500 倍以上。

译文 1：Because the iron is present in the coil，the magnetic induction has been increased to over 5，500 times what it was.

译文 2：The presence of the iron in the coil has increased the magnetic induction to over 5，500 times what it was.

（三）科技英语长句特点及翻译

在跨文化科技英语翻译中，长句通常是通过添加附加语来扩展基本句型的。为了增加内容，通常可以采取以下三种方法：第一种是增加修饰语（比如定语或状语）或并列的成分；第二种通过使用不同的短语（如介词短语、分词短语、不定式短语和动名词短语等）或词组来替代句子的某些部分，以达到相同的表达意思；第三种将简单句组合成更复杂的句子的方法是通过并列复合句或主从复合句将它们连接在一起。具体来说，主要包括以下几个方面：

1. 多个从句修饰同一概念

The moon is ① a world that ② is completely and utterly dead，a sterile mountainous waste on ③ which during the heat of the day the sun blazed down with relentless fury，but where ④ during the long night the cold is so intense that ⑤ it far surpasses anything ever experienced on the earth.

它在白天被太阳无情地炙烤着，但在漫长的黑夜中，那种寒冷的程度比地球上所经历的任何温度都要低得多。在酷热的白天，太阳毫不留情地释放着强烈的阳光，而漫长的寒夜则跨越了我们所能察觉到的地球时空界限。

本句含 5 个分句：①是主句谓语动词；②是由关系代词 that 引导的定语从句，修饰 a world；③是介词 on+ 关系代词 which 引导的定语从句，修饰 a world 的同位 a sterile mountainous waste；④是关系副词 where 引导的定语从句，也修饰 a sterile mountain waste；⑤是 so…that 句型的结果状语从句。

2. 从句本身又包含从句

The difficulties that ① would have to be encountered by anyone who ② attempted to explore the moon—assuming that ③ it was possible to get there—would ④ be incomparably greater than ⑤ those that ⑥ have to be faced in the endeavor to reach the summit of Mount Everest.

如果有人想要探索月球的秘密，假设他们能够到达那里的话，那么他们可能会面临比攀登珠穆朗玛峰时更大的困难。

本句共有 6 个分句：④ would be 是主句谓语动词；⑤ than 是比较状语从句，两个破折号之间有一个插入语，插入语里有一个宾语从句③，在主句中有一个定语从句①，修饰主句的主语 difficulties，而在这个从句中又套了一个定语从句②，在比较状语从句⑤中也套了一个定语从句⑥。

3. 含有从句的并列复合句

There is ① always a certain amount of random noise in the receiver ② which is recorded on the chart ③，but the emissions can be recognized as an increase in intensity when ④ the telescope is pointing directly at a “radio star” .

在接收器中，通常会记录一些不规则的杂音。然而，如果我们把注意力放在“射电星”上，就会注意到无线电辐射的波密度正在不断提高。

本句含有 4 个分句，句①与句②（定语从句）是主从关系，句③与句④（时间状语从句）也是主从关系，句①与句③是并列关系。

第二节　跨文化交际视域下旅游英语翻译

旅游翻译要求翻译工作者在跨文化交际意识指导下进行专业的翻译活动，强调旅游信息的准确传递和有效传播，为跨文化交流提供直观有效的平台。在跨文化交际意识的指导下对旅游翻译进行研究，有助于翻译工作者在充分考虑文化差异的基础上帮助译语读者更好地理解景点特有的历史和文化，为旅游翻译工作提供理论和策略的借鉴，同时促进本国旅游文化和世界接轨，使本土文化真正实现“走出国门、走向世界”。

随着全球经济一体化，国与国之间的交流变得更加广泛和深刻。国际旅游业作为国际交往的延伸，目前正不断地扩张和发展。我国的旅游文化越发流行，越来越多的外国游客来到全国各地的景点参观旅游。旅游行业应该精心制作宣传资料，以展示国内独特的自然风光、人文历史和地方特色，吸引海外游客前来旅游，并帮助游客更深刻、形象地了解和感受旅游目的地。为了确保游客之间的信息交流顺畅无阻，最重要的举措是准备精细、准确的景点翻译资料。旅游翻译材料经过精心设计，有助于吸引更多来自国外的游客，推动国内旅游业的繁荣，同时也是向世界展现中国悠久历史和文化底蕴的重要途径。如果旅游翻译工作不够精准，且东西方人在思考方式和语言表达等方面存在明显差异，那么游客可能无法有效获取原始信息。这可能会让游客略微误解，进而导致偏离预期并使游客对我国旅游服务的满意度产生影响。在翻译旅游信息时，译者需要有跨文化意识，并结合国际游客的语言习惯，采用适当的翻译策略，从而准确地传达旅游魅力，同时保持原文意思的完整性和准确性。采用这种方式可以最大限度地避免由于文化差异而产生的误解。

一、旅游英语翻译概述

（一）旅游英语翻译的概念

旅游英语属于专门用途英语（English for Specific Purpose，即 ESP），是在旅游行业中所使用的英语，是为旅游提供服务的英语，满足旅游推介者的宣传目的和潜在旅游者获取信息的目的。旅游英语翻译属于专业翻译和应用翻译的范畴。它是指一切有关旅游业相关的文字材料的翻译，是为旅游活动、旅游专业和行业服务的翻译实践行为。从宏观上看，旅游翻译是一种跨语言、跨社会、跨时空、跨文化、跨心理的交际活动。从翻译对象来看，它涉及旅游景点介绍、旅游广告宣传、景点告示标牌、旅游网站或网页、民族风情画册、古诗楹联解说、旅游路线指示等多方面、多类型的文体形式。同其他类型的翻译相比，旅游翻译在跨文化、跨心理交际等特点上表现得更为直接、更为突出、更为典型、更为全面。随着经济全球化进程的加快，世界间的交流越来越频繁，旅游英语翻译作为跨文化交际活动，也发挥着越来越大的作用和影响力。

跨文化旅游翻译可分为全译、摘译、编译；按内容分，包括旅游公司宣传材料的翻译、景点介绍翻译、美食翻译、文化典故翻译、标示语翻译等。但无论哪一种翻译，采用何种翻译策略和技巧，译者都要在充分把握旅游文本本身的文体特点，在用词、语法、句式表达、修辞等的基础上，注意语言背后的文化差异性及翻译中的运用策略。

（二）旅游英语翻译的原则与标准

翻译是一种实践性很强的活动。作为一种应用型翻译，跨文化旅游翻译更是需要实践。但是，译文质量的好坏需要一定的标准去检验，因此中外翻译理论家就提出了许多检验跨文化翻译产品质量的标准。

1. 以文化交际为主要目的

跨文化旅游英语翻译的核心是文化转换与交际互动，在英语翻译跨文化旅游时，为了尽可能保留原文意思并传达信息，会将文化相关的术语翻译为中文，这符合功能翻译理论的原则。在翻译过程中，我们的首要任务是将语言转换为另一种文化背景下更容易理解的形式，避免任何可能影响跨文化交流的因素。

2. 根据旅游资料的核心要求重构译文内容和形式

当翻译旅游资料这类涉及引导性的文本时，必须确保信息传递的高效性，使读者易于体会信息的含义。在功能翻译学派中，翻译被看作一种灵活的处理方式。翻译人在翻译过程中，需要根据翻译素材和形式作出相应决策，并在翻译成果中实现。为了保持意思不变，翻译时需要对过于华丽且带有诱导性的语言进行全面的重述。

3. 根据旅游资料的文体功能采用适当的翻译策略

就文体功能而论，旅游景点介绍可以归纳为三种类型：传递信息型、提供指引型和含蓄委婉型。为了让翻译旅游资料的人能够让读者产生类似于原文读者的感觉，译者经常需要对译文进行细微的形式和内容调整，有时甚至需要重新组织译文的文本。

4. 根据不同的取向有所侧重

①进行翻译时将译出语或译出语文化当作标准（source language orientation/source language culture orientation）。这种翻译方式的目的在于尽可能保留原文的风格和实际含义，避免进行过多的修饰。

②进行翻译时将译入语或译入语文化当作标准（target language orientation/target language culture orientation）。这一标准旨在让游客轻松地领略和感受目标语言 / 文化所展现的魅力。

③进行翻译时从作者的角度把握工作。这种译法一般旨在保留原作的文学元素和作者的文学形象，常应用于翻译名家名作，如诗词、对联、散文和游记等文学作品，目的是与原文保持一致。

④进行翻译时基于以顾客为中心的旅游翻译标准。在保留原文意思的前提下，

可通过归化和异化的方式实现最佳的翻译效果，因此，通常被视为首选或主要标准。

⑤进行翻译时以审美为导向。一般而言，这个规范适用于翻译包括诗歌、成语、碑文、历史景点和特色美食等在内的内容。他们的目标是在探究、宣传和推广中国山水文化的同时，尽量保留原文的美学价值，同时确保不改变原文的含义。在中国许多著名的旅游胜地，我们常常能看到楹柱上的对联，它们是经过巧妙构思组成的精美文字。这种文艺形式具有独具中国风格的特点。对联的起源可以追溯到韵律诗，它继承了韵律诗的一些独特特点和特色。在我国古代，吟诗和作对都是同等重要的艺术形式，它们之间紧密相连且相互影响。对联是一种书法艺术的形式，一般被镶嵌在门框上。它与诗歌不同之处在于只由两行文字组成，更为简洁，而且其表达方式更加自由灵活。在传统建筑中，我们常常可以看到数百字的长联。因此，翻译旅游楹联成其他语言是一个十分具有挑战性的任务，需要克服许多困难。当翻译楹联和俳句时，可以采用不同的方法来传达原意，但不会改变文本的意思。例如，可以使用近义词、反义词或者更具体的词汇来替换原文中的某些词汇，从而更准确地表达。此外，还可以通过改变句子的语态或者形式，如改变主谓宾的顺序或者改变动词的时态、语气等，来实现换一种说法。

例：苏州拙政园有一幅明代书画家文徵明（1470—1559）手书的唐代诗句组成的对联：

蝉噪林愈静，鸟鸣山更幽。

翻译如下：

Cicadas, chirping, make the forest all the more peaceful,

Birds, singing, make the mountain all the more secluded.

此译文不但字面意义对应，而且句式对仗工整。

例：水水山山处处明明秀秀，晴晴雨雨时时好好奇奇。

直译如下：

Water Water Hill Hill Place Place Bright Bright Beautiful Beautiful;

Fine Fine Rain Rain Moment Moment Pleasant Pleasant Wonderful Wonderful.

意译如下：

With water and hill，every place looks bright and beautiful；Rain or shine，every moment appears pleasant and wonderful.

根据以上原则，在旅游翻译中可采用不同的策略，运用不同的方法和技巧，在变通和完善中完成中西方文化的对接，在国际旅游活动中有效而充分地进行跨文化交际。

（三）旅游英语的语言结构特点

旅游文本涵盖广泛的内容，且文体风格多样多变。旅游指南属于描写类文本，需要用生动形象的词汇，让读者可以清楚明白地理解和掌握信息。和其他广告类型类似，旅游广告使用了强烈的召唤型语言。这些语言简短、精准，加上创意十足，句子结构活泼生动。由此，旅游广告不仅在吸引人们注意力上极具效果，而且也很擅长引导人们行动。旅游合同采用统一的措辞，准确表达意义，形式化程度高。旅行安排是属于传达信息的一部分，需要使用简洁明了、具有指示作用的词汇。

1. 词句特点

（1）专业术语

在旅游英语中，常常使用许多与旅游业相关的专业术语和惯用语。例如：incentive travel（奖励旅游），sightseeing tour（观光旅游），circular tour（环城旅行），outward journey（单程旅行），safe-conduct pass（安全通行证），China’s category A travel agency（一类旅行社），tour guide（导游人员）。这些专业术语的翻译是旅游翻译的一部分，跨文化翻译时必须严格使用，不可以随意更改。

（2）缩略语

缩略语是对较长、较复杂的语句进行缩减，但是最终不影响交流的语句省略，使词语趋于紧缩，音节减少，便于交流。例如：Asian-Pacific Economic Cooperation（APEC，亚太经济合作组织），The United States of America（USA，美国），World Health Organization（WHO，世界卫生组织），Quality Tourism Service（QTS，优质旅游），Unidentified Flying Object（UFO，不明飞行物），bed and breakfast（B&B，住宿加早餐）。

（3）复合词

复合词是由两个或多个单词组合而成的，也可以叫作合成词。在构成复合词时，通常会使用较多的名词，其次是形容词、动词、介词等。复合词具有浓烈的时代氛围和通俗易懂的表达方式，非常适合用于描绘场景、烘托气氛，受到旅游行业的欢迎。例如：selling season（旺季），season-low（淡季）。虽然西方人可能不熟悉“旺”和“淡”这两个词汇的含义，但由于使用了“selling”和“low”等意译的方式，他们成功地将“season-low”解释为经济萧条时期。又如：triple room（三人房），double room（双人房）。

2. 礼节特征

中国向来是礼仪之邦，其他国家也讲究礼仪。在与外国游客交流时，导游或服务人员需要遵循礼仪规范。与游客交流时，他们应该注意礼貌，并用温和的语气表达自己的请求和询问，以彰显对游客的尊重和关注。一种民族的信仰、价值观、思想方式和知识储备在文化中得到了表达。在传统文化的诸多方面，如民俗、服饰、礼仪等领域，人们遵循着一套规范和准则来表达其信仰和价值观念，并通过这些活动来彰显丰富的礼仪文化内涵。在聚会或款待等场合，通常会有宾客双方发表致欢迎词或感谢词，以表达彼此的欢迎和感激之情。旅游团队的致辞不像正式致辞那么严肃，因此，在形式上更富有灵活性，用词也更加亲切易懂。通常情况下，旅游团队只作为称呼、祝愿的致辞可以简单地使用一些基本的称谓和善意的话语，比如以“Ladies and Gentlemen”“Dear Guests”等作为开头。演讲的语言应当清晰有序、形象生动，这样有助于营造愉悦、融洽的氛围。

3. 文化特征

旅游文化是旅游的灵魂，各国游客汇聚而来，因此，旅游英语在连接游客、搭建沟通桥梁方面发挥着重要作用。游客借助旅游英语，能更深刻地领略中国这个拥有丰富文化和历史底蕴的国度，并从而推动跨文化交流。外籍游客造访中国的主要目的是对异国文化的体验，包括生活方式和地方文化。另外，他们也渴望欣赏并认识中国的历史文化遗产。旅游是一种创造性的过程，旨在通过提供与之相关的各种体验和感受，满足游客的内心需求，而非仅仅提供实质性的产品。游客的实际体验是衡量旅游服务质量的一个重要指标。只有深刻理解中国传统文化历史典故的导游或翻译人员，才能准确传达信息，使游客真正感受到中国文化和历史的深厚内涵。

4. 简洁风格

旅游英语的表述应该简单明了，以直白明快的方式描述和记录具体的情况和信息。在旅游英语中，常用简练生动的表达方式，并注重句子结构的层次性和严谨性。在传达信息时，必须确保准确无误，语言简洁直白，避免过多的冗余表述和华丽的措辞。与文学创作相比，旅游英语更倾向于使用简明、客观的语言来描述事物。

二、跨文化交际视域下旅游英语翻译译技讲解

（一）旅游英语的翻译策略

旅游英语的翻译策略可以划分为两种类型：一种是总结归纳策略，另一种则是多元化策略。归化翻译策略是指在翻译过程中，将原文与译文相结合，削弱原文的语言和文化特色，使译文更符合目标语言和文化。异化策略强调保持原文的独特性，同时与目标语言和文化保持一定的差异。这种方法将源文化元素以尽可能保真的形式转换成目标语形式，从而促进了不同文化间的平等交流，并实现了翻译的目标。通过使用异化翻译方法，可以促进跨文化交流，使译文读者更加深入地了解异国文化，同时推动语言和文化的多元化和发展。换个表达方式，就是归化的目的在于调整译文，让它更符合读者所使用的语言和思维方式，而异化则致力于尽量保留原著的风格和特色，保持作者的表述方式。归化和异化的根源可以追溯到直译和意译的概念。为了让外国旅游者更好地理解我国的优秀民族文化，在跨文化旅游英语翻译过程中，需要在语言和文字交流方面作出以下几点要求：

1. 要求采用“异化为主、归化为辅”的策略

一些语言结构在其他语言中很难找到等效的表达方式，尤其是那些强烈反映民族文化特色的独特结构。为了实现跨文化交流的目的，采用异化策略是必要的。以中国云南傣族庆祝节日的“泼水节”为例，直接用“Water-Splashing Day”这类带有归化翻译的词汇可能会导致外国人误以为是某种互相泼水的活动。为了避免这种误解，我们需要更详尽地介绍这一节日的历史背景和文化内涵。通过泼水的方式，傣族人寓意洗去过去的不如意，迎接新的一年好运和幸福，这是一种表达人们对美好生活的追求和祈求的方式。再举个例子，“炎帝陵是历代炎黄子孙所尊敬和崇拜的祖先圣地”。可以将其转化为“The Mausoleum of Emperor Yandi, Legendary god of Chinese agriculture, has ever since been a holy place where the offspring of Emperor Yandi and Huangdi（the Chinese people）offer sacrifices to their ancestors.”这样可以让翻译译本能够由源语言顺利转化成目标语言。

2. 音译与意译相结合，增加对原文字面意思解释的内容

在翻译地名时，很难完全避免使用音译方式。这种方法常用于翻译地名，体现了外国人和中国人对地名的共同理解。要成功阐释音译所表达的意思，就需要对音译对象的具体位置、地名来源以及相关的历史时代背景有充分的了解。将“功夫”“武术”“豆腐”等词语进行音译，不仅可以促进语言的演变，同时也能够推广中国本土文化。“灯红酒绿”一词形容的是奢华纵欲的生活方式，直接翻译为“with red lights and green wine”会让读者感到困惑，无法准确理解其含义。这个词语可以通过重新表述来传达其实际意义，例如“dissipated and luxurious”。再如“一线天”可以译为“Yixiantian”（A Thread of Sky）采用音译和意译有机结合的方法，不仅能够满足外国游客，还能让中国游客了解这个名称翻译的准确性和多样性。

（二）旅游英语的遣词及翻译

中英文的旅游材料既具有普通文本的用词特点，又有该文本类型独特的用词特点。选词是在翻译过程中保持原文意思不变的必要步骤。在英语和汉语中，一个词可能会拥有多个词性和多个意思。因此，为了确定一个词的意思，我们需要考虑词性以及上下文语境的影响。然而，在进行选词或者用词方面的决策时，具体的上下文环境是不可或缺的。

例：Scotland appeals to all kinds of people. It draws those who can feel the past in ancient stone. It soothes with its soft winds and austere beauty all who must escape the everyday. It lures the walker and climber，captivates the golfer and angler，and charms all who appreciate quality in art and culture heritage，or food.

译文：苏格兰让所有人都心驰神往。它吸引那些在古石中感受历史的人；它用微风和质朴的美抚慰那些想要逃避日常琐事的人；它对徒步旅行者、登山者极具诱惑力，能让垂钓者和高尔夫爱好者沉醉其中；同时，对所有崇尚艺术、文化、传统和美食的人而言，它也充满了魅力。

分析：“appeal to”“captivates”“charm”“draw”等词在原文中的意思都是“吸引”或“引诱”。因此，翻译的关键是选择合适的词语。换句话说，为了使译文

更加生动有趣，同时避免单调乏味，需要注意使用各种不同的词汇来表达相同的意思。

例：Whichever way you choose to visit Zhengzhou，you will reach here quickly and enjoy a comfortable stay，because Zhengzhou has a wide range of accommodation to suit all budgets and tastes.

译文：无论坐何种交通工具都能迅速抵达郑州，下榻处会让你倍感舒适，这里的住宿条件能充分满足各种档次和品位的要求。

分析：观察到原文中的词汇“stay”和“tastes”很容易被理解，但“budgets”这个概念较为抽象，需要深度理解才能掌握。如何用行业术语来表达值得重新考虑。读者无法接受直接翻译成“逗留”“预算”“品味”等不太恰当的字眼。在不改变原文意思的前提下，需要使用更恰当、更符合语境的表达方式，比如结合上下文语境和目前使用较广的一种说法，用“下榻”“档次”“品味”这样的词汇进行翻译则更为妥当。

1. 选词方法

（1）根据词组的固定搭配来确定词义

例：Social science is that branch of intellectual enquiry which seeks to study humans and their endeavors in the same reasoned，orderly，systematic，and dispassionate manner that natural scientists use for the study of natural phenomena.

根据固定词组搭配来确定本句词义：第一，social science（社会科学），branch（分支），intellectual enquiry（知识探索）；第二，seek（力图），reasoned（理性的），dispassionate（冷静的，客观的），in…manner（以……方式），natural scientists（自然科学家）。

（2）把握语篇语境来确定词义

在实践跨文化旅游英语翻译时，需要对语篇进行全面的分析和理解，包括从宏观到微观的层面，以确保语义的准确传达，同时不改变原意。在宏观层面上，我们要全面考虑语篇的文体、篇章类型、意图功能以及文化背景等方面，以对其特征有深入理解。在细致分析语篇结构的基础上，我们应该巧妙运用衔接和连贯手段，以达到最佳的翻译效果，同时保持原意不变。

（3）通过常识理解和判断来确定词义

在翻译中，具备丰富的常识可以更好地理解所翻译文本的含义。许多资深翻译家，包括吕叔湘、傅雷、杨宪益等，都认为翻译需要有广博的学识。

2. 词类转换法

要在跨文化旅游领域翻译得更好，需要掌握一些翻译技巧。词性转换法是一种翻译方法，可用于将一个词的词性从一种语言转换成另一种语言，以达到准确、流畅的翻译。在中英文互译中，一些句子可逐字翻译，但有些则需要按照所翻译的语言的表达习惯，改变原文字词性，以达到表达得通顺自然的目的。通常词类转换法包括以下几种：

（1）转译为动词

汉语中使用动词比英语中频繁得多，汉语中常见有若干个动词并列使用的结构。因此，在翻译英文旅游文本时，可以将英文中的名词、介词、形容词和副词转译为汉语的动词。

例：With its skyscrapers，expensive cars，and luxury boutiques，Singapore seems like any modern，affluent city.

译文：新加坡有高楼大厦、昂贵的汽车和奢华的精品店，似乎很像任何一个现代化的富裕城市。

分析：英语中的独立分句通常只有一个谓语动词，在表达其他动作意义时往往使用其他词性的词，上例原文在表达“有”的概念时，就用了介词 with。与之不同，汉语通常与若干动词或动词结构连在一起使用，因此译文将 with 译为汉语动词“有”。

（2）转译为名词

在翻译英文旅游文本时，可以将英语中的一些形容词、副词和由名词派生的动词转译为汉语的名词。

例：San Francisco is one of the most ethnically diverse cities in the world.

译文：旧金山是世界上种族最多元化的城市之一。

分析：上例英文原文中的 ethnically 是副词，意思是“种族上的，在种族方面的”，用以修饰形容词 diverse，译成汉语时，应将该副词转译为名词“种族”，以符合汉语的表达习惯。

（3）转译为形容词

将英语中某些形容词派生的名词，以及一些作宾语或表语的抽象名词转译为汉语的形容词，这种转译法在翻译英文旅游文本时经常使用。

例：There（Australia）are a variety of restaurants to suit all tastes and pockets，from top-class restaurants with international cuisine to small coffee shops serving snacks.

译文：在（澳大利亚）那里可以找到各式各样的餐馆，从具有国际烹饪水准的一流豪华饭店，到供应快餐的小咖啡馆，各种风味，应有尽有，可以满足各类顾客不同的口味和价位要求。

分析：译文将原文中的抽象名词 variety 转译为汉语的形容词“各式各样的”，修饰名词 restaurants。

（4）转译为副词

英语中有些名词和形容词通常可转译为汉语的副词。

例：One moment you're gazing upon rocky mountain peaks，shimmering sea lochs and desolate moors，the next they retreat into a mysterious world of mist and cloud.

译文：你刚刚还在凝视怪石突兀的山峰、波光粼粼的海湾、荒无人烟的沼泽，可忽然间它们便隐入云遮雾障的神秘世界……

分析：英语中表示时间时，多用名词或名词性短语，如上例中的 one moment 和 the next，用以引出相继发生的连串动作。翻译时，将这两个词分别译为汉语中的副词“刚刚”和“忽然间”，这样，前后发生的动作显得更加连贯，同时也符合汉语的表达习惯。

（三）旅游英语的修辞及翻译

修辞是一种语言活动，是“依据题旨情境，运用特定的手段修饰文辞，以加强语言表达的效果”。英语 rhetoric 的意思就是① the art of effective or persuasive speaking or writing；② language designed to persuade or impress（often with an implication of insincerity or exaggeration etc.）. 英文的这两个解释中前面一个相当于汉语的“修辞学”，后者则相当于汉语的“修辞”。英汉语中均有一定的修辞方式，在一定的语境里能够使表达更具说服力和感染力，即让用来表达的语言“生动、形象、具体，给人以美的感受”。这些修辞方式就是我们平时所说的“修辞格”，或者叫作“修辞方法”。

为了将旅游英语说得更加有趣，译者在跨文化翻译的同时会融入一些修辞手法，这就能给游客带来深刻的印象，同时也将景区的特色表现得更加鲜明、更加生动、更具感染力和表现力。可是在英语或者汉语的修辞运用上，思维方式是决定整体句子表达方式的重要因素。在汉语中，通常对句子整体的和谐性相对重视，就会利用夸张、比喻、排比之类的修辞手法，让句子看起来更加规整、有内涵、有气势。而英语不同，其讲究的是句子的层次和简洁。下面就旅游英语翻译中常用的修辞手段及其翻译加以分析：

1. 比喻

对比喻手法进行利用，就能在很大程度上让游客引发无穷的想象力，让游客更加向往。

例：In the palace of Pagoda Forest，the Jade bamboo shoots stand like spears.

分析：此宣传语就是宜昌龙泉洞形容玉笋峰的语句，将峰比作了枪矛，使用了明喻的修辞，生动形象。

2. 拟人

拟人修辞一般均是用来描写“可爱”的事物，这样就把本来静态的旅游景点描写得极富动态和生命之感，从而拉近了与读者的距离，可以在读者中间起到很好的宣传作用。

例：长沙这座从远古走到现代的湖湘首邑，虽然历经数千年的风雨沧桑，仍不失古朴美丽的都市风采。

译文：Now Changsha，the capital city of Hunan Province，still shows its unsophisticated beauty after thousands of years' severe tests.

分析：此例运用拟人手法将长沙这个城市描绘得生动形象。

例：近年来，杭州市又开始综合整治西湖，把许多被岁月风尘掩埋的景点重新开发出来，并对西湖做了新的规划，一个更丰满、圆润的西湖渐渐露出清新的面容。

译文：In recent years，Hangzhou Municipality has started a comprehensive rehabilitation of the West Lake，including redevelopment of many scenic spots and new planning for the Lake. Gradually the Lake has taken on a new look，like a plump and charming beauty.

分析：此例运用拟人修辞将杭州西湖的开发规划描绘得十分生动、形象。

3. 反复

旅游英语翻译中使用反复修辞可以加强宣传渲染的语气，增强语言表达节奏感，使语言更加恢宏，从而使读者对旅游产品产生深刻的印象。

例：These trains run every 20 minutes during the day and every hour in the evening until midnight. In the nights from Thursday to Friday，Friday to Saturday and Saturday to Sunday，the shuttle trains run every hour all night.

译文：白天每 20 分钟有一列火车开行，傍晚至午夜每 1 小时均有一列火车开行，星期四至星期五、星期五至星期六以及星期六至星期日，往返列车每小时一班通宵运行。

分析：上例中的 every 使用了三次，加强了文章的感染力，加深了读者印象。

4. 设问

设问修辞的使用可以为旅游翻译增添吸引力，从而吸引读者的注意力。

例：Was there engineering genius involved ？ Yes，there was. For example，when you're putting the block fight at the top. How are you going to lug a block of stone that weighs several tons 480 feet up a structure ？ How are you going to do it，and how are you going to do it without leaving scratches on all the rest of the structure ？ And how many people does it take to drag a block weighing several tons 480 feet up into the sky ？ Approximately，2.3 million blocks of stone were cut，transported and assembled to create the Great Pyramid.

译文：其中是否显示出工程天赋？回答是肯定的。譬如，要把大块石头放到顶部，可如何将一块重量达几吨的石块拉上 140 多米的顶部？这又如何才能做到？怎样才能不至于在整个塔上留下划痕？将这样重的一块石头放到顶上又需要多少人？要知道，建造大金字塔大约切割、运送、安装了 230 万块这样的石头。

5. 排比

排比结构平衡匀称，连贯性强，声调有力，表现力丰富，有利于增强节奏感，突出重点。

6. 夸张

夸张是一种常用的修辞手法，常常利用夸大或缩小某个事物的某些特征来达到特殊的效果。它的意思是将某个事物的某一个方面进行放大或缩小，以便更好地表述某种情感或文化内涵。

第三节　跨文化交际视域下新闻英语翻译

与其他文本类型的翻译不同，新闻翻译需要考虑其独特之处。在把文本翻译成另一种语言时，不要强调文化差异，而应选用简练严谨的语句，确保准确传达源文本的信息，避免受语感和情感的影响。另外，译员需避免机械翻译，应力求简练明了、生动易懂，避免重复冗余。

虽然新闻翻译有其独特之处，但本质上与其他类型的翻译相似，同样受到文化因素的影响，涉及跨文化交际。在翻译新闻时，翻译者会运用多种不同的策略，来确保译文传达原文的意思，且准确无误。这样的翻译经过筛选和调整，确保了原文的意思被准确地表达。然而，决定采取哪种翻译策略并不是一项只有两种选择的决定。在新闻翻译中，常常采用多种翻译技巧的综合运用。为了让翻译更符合目标语读者的思维和阅读习惯，需要结合中英语言文化背景的研究，并深入探讨中英文科技新闻所反映的文化差异对受众的影响。这种方式可以提高译文的自然度和流畅度，同时也符合目标语言的表达方式和文化传统，这样还可以增强宣传效果。要成功进行翻译，仅凭双语能力是不够的，还需要具备理解两种不同文化的能力。文化交流的跨越不仅包括语言层面的沟通，同时也涉及跨越文化差异的交流。除了了解表面的语言形式，我们还需要了解深层次的文化内涵。

一、新闻英语翻译概述

（一）新闻英语翻译的概念

新闻英语（Journalese，Newspaper English or News English）这一术语是“英语国家报刊中出现的语言习惯以及英语广播电视节目所独有的语言特色”。新闻英语作为一种通用文体，在报道政治、经济和文化生活等多方面发挥重要作用。由于其受众广泛，包括各个社会阶层和领域，因此一直备受瞩目。英语新闻报道的目的是尽可能快速、简洁地向读者传递最新的事件和更新，以吸引尽可能广泛的受众。新闻英语的词汇具备独特之处，它们是构成新闻表达中最基本的表达单元。在新闻报道中，常常会出现新的词汇、旧有词汇赋予新的含义、专业术语和外来语的使用，同时也常常采取借用和掺用的方式来表达意思。这些特点符合新闻写作所需的凝练和即时性呈现的要求。

翻译新闻英语是一种职业、工作、纽带和艺术。要了解最新的社会和文化发展状况，需要保持对最新新闻的关注，也就是日常生活中的新闻英语翻译。因此，翻译新闻英语可以被看作跨文化传播的方式之一，这个过程需要将英语思维转化为汉语思维。因此，新闻英语翻译工作者需要具备跨文化意识和双语转换能力。在翻译新闻英语时，需要将其信息和表达方式转化为汉语的信息和表达方式，保持原意不变。在不改变文本含义的前提下，可以对文字采用不同的措辞、顺序和语言结构等方式进行表达，因为英汉两种语言的表达方式存在差异。

与文学作品不同，新闻英语的主要目标是传递信息。因此，在翻译新闻英语时，应着重于准确传达思想内容和语义信息，而不是过分强调形式和词汇的一致性。进一步而言，虽然新闻英语的句子结构相对复杂，常常使用结构宽松的句子形式，但总的来说，它仍然是一种正式、准确的语言风格。除此之外，由于新闻英语拥有广泛的传播范围，因此吸引了广大读者的兴趣，而这些读者的文化背景存在极大差异。考虑到以上三个方面，我们得出了翻译新闻英语的原则：需要在整体上保持庄重、正式，同时让译文易于理解，简洁明了，以便让更多读者接受。强调内在意义而非外在形式；将翻译风格更多地注重于文化适应，以“归化”的方式进行翻译，同时也兼顾“异化”的翻译特点。使用精准简洁的语言，需要注意言语中的文化隐喻，并妥善处理。这就要求译者具有多重能力及身份，在新闻英语翻译中，译者是译语新闻的创作者，新闻英语译者代表着某个媒体、利益集团或者国家的视角和立场，至少他们要受到这些集团的约束。同时新闻英语译者的视角和个性依然渗透在翻译的全部过程中，只是最终的翻译结果要受到权力和权力话语的修饰和左右。因此，在新闻英语翻译中，译者的自由度相对来说可能会更低一些，但同样因为新闻英语翻译的特殊性，对文本总是采取诸如摘要、解释、增删、改编、改写等方法进行翻译，其中语言表述的改变以及文本视角的微妙变化都得依靠具体的译者来完成。所以在新闻英语翻译的过程中，译者翻译的态度和翻译水平高低直接决定了译文是否达意、有感染力，能否发挥预期功能。

（二）新闻英语翻译的原则与标准

随着国际科技文化交流的不断深入，信息传播已经成为必不可少的一部分。英语新闻利用其独特的方式快速、有效地将信息传递给广泛的读者。在跨文化交际中，翻译新闻英语的核心目标是保障信息的精准而快捷的传递，因而必须高度重视信息的时效性和精确度。译稿的传播效果好坏及其在译语读者中的接受度高低是衡量新闻英语翻译成功与否的重要标准，也是新闻英语翻译特性的重要体现。新闻语言的本质特性决定了新闻英语翻译具有传播快、受众多、时效性强等特点。跨文化新闻英语翻译必须具体、准确、简明、高效地传递信息，因此，新闻英语翻译要遵循内容和效果两个方面的原则。由于跨文化新闻英语翻译的目的是为各类读者提供参考材料，所以必须考虑新闻的价值和传播效果。具体来说，应做到以下几点：

（1）内容健康，主题突出

新闻英语翻译不仅是简单的语言模仿，而是反映译者的主观思想和原则立场的，具有重大的政治责任和社会责任，必须选择适合读者需要的新闻英语进行翻译。

（2）注重准确无误

媒体的主要责任是保证语言表达精确无误。跨文化新闻报道的主要目的是确保读者在阅读、收听和观看后，对事实的印象与实际情况一致，采用准确真实客观的方式进行报道。若语言表述不准确，则可能引起报道内容的扭曲。

（3）讲求效率

新闻英语报道是一种高时效、高强度的工作，跨文化新闻英语翻译也必须在时效的前提下高速进行，必须速战速决，容不得拖泥带水。一条新闻、一篇文章，要求在几个小时甚至是几分钟之内译出来，以便及时传播，因此没有给译者逐字逐句慢慢推敲的时间。

（4）知识性强

新闻英语几乎算得上是一部包罗万象的百科全书，人类的各种知识、各门学科几乎都有可能涉及。

新闻英语是一种常见的体裁，它担负着迅速传播各种信息的使命。一般来说，跨文化新闻英语呈现出真实、简洁和生动的特点。这也就为新闻英语翻译提供了可能性。近代翻译大家严复早在一百多年前就提出了“信、达、雅”的三字翻译标准。“信”是“意义不背原文”，“达”是“不拘泥于原文形式”，这两条对跨文化新闻英语翻译是非常适用的。因此，跨文化新闻英语翻译的首要标准就是讲求真实、准确，要做到忠实于原文所提供的信息，不可随意增减。同时，在跨文化新闻英语中常会遇到令中文读者难以接受的形式，如结构和措辞。这时，我们就需要遵循重内容而不拘泥语言形式。另外是简洁生动，不必追求语言的优美，应强调意思通达的传播效果，过俗和过雅均为跨文化新闻英语所忌。在这些标准的基础上，跨文化新闻英语翻译应在忠实于原文的基础上，选择适合大多数读者阅读习惯的内容，用现代汉语新闻文体的语言形式来进行翻译。

二、跨文化交际视域下新闻英语翻译技巧讲解

（一）新闻英语的翻译策略

1. 译语准确

新闻的客观性要求跨文化新闻英语译文的准确性。译语准确是跨文化新闻英语的首要标准，也是跨文化新闻英语传播价值和意义的第一保证。所谓准确就是对源语新闻事实的性质、程度、空间、时间翻译准确无误，不含糊其词，模棱两可，既不夸大也不缩小。准确的翻译带给目的语读者或者受众有用的信息；错误的翻译会让受众接受错误的信息的同时，也会给新闻领域带来不可估量的损失。

（1）专业术语的精准无误

新闻英语中有许多专业术语，它们本来作为普通词汇使用，语义多元，但用于新闻语境，成为专业术语或者专业术语的一部分，则语义单一。翻译此类词汇，要把其所处的专业语境考虑在内，译出来其专业含义，确保译语准确。如“open”一词，其基本语义是打开，铺开，穿过（某物）等，语义多样。但在以下具体新闻术语中，“open”一词语义单一，专业性强。因此我们在翻译时，要根据上下语境与其具体搭配，译出其准确含义，努力实现“open”在新闻英语中的语义对等。

原文：未结算账户

译文：open account

又如，“cash”一词在跨文化新闻英语语境下，即可理解为“现货”又可理解为“现金”，请看下面例子。

例：商品的现货市场

译文：the commodity' s cash market price 分析：在例子中，cash 应理解为“physical”，语义为“有形的、实体的”。

例：流动现金市场

译文：a liquid cash market

分析：在上面例子中“cash”指“现金”。

（2）句意与语境相结合

译者除了要熟悉句子意义（词汇意义和语法意义）外，还必须熟悉话语意义（句子意义与语境相结合）。话语意义构成社交语境（说话人使用语言和听话人理解语言的客观共处环境）。跨文化新闻英语译者可以利用社交语境的解释功能和筛选功能，对源语进行综合思辨与推理，获得源语深层信息，并且在跨文化新闻英语翻译时越过话语的字面意义译出来话语中的暗含意义，把笼统的意义译为具体意义，对源语中不符合逻辑的话语在译语中作出合乎逻辑的解释。根据社交语境确定文本语义对确保跨文化新闻英语译语准确规范意义重大。

2. 行文通顺

跨文化新闻英语涉及专业和内容广泛，专业词汇多，结构规范，简明扼要，译者稍不注意就会产生译文语义不清、可读性差的特点。另外，跨文化新闻英语翻译时有时会保留原文含义，或者为表达译入语的文化概念，难免要稍稍牺牲译入语（如中文）的行文习惯来迎合源语的表达方式，此时，译者就有责任冲破诸多限制，通过各种手段补偿译入语所牺牲的内容，尽力以清晰、简洁、完整、地道的译文呈现给读者，向读者传达正确的信息。

例：Wall Street takes a nose dive The Japanese yen managed to stand up against the dollar’s depredations.

译文：华尔街股票直线下跌……只有日元设法勇敢抵抗美元的冲击。

分析：此例中的“Wall Street”“The Japanese yen”以及“dollar”并不显豁，但在译者进行翻译时点亮了整个句子，与“take a nose dive”“managed to stand up against”和“depredation”等形象性词汇共同使用，翻译时须认真琢磨，仔细选词，在保证正确传达跨文化新闻英语翻译语义的同时，还应保证译语通顺，富有表达力。

例：Insurance certificate has the necessary items of an insurance policy，but it doesn't set out the rights and duties of the insurer and the insured ，which are still subject to the detailed insurance clauses of a formal insurance policy.

译文：保险凭证有保单上的必要项目，但它并不列入保险人和被保险人的权利和义务。他们应以正式保险单详细的保险条款为准。

分析：原文的画线部分是个非限制性的定语从句，其语义和前面的内容紧密相连。汉译时把它单独译为一个独立的句子，这样处理可使译文更加流畅，符合汉语习惯表达。

例：Cover note is an informal insurance document which indicates the temporary insurance coverage to enable the insured to enjoy the benefits of a policy which is being prepared.

译文：暂保单是一种非正式的保险单据，它载明临时的承保险别，以便被保险人享用正在制备的保险单的权益。

分析：在这个例子中，此句译文被切分为三个分句，切分点分别位于源语“which”与“to”两处。切分后的译文语义连贯通顺，逻辑性更强，方便读者阅读。

例：Insurance policy or certificate is accepted to the bank，but cover note issued by an insurance broker is not acceptable，unless specially authorized.

译文：银行接受保险单或保险凭证，但是，除非另有说明，银行是不接受经纪人签发的暂保单的。

分析：在上面的例子中，源语句子多为被动语态，因此，译者在跨文化翻译的过程中，就要考虑译入语读者的接受度，将源语转化为被译入语读者所喜欢和习惯的表达方式，译者将其翻译成为汉语时，将语态进行调整，调整为译入语所习惯的主动语态。如果不改变句子的语态，直接翻译成“保险单或保险凭证被银行接受，但是，除非另有说明，保险经纪人签发的暂保单是不被银行所接受的”，则不是译入语汉语通常使用的表达方式，读起来就会感到不合常理，存在语句或语义上的错误。

3. 文体风格一致

跨文化新闻英语属于专业应用文体的范畴，新闻英语比较专业，同时也比较固定，有时句型比较单一，有时句型又很多变，有些新闻语法十分规范，有些新闻则很灵活。跨文化新闻英语的语言也随着特定的新闻时而模糊时而精确。以上这些特点都体现了新闻英语的文体与风格，接下来让我们通过一篇例子来感受跨文化新闻英语的文体特征与风格。

例：纽约汇市周三，美元兑多数主要货币下跌；此前美国联邦准备委员会意外宣布不缩减经济刺激计划。《华尔街日报》美元指数报 72.496，纽约汇市周二尾盘报 73.496。电子交易系统美东时间下午 5 点，欧元兑 1.3522 美元。英镑兑 1.6149 美元，纽约汇市周二尾盘报 1.5901 美元。美元兑 9.5865 南非兰特，纽约汇市周二尾盘报 9.8047 南特。美元兑 2.1860 巴西雷亚尔，纽约汇市尾盘报 2.2564 雷亚尔。

译文：The dollar fell against most major currencies Wednesday，after the Federal Reserve surprised investors by announcing no reduction to its economic stimulus program.The Wall Street Journal Dollar Index，which tracks the U.S. dollar against a basket of major currencies，was at 72.496 from 73.496 late Tuesday in New York.At 5:00 p.m. EDT，the euro was trading at $1.3522against the dollar. The pound was trading at S 1.6149 against the dollar，compared with $ 1.5901late Tuesday. The dollar traded at 9.5865 against the rand，from 9.8047，and 2.1860 against the Brazilian real，from 2.2564.

分析：对比以上源语原文与译入语译文，我们可以得出在跨文化新闻英语翻译中某些表达已形成固定的格式和文体，如美元兑换日元。可见，新闻英语翻译文本的表达有固定性或者说是比较程序化的表达特点。另外，新闻英语在长语篇中，长句居多，修饰语多后置。然而，译入语汉语中则喜欢使用断句，修饰语多置于句前，还有大量使用数字，多角度地再现跨文化新闻英语语篇的文本特征和语言风格，作为译者在翻译时，就应该努力实现源语风格与译入语风格一致。

4. 交稿准时

交稿准时是新闻英语翻译的基本要求，也是新闻时效性的根本保证。新闻英语时效性是指新闻报道所产生的社会影响在时间上的限度。从内涵上看，新闻英语是对最近发生的新闻事实的报道，时效性是衡量新闻英语价值的主要标尺。新闻英语时效性本身是一个比较宽泛的定义，重点报道最近、最新发生的事件和事实，要求译者尽量采取缩小报道时间与事件发生时间的间隔。因此，译者为保证新闻英语的时效性，就需要开展、即时甚至是全天的新闻英语翻译工作。由于时差，译者一般需要通宵工作赶稿，根据自身的工作经验，对新闻信息进行挑选、分类、翻译。新闻英语译者工作争分夺秒，确保新闻的时效性，实现新闻英语翻译的信息传播和分享功能。

5. 读者内外有别

跨文化新闻英语报道的受众或者读者主要是报纸、杂志、广播电视、网络媒体的用户。汉英两种语言有差异性，同样的受众也存在差异。语言、文化、政治、经济以及生活环境等多方面的差异导致受众的理解和表达的差异。同样，受众在接受跨文化新闻英语翻译的兴趣点和需求点上也各不相同，最终会造成理解上和接受上的偏差。因此，这就要求译者在翻译的过程中，针对上述差异进行相应的调整。调整的手段为：删减和增补。至于调整的程度就取决于新闻事件的程度和性质。译者调整译文的目的是使译文清晰易懂，尽量使译文读者对译文感同身受，有所共鸣。

（二）新闻英语中省词译法

相较于文学、商务和科技等领域的应用文翻译方式，新闻英语翻译具有独特的文体特点和翻译方法，因此需要特别关注。新闻一般被归类为三个层次：让人感到轻松愉快的娱乐新闻、介于娱乐和严肃之间的中等新闻，以及涉及重要事件和严肃问题的硬新闻。所谓软新闻，是指采用轻松自由的文笔，将人情味融入其中，具有强烈的艺术感染力，能够刺激读者的感官和阅读视听兴趣的新闻报道。新闻可以分为重大事件报道和轻松愉快的消息报道。硬新闻的鲜明特点在于其客观、精准，同时具备强大的时效性。中间层的新闻报道风格既不是完全偏重于娱乐性质的软新闻，也不是过于执着于事实性的硬新闻，而是两者之间的折中。在翻译时需综合考虑软性新闻、硬性新闻和混合型新闻等不同类型新闻的写作风格和重点表达，以确保准确传达相应信息。因而，翻译者必需根据新闻的内容选择应用适当的翻译技巧，这些技巧可能包括省略式翻译和增译。

尤其是在跨文化新闻英语翻译中，有些信息原文不可或缺，但在译文中却可有可无，或者相关信息已经包含在上下文中，或者在译文中不言自明。如若保留这些信息，译文往往会显得生硬、累赘和臃肿。此时，译者为了表达的需要，可在译文中删去原文中的这些信息，以便使译文简洁流畅，符合汉语的表达习惯和修辞。为了避免跨文化新闻标题换行并简化表达，一种常用的方法是采用省略策略。英语标题通常会突出重要信息，以吸引读者的注意。相比之下，汉语标题更注重整体的表达方式，充分利用汉字表达的丰富性，能够更全面地概括新闻内容，甚至将整个故事的内容涵盖其中。

（三）新闻英语中增词译法

跨文化新闻翻译的最高标准是“信、达、简、雅”。其中，“信”是最高标准中的第一要素。在翻译时，要忠实表达原文语义，原则上不能随意增删，但由于汉英两种语言属于不同的语系（汉藏语系和印欧语系），在词法、句法和修辞上都存在较大的差异，如汉语表达笼统、模糊，英语表达精确、严密，因此为了使译文能忠实表达出原文的意义，在英汉翻译中，要经常使用增词或减词的方法，增补一些原文中本没有的词语，删掉一些源语不可或缺而在译语中纯属多余的话，以便使增删后的译文通畅顺达。增词可分为两种：其一，出于语法需要而增词；其二，出于语义、修辞需要而增词。在此主要讲解语义增词：

例：While almost all the banks made more payments than they expected in October，one bank fell short mainly because of operational challenges，the regulator said，without identifying the bank.

译文：虽然 10 月份几乎所有银行支付的赔偿都高于这些银行自身的预期，但有一家银行的赔偿支付额不及预期，主要是受经营方面的挑战影响，但该局未透露这家银行的名称。

分析：在这一则新闻中，汉译时，译者根据汉语的表达习惯，在“银行”后面增加了“的名称”，去掉了直译后译文的别扭之感，使译文更能为译入语读者所接受。

如果翻译者直接翻译，目标语言的读者将难以理解原文的真正含义。这取决于原始文本的语境和含义。想要进行恰当的翻译，在翻译之前，翻译员可以参考主流英语国家的媒体，去了解他们是如何将具有中国特色的词汇翻译成英语的。通过这种方式，译者能够汲取翻译经验和技巧。另外，如果能够搜寻到已经翻译好的版本，译者也可以直接使用。如果翻译人员看到《纽约时报》使用“nail houses”这个词汇来描述“钉子户”，进行这样的翻译，即“nail houses，the properties whose owners and occupants are like deeply embedded spikes that refuse to give way to redevelopment juggernauts”，那么他们会注意到这种翻译方法是采用了直译并进行了解释。这种方式不仅能维持原词的生动形象，还有助于译语读者理解其中所包含的深层含义。

第四节　跨文化交际视域下商贸英语翻译

中文和英文本身都具有自身的明显特性，两种语言无论在翻译理论方面还是在翻译实践中，都渗透着各自不同的文化特色。通过对比中国和英语国家语言和文化的不同，我们可以使翻译研究更好地为不同语言和文化地区的人们搭建沟通桥梁。

一、商贸英语翻译概述

（一）商贸英语翻译的概念

商务英语（Business English）是属于专门用途英语的范畴，具有十分丰富的商务理论及实务信息，它涉及外贸函电、经济管理、国际支付与结算、市场营销、现代物流、金融财政、财务会计、涉外保险、报关实务、贸易合同等商贸活动。在这些涉外商务领域中所使用的英语一般统称为商务英语，它是跨文化商务沟通的必备语言，具有明确的商务特色。跨文化商务英语一般具有专业化、简单化和针对性较强的特点，同时也具有较强的实用性，所以在国际贸易上商务英语翻译发挥着重要的作用，尤其对于书面谈判而言更为重要。

商务英语涵盖了广泛的商业知识，如财务、营销、人力资源、国际贸易等。因此，商务英语翻译需要具备广泛的商业知识，包括不同国家和地区的商业惯例和法规。同时，商务英语翻译也需要非常高的语言技能，包括对语言的熟练掌握、良好的语感、语法、用词准确、流畅、舒适。商务英语翻译是商业活动中不可或缺的一部分，尤其是在全球化的今天，跨国企业之间的商业交流和合作已成为常态。随着跨境贸易活动的增加，商务英语翻译的需求也越来越大，它不仅仅是跨国企业之间的交流工具，也在其他行业中得到广泛应用，如医疗、法律等。

商务英语翻译需要具备高度的专业素养和对目标语言文化的深刻理解。在接手翻译内容之前，翻译者必须对原文所属的语言环境和文化背景有所了解，并了解相关行业特点、相关术语和惯例，这是确保翻译质量的关键。商务英语翻译的目标是保证翻译后的文本与原文意思相符，同时也需要遵循各种商业规则和法规。当然，在商务英语翻译中，需要考虑到不同国家和地区之间的文化差异和语言习惯。例如，某些商务用语在不同的国家和地区中可能有不同的含义，因此需要结合文化差异进行翻译，避免出现冲突或者其他不必要的误会。

商务英语翻译的意义在于促进跨国交流和合作，帮助商业组织打开国际市场，增进各国之间的经济联系与合作。随着全球化不断加速，商务英语翻译的需求日益增长。商务英语翻译是一项高要求的工作，需要翻译人员具备扎实的语言功底、广泛的商业知识和丰富的跨文化交际经验。商务英语翻译的任务通常包括商业文件、合同、报价单、市场调研报告等，这些文件都是企业进行商务活动的重要工具。商务英语翻译不仅仅是语言转换，而且涉及文化、商业和法律等多个领域。商务英语翻译需要熟悉此类文件的规范格式和用语，并掌握相关领域中的专业术语，以确保翻译的准确性和专业性。商业活动是跨越国界的，如何传达信息和理解对方的信息至关重要。因此，商务英语翻译人员应该考虑不同国家和地区之间的文化差异和语言习惯，以确保翻译的文本在目标语言文化环境中流畅自然。商务英语翻译的意义不仅在于将商业文件转换成目标语言，而且促进了企业之间的交流与合作。良好的商务英语翻译可以协助参与双方（或多方）尽可能地跨越交流障碍，促进各方更好地理解和合作，从而实现互利共赢的局面。特别是在国际贸易中，商务英语翻译的意义更为重要。在国际贸易中，商务英语翻译能够帮助企业根据国际惯例准确地签署合同、招标书等文件，并避免因文化差异和语言问题导致的误解和纠纷。商务英语翻译还有助于企业了解国际市场的需求，获取市场情报，指导企业决策和扩展国际市场。

此外，商务英语翻译也有助于推广国家和地区的文化，帮助人们更好地了解彼此的文化和商业模式。通过商务英语翻译，不同国家和地区之间可以相互借鉴经验、学习先进管理理念并拓展商业机会，构建更加紧密的跨国合作关系。总之，商务英语翻译的意义在于促进跨国交流和合作，帮助企业进入国际市场、解决文化差异、减少纠纷并推广国家和地区的文化。商务英语翻译实际上是一个桥梁和纽带，它使不同语言文化背景的人们可以借助互联网实现更好的合作，并共同推动全球经济的发展。

（二）商务英语翻译的特点

1. 商务英语具有较多的专业术语

翻译人员需要具备广泛的知识背景、准确的语言表达能力、良好的跨文化交际能力和敏锐的商业洞察力，才能够在商业活动中准确处理不同的信息，帮助决策顺利制定和执行，掌握商业行为中特有的行业术语和表达方式就是一个重要的方向。比如，商务信函是日常商务活动中最常见的文件之一，在跨国贸易和商业合作中，其重要性不言自明。在翻译商务信函时，需要严格遵守目标语言的语言规范和商业惯例，以确保翻译的准确性和专业性。翻译人员应该熟悉各种商业表达的对应缩写，如 BTW（by the way，顺便问一下）、FYI（for your information，供参考）、EOD（end of the day，下班前）、ASAP（as soon as possible，尽快）、N/A（not applicable，表格中不允许出现空值时用），这样不仅方便书写、节省时间，还能体现翻译者工作的专业性。

2. 商务英语翻译的词语对比

跨文化的商务文章中的词语除了具有本民族文化色彩之外，往往具有很强的专业性，一个词语往往有很多不同的意思，在翻译时除了要看一般含义外，还要结合具体商务文化背景来推测其真正含义，同时还要注意目的语的专业性。词语的对比翻译主要遵循的原则是：从词语的字面含义中筛选出符合词语所要表达意思的准确含义，这个含义同时也要符合译入语的语言和文化特征。

It seems that, the more traders tr to predict, the more it cannot be done. Just as we cannot predict future life events, we cannot predict future market events. The fantasy or “holy grail” that many traders believe in is that we can predict the future of price activity. The reality is that we just cannot!I hope I am not bursting any bubbles out there, but better to hear it now than lose a ton of money later!

参考译文：一般看来是这样的，交易者试图预测的越多，那么预测的结果就越不可行。就像我们无法预测未来生活事件一样，我们也无法预测未来的市场情况。幻想或很多交易者相信“圣杯”的结果是，我们能够预测价格走势的未来发展方向。现实则恰恰相反，我们做不到。我希望大家不要认为我是在突发奇想，而最好是现在听一听，总比日后失去大量金钱要好些。

英文中的“holy grail”具有很强的西方文化特色，汉语中没有对应的文化内涵词语，除了按照字面意思翻译成“圣杯”外，还要进行相应处理，如用加注的方式予以解释，这样我们就可以基本理解“圣杯”的含义了。

另外，在翻译教学实践中发现很多学生都将“trader”这个词翻译成“贸易者”或“贸易人员”，这样的译法显然没有注意到该词所处的语言环境，有失汉语专业性。因此，翻译时在理解原文词语意思的基础上，要根据具体商务背景来选择合适的汉语词语进行准确的专业性表述也是不可忽视的一个方面。

3. 商务英语翻译的句子的对比

英语是一种注重主语的（subject-prominent）语言，它的基本形式是主语和谓语的一致。

这个基本架构的扩展机制，在于从属成分与它的有序挂靠。汉语是注重话题（topic-prominent）的语言，它的主语和谓语不一定具有英语中那种严格的形式关系。因此，在翻译时，我们应该根据英汉句子的语言结构特点对原语言的句子结构进行相应的调整，以符合目的语的结构文化特征。句子结构的调整主要是语序的变化，也就是句子成分和句子之间排列次序的变化。句子的调整还可以是句子成分的变化和增减。如下面的例子就是将英文中的主语翻译成汉语中的动词来处理，当然词义的顺序也必须作出相应的调整，如下所示：

The installation should be commenced as soon as all the remaining problems have been cleared up.

参考译文：待剩下的问题都解决之后就应立即开始安装。

英汉翻译过程中对句子的处理方式存在很多逻辑上的重组。根据篇章中句子的排列特征，我们可以把篇章中句子结构从空间结构、时间顺序和时空共构三个方面进行划分，下面这句话的翻译就是在空间结构上进行了较大的调整。

Since World War II, the American economy has been on a “throw-a-way” basis, making shoddy-products that break or wear out quickly on the theory that the sooner a product wears out, the sooner the need for purchase.

参考译文：按照商品耗损的越快消费品就越需要更新的理论，美国在第二次世界大战以后将经济建立在“用过就扔”的基础上，生产出很快就破损的次品。

4. 商务英语翻译的特定惯用套语

由于商务英语与商务活动有着密切的联系，用词和用语约定俗成，含有特定的惯用套语。翻译时应尽量使译文在风格上符合商务文体，易为商务人员所接受。

5. 商务英语翻译的篇章对比

翻译活动所处理的不是一个个孤立的词句，而是由互相关联和制约的词语和句子，为一定的交际目的，按一定的格式，有机地组合在一起的语篇。实际上语篇的研究主要体现在语篇的结构和语篇的语境研究上。就语篇层面而言，译者必须了解商务领域的行业规范和背景知识，熟悉商务运作各个环节所使用的成套术语和各类商务语篇的表述模式与结构，不说外行话。要确保译文的专业性、整体性、礼貌性，并努力使译文的语气与原文一致，传达相同的功能。下面是一篇英文商务信函，文章表达简洁明了，句子衔接紧密、连贯紧凑，又不失专业性表述和规范，礼貌得体。

Dear Sirs,

We learn from Thomas H. Pennie of New York that you are producing hand-made gloves in a variety of artificial leathers. There is a steady demand here for gloves of high quality at moderate prices.

Will you please send us a copy of glove catalogue, with details of your prices and terms of payment? We should find it helpful if you could also supply samples of these gloves.

Yours faithfully

Tony Smith

与原英文的篇章结构和专业表述一样，下面的译文也展现了相应的汉语商务信函规范和礼貌模式。

尊敬的先生：

我公司从纽约的托马斯·H. 彭涅公司处敬悉贵公司生产各类手工制人造皮手套。本地区对中等价位的高品质手套一向有稳定的需求。

请惠寄贵公司的手套目录一份，详述有关价目与付款条件。希望贵公司顺带惠赐样品。

采购部主任

托尼·史密斯

基于中英语言文化的不同，上述译文并不是按照逐字对应的方式翻译的，而是按照中文的商务信函用语把英文的意思完整不漏地表述出来。因此，商务篇章的翻译需要在对比中英不同语言文化的基础上进行。

6. 商务英语翻译的语用对比

翻译研究无论在理论上或实践中都离不开语境和对语境的研究。翻译活动中的语境可以是文化语境，即语篇外的文化背景；情景语境，即原语读者和目的语读者作为共享的语境知识；文本语境，即语篇内的信息内容。语用学是研究语言使用的科学，无论哪种语用学理论都是以语境为核心研究内容。语用翻译对比研究实际上就是翻译过程中在对比原语言和目的语的各种语境（文化语境、情景语境和文本语境）后，所作出的既符合原语言语境又符合目的语语境的结果。在英汉商务翻译中对比不同的商务、语言、文化环境，然后总结出符合目的语语言文化的语言，使目的语读者能原汁原味地体会原文的语用目的，如下面一段英文：

Mr. Soros’Quantum fund is reputed to have made a billion dollar profit speculating against Sterling during the most recent EMS crisis. The Malaysian national bank，whose then governor is now otherwise occupied，lost more’than that betting the other way (ironically，Mr. Soros himself admitted to losing $600 Mn. in speculation，notably in the Yen，early in 1994) .

这段英文虽然不长，但其中有很多专业术语和特定的文化背景，其中 EMS 在我们的印象中是特快专递，但这里的语境显然不是这个意思，在翻成中文时应该进行说明，以让中国读者明白这个词的确切含义。下面译文就使用了 Leo Hickey（2001）在他的言后等效翻译理论中所提及的翻译过程中的解释（Exegesis）的方法：

索罗斯先生的量子基金就因为在最近 EMS（European Monetary System，欧洲货币体系）危机中投机英镑挣取了数十亿美元而声名鹊起。当时由政府控制现在已改换门庭的马来西亚国家银行却在另一场赌博中输掉了更多的钱（具有讽刺意味的是，索罗斯本人承认在有名的 1994 年日元投机风波中输了 6 亿美元）。

语用翻译的研究涉及语用学的方方面面，如：指示语的翻译研究、语用预设的翻译研究、会话含义理论的翻译研究、言语行为理论的翻译研究、礼貌原则的翻译研究、关联理论的翻译研究、适应理论的翻译研究、对比语用学的翻译研究、社会语用学的翻译研究、修辞语用学的翻译研究、跨文化语用学的翻译研究等。无论是什么样的方法，我们在翻译时都应考虑不同语境的存在，根据原文语境来翻译，这样才能不失原文根本含义。

综上所述，中英商务翻译过程中除了考虑词语字面本身所表达的意思之外，还要考虑两种语言在词语、句子、篇章和语用几个方面的语言文化差异。通过语言文化的对比，使翻译过来的目的语充分传达原文本意，以达到读者的要求。

（三）商务英语翻译中的“变通原则”

1.“变通原则”在商务英语翻译中的表现

遵循“变通原则”的目的在于将内容同义表述出来的同时保证内容的价值与真实性。商务英语用途较广，翻译的准确性直接影响到双方贸易是否可以顺利进行，变通原则在商务英语翻译中的应用能够提高翻译的准确性，合理使用商务用语并把握商务原则，是在跨文化商务英语翻译过程中必须坚持的。在跨文化商务英语翻译中，变通原则主要表现在以下三个方面：

（1）准确的言辞表达

在翻译商务文本时，要确保翻译结果与原文意思一致、准确无误。商务文本具有专业性和技术性特征，包含大量的专业术语、行业标准和商业惯例等信息。因此，在进行商务英语翻译时，需要具备良好的专业知识和熟练的语言表达能力。商务英语翻译通常涉及多个领域的专业知识，如经济、金融、法律、贸易等。翻译人员必须对这些领域有较深入的了解，了解其中的相关术语、概念和规定。只有具备足够的专业知识，才能准确地理解原文内容，以便在翻译时进行恰当的表达。在商务英语翻译中，翻译人员必须准确理解原文的意思。商务文本通常使用各种行业术语和缩略语，这些术语和缩略语在不同的行业和上下文中可能有不同的含义。因此，在翻译商务英语时，必须通过研究上下文和相关领域的知识，正确地理解原文内容的含义。商务英语翻译中的准确性还包括对目标语言规范的遵守。翻译要使用正确的语法、词汇和语言风格，以确保翻译结果与原文一致，符合目标语言读者的习惯和理解方式。另外，目标语言的语言规范还包括对文化差异和语言习惯的了解，遵循目标语言的语言规范也是确保翻译准确无误的重要因素之一。

（2）考虑文化差异

商务英语翻译是一项旨在帮助不同语言和文化背景的人们进行商务交流和合作的工作。在这个过程中，尊重文化差异是非常重要的原则。只有在尊重文化差异的基础上，才能建立信任、增强合作，进一步推动经济发展和贸易往来。

商务英语翻译人员必须了解目标语言及其文化背景。了解目标语言和文化背景可以确保翻译的内容符合目标语言的语言习惯、表达方式和文化背景。例如，在中国文化中，对于年长者的称呼需要特别注意，如称呼为“先生”或者“女士”等。在特定文化中，某些表达或词汇会具有特殊的含义或者象征意义。因此，在商务英语翻译中，要注意语言的文化隐喻。商务英语翻译人员应该意识到自己言语的意义，避免因言行举止引起对方的误解或者偏见。这就要求翻译人员遵循客观、中立、尊重和礼貌的原则，在语言上避免任何可能引起对方偏见的言辞。例如，在商务英语中使用称呼时，应尽量避免使用奇怪的称呼，或者可能被认为有侮辱性、歧视性，以及不礼貌的称呼。在商务英语翻译中，翻译人员必须遵循国家法律和文化习俗，以确保翻译结果能够获得当地人的接受和理解。不同国家和地区的法律和文化习俗有很大的差异，所以在进行商务英语翻译时，必须要谨慎地遵守当地的法律和文化习俗。例如，在部分东亚地区，送礼是一种传统的商业礼仪行为，但是在其他国家和地区，这种行为可能会被当作贿赂，违反了法律规定。在商务英语翻译中，直译是一个常见的问题。直译指的是将原文中的词组或者句子直接翻译到目标语言中，而不考虑语言和文化的差异。直译往往会导致翻译结果出现不合适、甚至错误的情况。为了避免这个问题，翻译人员应该在翻译过程中注意目标语言和文化的特点，并灵活地使用不同的表达方式进行翻译。

（3）不同类型的文本翻译

商务英语涵盖的内容较多，其应用的文本类型包括商务广告、商务会谈、商务信函、国际会议等，不同类型的文本有不同的用途。因此，在翻译过程中应当遵循变通原则，以不同的标准翻译不同的文本，并尊重商务开展的文化背景与社会环境，保证翻译的实用性与多样性。

2.“变通原则”在商务英语翻译中的应用

（1）商务信函

商务信函在商务中的应用也较为广泛，作为交往的信函，其翻译虽然不需要将原文一字一句地翻译出来，但是应当将原意完整地表达出来，不得遗漏细节，需将事实规范地传达给对方。作为信函，应当注意谦辞与敬辞的使用，即要注意使用礼貌用语，例如“贵公司”“敬请”“thanks”“please”等，这样能够让对方感觉亲切与尊重，以便于贸易合作的顺利展开。另外，商务信函中常常会涉及一定的商务专业用语，在跨文化翻译的过程中一定要注意严谨性与专业性，例如“保税区”一词，如果将其翻译成“tax free area”，很容易被误解为“免税区”，因此为了保证表达的准确性，应当将其译为“bonded area”。总的来说，信函的表达一定要简明扼要，重点突出。

（2）商务广告

商务广告翻译旨在帮助企业推广产品和服务，是商务翻译中的一项重要工作。然而，在跨文化交流中，不同的文化背景和语言差异可能会给翻译带来很大的挑战。为了确保广告翻译的准确性和有效性，必须遵循跨文化原则的翻译方法。基于跨文化原则的商务广告翻译就是尊重文化的差异性，理解文化间差异所产生的意义差异，用合适的方式来表达文化信息和产品信息，从而使得广告传播具有更好的效果。

在翻译中，译者要尊重各种文化的差异性。不同的文化有着不同的信仰、价值观、社会习俗、习惯法律等。在广告翻译中，应该注意这些方面，并尊重目标受众的文化背景和习惯。不同文化背景的人有不同的阅读习惯，关注点也不同，因此，对于广告翻译人员来说，需要具备针对不同受众的语言和表达能力。此外，商务广告翻译还应适当融入本土化元素，也就是在广告翻译中要注意将本地的文化元素和习惯融入其中。为了确保广告在目标市场中更好地传播，必须将广告信息和本地文化相结合。本土化的广告翻译可以有效地增加广告的可读性和传播效果。在跨文化交流中，要注意与目标受众的沟通并加强交流。广告翻译人员需要与目标受众沟通，倾听他们的意见和建议，并尝试根据目标受众的反馈对广告翻译进行适当的调整。通过良好的沟通和交流，广告翻译可以更好地服务于企业，并为企业构建更加积极和有趣的品牌形象。在广告翻译中，要选择适合本地市场的语言和表达方式。不同的市场需要不同的表达方式和风格，因此，广告翻译人员需要根据不同的市场作出相应的调整。商务广告翻译不同于文学翻译，要注重实用性和商业效益。过于文学化的翻译可能会让目标受众感到难以理解或失去兴趣。在这种情况下，广告翻译人员应该避免使用艰涩难懂的术语和高深的文学手法，并尽可能使用简单明了的语言来表达广告信息。

保证准确性和一致性是广告翻译的核心原则。广告翻译人员必须准确地转换广告信息和产品信息，使之与目标受众的文化和语言习惯相适应。此外，广告翻译人员还需要保持一致性，确保广告信息在不同的语言和市场中传达的是同样的含义。

（3）商标

产品的符号化表现形式即为商标，商标的翻译要注重创新，商标不仅代表着产品形象，更代表着企业的形象，这一形象影响着消费者对产品与企业的印象，因此其翻译准确恰当十分重要。对商标的翻译既可以采取音译法，也可以采用谐音法，不必苛求单词的本义，例如福特（Ford）、奔驰（Benz）、舒肤佳（Safeguard）等，这些产品的音译不仅简单好记，同时还将产品的性能在一定程度上呈现给消费者，翻译技巧极高。

（4）商务合同

商务合同是保证商务贸易有效性的重要凭据，具有一定的法律效力，合同中会涉猎较多的条文款项，涉及专业性较强的术语以及法律条文，因此，其翻译工作对准确性的要求极高，一旦出现歧义或表意不清的情况就很容易导致贸易纠纷甚至是法律纠纷的发生。所以跨文化商务英语翻译人员需要谨慎翻译，运用自己所学的跨文化翻译知识将商务合同内容准确无误地翻译出来。

总体而言，商务英语具有极强的专业性，且贸易双方在文化背景等方面存在较大的差异，为了保证翻译的有效性，应当在跨文化翻译工作中遵循“变通原则”，掌握言辞、文化、文本类型的特点，提高跨文化翻译的规范性与专业性。

二、跨文化交际视域下商贸英语翻译技巧讲解

（一）商贸英语的翻译策略

1. 准确严谨

由于商务英语的经济性，在跨文化商务英语翻译中，准确性是其最为重要的原则，如果混淆了此句的意思，没能准确地表达出原文所要表达的意思，那么将

会引起经济或者财务纠纷，引起麻烦，带来不必要的损失。因此，在跨文化商务英语翻译当中，翻译者应该严格遵循准确性的原则，将其作为第一准则。所以，在进行跨文化商务英语翻译时，不仅要运用准确而且忠实的语言将原文的内容表达出来，还要让读者在阅读的过程中，能够获得与原文内容相同的信息，即信息等值。这就要求翻译者在跨文化翻译的过程中，要对词汇以及相关概念进行准确掌握，尤其单位和数字一定要精确。相比其他类型的翻译语言，跨文化商务英语的翻译更重视内容的忠实与准确，也只有这样才能够实现商务英语翻译的目的。跨文化商务英语翻译者在翻译当中要做到用词严谨及准确。与此同时，只有完整的译文，双方所签订的合同才是合理准确的，这就需要跨文化商务英语的翻译者在翻译中英文合同文本时，要适当融入些许原本暗含的内容，这样不仅可以确保合同的准确性及严密性，还能够让合同读起来更加清晰和完整，也可以为读者准确全面地掌握合同内容提供极大的便利。但是，商务英语在词汇上最大特点是专业词汇量大，其中所包含的大量专业是具有商贸意义的复合词、普通词和缩略词，其语言有非常强的专业性，所以一定要准确知晓其中真实含义。

2. 规范统一

规范统一的策略在这里是指运用词语及句子的规范，符合双方约定俗成的含义。译文的行为方式和语言都要符合商务文献的语言规范。所谓“规范通顺”，就是把理解了的东西，用规范通顺的、合乎合同语言要求的文字（中文）表达出来。因此，要使合同语言“规范通顺”，译者就要特别注意合同的词语运用规范，符合合同文体中约定俗成的含义。在翻译商贸领域的专业术语时，为了保持商务专业术语英汉译名的统一性和稳定性，跨文化商贸英语翻译人员应该参阅国际商务英语文献，因为跨文化商务领域的通用汉语术语几乎都有统一的英语表达，译者的任务就是需要把两种语言的同一概念相对应的译名进行匹配，做到统一并始终如一。例如：贸易盈余应翻译为 trade surplus，而不是 trade profit；可兑换的货币应译为 convertible currency，而不是 changeable currency；整箱货应译为 FCL（Full Container Load）；拼箱货应译为 LCL（Less Container Load）。翻译中国特有的商品时，译者应多参考商贸专业性的词典。并且，作为出口较多的中国产品，经过跨文化商务英语翻译人员多年的共同努力，基本都有了固定的英语译名。例如：皮蛋翻译为 preserved duck egg；清凉油翻译为 essential baling。再例如，将

“documentary bill at sight”译为“即期付有单据的票据”，虽然表达的意思符合原文要求，但概念并不清晰，因为“票据”本身的含义是广义的，在国际商务合同中的票据主要指汇票，因此，应译为“跟单汇票”。此外，国际商务合同的译文不仅要符合合同语言的要求和规律，还应做到通顺，着重体现在条理清晰上。国际商务合同的条款往往比较繁复，翻译时应首先弄清全文的条例，对各条款间的制约关系和逻辑关系须仔细琢磨，注意译文语言的语句结构，不拘泥于原文的词句结构和句法框架的限制。

3. 专业原则

在实际的翻译过程当中，跨文化商务英语翻译人员应结合相关的翻译知识，以及某一行业的专业知识，通过采取恰当的翻译技巧和策略，进而获得与原文内容等值的效果。而想要成为一名优秀的跨文化商务英语翻译人才，需要不断学习、不断积累来提升自身的专业水平，与此同时，还要对译文涉及的各个领域知识进行深入了解，从而在避免出现误译现象的基础上，为双方带来更多的利益。除此之外，跨文化商务英语翻译人员在翻译过程中要注重商务英语领域的缩略词和专业术语，以及出现在不同领域的新词语的灵活运用。同时，跨文化翻译人员在进行商务翻译时，必须对专门行业的专业知识、适当的翻译技巧和策略非常熟悉，并需要权威部门在专业术语和在概念方面有统一的规定。作为一名商务翻译者，不懂金融学的人会把“bank balance”和“insurance policy”分别译成“银行平衡”和“保险政策”，而正确的译文是“银行余额”与“保险单”；没有接触过国际金融贸易的人也不知道“more or less clause”为“溢短装条款”。

所以在遵循准确性原则的基础上，译者在翻译的过程中也应该应用一些特定的专业套语，使其翻译的商务文件和信函更具有专业水准。例如，在跨文化商务英语中大量使用的古语词，在翻译过程中就要用目标语中相对应的古语词来表示。此外，商务信函是一种公对公的正式信函，属于公文体，在措辞、语言机构方面比较规范、正式，除了具有许多专业的术语外，还有其固定的惯用套语，特别是正式信函具有明显的书面语风格。如在商务信函中，如果将“dear sir”翻译成“亲爱的先生”，那就会有失正式，也不合乎公函的表达习惯，可译为“尊敬的先生”。

4. 文化趋向性原则

语言是某种特定文化的客观反映，与文化有着不可分割的关联。商务英语自然也会反映英语文化。所以，在翻译当中，风格信息的传递是不容忽视的，尽管人类的生存环境和条件等方面存在方方面面的差别，会产生一些不可译的文化，但是人类生存需求、思维方式上还是存在一定共性的。虽然不同国家、民族之间会存在一定差异，但是跨文化商务英语翻译者应全面了解、掌握这些差异，并采用恰当的跨文化翻译技巧实现文化、信息上的对等。在跨文化翻译中如忽视了原文的风格信息不仅会流失大量译文信息，还会影响译文的得体性。比如在翻译“亚洲四小龙”时，若翻译成“Four Asian Dragons”就会让外国人觉得有些不安，而翻译成“Four Asian Tigers”则更加得体。主要是因为对于中国来讲，dragon 虽然代表着权力、威严，但是对于西方国家来讲却是一种邪恶的动物；tigers 在中国人眼里虽然是一种凶猛的动物，但对于英语国家来讲，却是勇猛、顽强的化身，代表着吉祥、勇敢，所以在翻译时，译者应考虑到这种文化差异，恰当地运用 tiger 来代替 dragon。再如 cock 是“公鸡”的意思，但是在西方国家还有一个性器官的含义，是一种不好的说法，所以在比较正式的场合当中不应该使用此类词语。由此可见，在实际的跨文化翻译过程中，只有非常了解双方国家的文化差异，才能选择更加恰当的翻译词汇，才能够将商务英语翻译得更加准确和具体。在跨文化翻译理论的研究中，越来越多的学者提倡遵循文化趋向性原则，提倡按照目标语的文化背景来对源语言进行翻译。因此，在商务英语的翻译过程中，译者首先要了解原文与译文各自所具有的文化差异，通过对不同文化之间的认同，对目的语文化背景进行了解，采用适合目的语文化的表达方式，对译文文字在直译的基础之上作出一些变通，使这些文化差异在翻译的过程中消失，做到译文和原文的文化信息对等。例如，在时间观念上，英语是由小到大，而汉语则是由大到小，“December 17th，2001”的汉语表达就应该是“2001 年 12 月 17 日”。中西方的空间概念也是相反的，“northeast”对应的汉语表达应该是“东北”，“northwest”应该是“西北”。此外，还有很多的日常表达东西方语言也有明显的差异，如“black tea”译成汉语应该是“红茶”“golden sugar”汉语意思应该是“赤砂糖”，而不能译为“金色糖”，否则会让汉语语言者难以理解。因此，类似于普通英语翻译的文化趋向性原则，在商务英语翻译中也要遵循这种原则，以使得目标语语言的读者或听众能更好地理解。

商务英语的词汇丰富，专业术语、搭配数量庞大，商务英语词汇使用频率高于普通英语；随着经济生活的快速发展，涌现出许多前所未有的商业新词汇和各种专有名词。这些特点都决定了跨文化商务英语翻译的难度系数之高的特点。而且，中西方文化思维方式的差异也使得商务英语的翻译变得更加有难度。所以，在翻译过程中，译者要遵循准确性、专业性以及文化趋向性原则，尽量准确、合理、通顺地表达出源语言所要表达的意思，从而保障了各种商业交流顺利地进行，推动整个社会的经济发展。

（二）委婉语在商贸英语中的应用

1.委婉语在商贸英语中的交际功能

众所周知，现如今的商业活动已不再是单纯的行业交往，而更多的是人际交往。商场如战场，要想在激烈的商战中站稳脚跟，脱颖而出，使用委婉的表达方式是商界人士的重要手段之一。委婉语是一种良好的润滑剂，在商务交际过程中，礼貌委婉的说辞会使合作双方充分感受到对方的尊重及诚意，避免不愉快的言语冲突，从而促使跨文化商业活动顺利进行。委婉语的使用要恰当，从审美的观点来看，不是在任何场合运用委婉语其交际效果一定都是好的，因为委婉语有着掩盖真相的特点，掩盖过头便成了虚伪。其精髓在于“含而不露”，要求正确地把握委婉度。委婉度大了，对方不能悟出本意，委婉度小了对方会受到刺激。现在将委婉语在商务应用中的主要交际功能总结为如下三点：

（1）缓和气氛

委婉语就是一种润滑剂，能够缓和紧张的气氛。在商务英语翻译中，委婉的表达方式可以有效地缓和气氛，减少矛盾和冲突，从而达成和谐的商务合作关系。在实际工作中，委婉的表达方式可以使双方感到尊重和关怀，从而增强互信和合作的基础，提高合作效率。比方说，当一方不想明确地表示“不同意”时，可以使用“有所保留”的表达方式。例如：“我需要再考虑一下”或“我需要更多的时间来权衡利弊”；当一方需要引导另一方做某件事情时，循序渐进的方式可以有效地缓和气氛。例如：“我们可以先从这个方面开始讨论，然后逐步扩大讨论的范围”或“这个问题我已经考虑了很久，但我还需要更多的信息和思考”。需要特别指出的是，跨文化商务活动并不是一个适合参与者完全放松的场合，它是复杂多变的、关乎利害关系的博弈，不管是商务信函往来还是面对面的商务英语谈判都属于此类。因此，为了缓解气氛、顺利达成目标，翻译人员可以考虑在表达中适当加入一些委婉语，借此减少合作双方的心理压力、言语冒犯等，平稳双方情绪，确保会谈顺利理性地进行，尽量避免争执现象。这样就避免了跨文化商务谈判与合作中的尴尬场面，有利于合作双方心平气和地在良好氛围中解决问题，从而成功完成合作。

（2）维护合作双方的面子

商务活动中委婉语的使用能够帮助维护合作双方的面子。商务活动中，尤其是在跨文化商务谈判中，谈判双方立场冲突，双方都想要尽全力说服对方接受己方的要求或是建议。若在此时，某一方或双方的话语言辞太过直白犀利就会显得有点咄咄逼人，这时，双方都会觉得对方伤及了己方的面子，谈判与合作可能就无法顺利进行。相反的，合作双方若能在此时使用“I was wondering…”“Could you possibly”或是“I am afraid”等委婉的说法来代替“I want/I am wondering”“We want you to”等生硬直接的表达方式来避免合作中的主观武断性，双方就会感觉自己受到对方的重视，会觉得自己的脸面得以维护。

（3）建立长期友好的商务关系

委婉语在跨文化商务英语中的使用有助于合作双方建立起长期友好的商务关系，大家都知道在商务谈判中，左右谈判人员行为的最主要因素就是经济利益和心情，经济利益是谈判人员之所以进行会谈的目的，而后者却会影响到这个目的，是达成的关键性一步。委婉语的重要性就在于它能够帮助双方保持一种良好的心情来进行谈判，为双方都留下余地，从而建立长期的友好合作关系。反之，如若一方一味地追求己方的经济利益而不顾及对方的心情，那么这必然会导致双方关系僵化，别说是建立长期友好的商务关系，可能当场的合作就会失败。

2. 商务英语中委婉语的语法手段

在跨文化商务活动中，为了赢得客户，争取更大的利益空间，委婉语这一修辞手法是必不可少的。在商务英语中，从建立贸易关系、询盘、报盘、还盘、定价到装船、保险、资信调查、货款支付、投诉索赔等都会使用大量的委婉语来达到语意缩小、语意转述、语意模糊等目的。为了达成这一目的，委婉语在商务英语的应用中运用了形式多样、方式灵活的语法手段。

（1）被动语态法

英语语态分为主动和被动两种，在商务英语中常用主动语态直截了当地表达交易双方的诚意，但在表示批评、建议要求时用被动语态可以避免直接触及对方，把对方放到重要地位，尤其是在对外商务函电中，被动语态的使用可以突出商务函电的文体色彩，弱化执行者，强调了合作双方应承诺和遵守的职责和义务，易于对方接受，起到主动语态所无法起到的作用。

（2）否定化法

在跨文化商务英语交际中，表达否定的观点时，直接用否定词显得有点鲁莽，容易出现感情上的碰撞，引起对方的反感，产生不愉快，不利于长期友好商务关系的建立。为避免表达否定观点时态度强硬、语言直白的情况出现，翻译者需要考虑对方的接受度。把语句否定化来委婉地赞扬或批评对方是很有必要的，如用“价格不太高”来代替“价格太低”的说法来表达否定的语气，可以保持友善客气并顾全对方的面子。一般情况下，在否定句前加上“I am afraid”“I am not sure”“we are sorry（ to say/tell you）…”，或在否定句中加入一些程度副词如“really”“always”“too”“particularly”等来转化否定语气。

（3）过去时态法

在跨文化商务英语谈话或是函电中，常用一般过去时态代替一般现在时态来表示委婉的语气，表示对对方的尊重，表达友好的口吻。

（4）虚拟语气法

在跨文化商务英语中，有时需要避开直接正面的表达，这时使用虚拟的手法来温和委婉地表达自己的观点、建议和要求以便双方在和平友好的气氛中达到预期的目的和效果。

（5）词汇替换法

无论是在英语还是汉语中，都普遍存在着忌讳现象，如在英语中表达“死”的委婉语 pass away，go to heaven，be gone to a better world。除了衣食住行，在经贸英语中使用委婉词汇来代替某些忌讳的词汇也是很常见的，如英文中用 in difficulties，in a embarrassing obligation 代替 in debt 来表示负债，破产 bankrupt 说成是 out of the game，此外开空头支票被说成是 to fly a kite，所有这些词汇替代都是易于为人们所接受的。

（三）商贸英语中时态的翻译

英语的动词时态这一语法现象与我们母语的语法差别较大，是考验跨文化翻译人员能力的一大方面，尤其对于准确度要求极高的跨文化商务英语翻译来说是极大的挑战。如何掌握这些语法，从而使翻译的文本更好、更切合对方的语言习惯，是经常困扰跨文化商贸英语翻译人员的问题。作者在教学实践中进行了努力的尝试和探索，并依据信息加工的学习理论，总结出较为行之有效的“三元”教学法：从“标志”信息输入着眼，经过“概念”思维加工，达成“结构”形式输出，从而使跨文化商贸英语翻译者摆脱枯燥的时态教学，掌握动词时态的规律，形成有效的跨文化商贸英语时态翻译方式。

1. 从“概念、结构、标志”三个方面把握动词时态

“概念、结构、标志”三个方面是学习一种时态所必须把握的，三者相互联系，相互制约，共同表述一个完整的时态含义。“概念”清楚地说明了一种时态的用法。对于概念的把握一定要全面、准确、表述严密，如对于一般现在时的用法，不能只表述为“表示经常性或习惯性的动作”，这仅是其基本用法之一。“结构”是指一种时态的表达形式。一种时态，除了要掌握其基本结构形式之外，还要掌握其各种变式，如陈述式、疑问式和特殊式，这是掌握句型变换的基础。“标志”是指能据此判断应使用何种时态的提示词语，一般包括两类，一是常与某种时态连用的时间状语，二是上下文暗示语。在进行跨文化商贸英语翻译时，大都可以从这三个方面去进行。下面就以在跨文化商贸英语中经常出现的时态举例：

（1）一般现在时

一般现在时在跨文化商贸英语中的基本用法有四种。表示现在货物及生意的状况，如 All these articles are best selling lines. 表示主语所具备的性格或能力，如 We confirm cables exchanged as per copies herewith attached.I don’ t think I can promise you any January shipments. 表示经常性、习惯性或反复出现的动作或状态，如 We usually have extra copies of the Bill of Lading. 表示客观事实和普遍真理，如 A title of goods is n’ t like a bill of lading. This contact should be written in English in four copies，and each party shall keep two copies.

一般现在时的结构在一般情况下用动词原形，当主语是第三人称单数时，谓语动词也要相应变成单数形式，其否定式、疑问式要加助动词 do 或 does。例如在商贸英语与人协商的过程中会说：Don’t be stubborn about this problem because there is more than one way to skin a cat.

在商务英语中，一般现在时常与表示频率的副词或短语连用，如 always，usually，often，sometimes，seldom never，twice a week。

（2）现在完成时

在跨文化商务英语中，现在完成时基本用法有两种，表示过去发生的动作对现在造成的影响或结果；表示从过去已经开始，持续到现在的动作或状态，常与表示一段时间的状语连用。结构一般是助动词 have（has）+ 动词的过去分词。例如：The ship-owner has issued a clean on a board bill of lading.

2. 要善于进行各种时态的用法比较

跨文化商务英语中时态种类很多，使用时就容易出现混淆、错用的情况，这就要求我们要不断地将一些时态加以比较，以便能够更好地把握其本质。其实，在跨文化商务英语中动词时态的比较也是以“概念、结构、标志”三元素为依据比较的。试看下面几种时态的比较：

（1）一般过去时与现在完成时的用法比较

跨文化商务英语中的一般过去时只单纯表示过去的动作或状态，和现在不发生联系，它可以和确定的表示过去的时间状语连用；现在完成时既涉及过去又联系现在，但它强调的是现在的情况，所以它不能和确定地表示过去的时间状语连用。试比较：Prices have reached rock bottom.（说明价格截止到现在降到了最低点）与 Price reached rock bottom yesterday.（只说明昨天价格降到最低这一事实）。有些时间状语（标志），如 this morning，tonight 等，既可用于一般过去时，也可用于现在完成时，但所表示的意义有所不同。用于现在完成时的表示包括“现在”，而用于一般过去时则与“现在”无关。

（2）商务英语中一般过去时与过去完成时的用法比较

在跨文化商务英语中，一般过去时表示过去某时间发生的动作或存在的状态，而过去完成时则表示在过去某一时间或动作之前已完成的动作或状态，其标志是“过去的过去”。当强调过去某一动作发生在过去另一动作之前时，常用此时态。

在跨文化商务英语中，一般过去时与过去完成时都可以表示过去的时间状语，但侧重点有所不同。试比较：They had done the work at five o' clock. They did the work at five o'clock. 第一句说明工作在五点钟已完成，并未说明是什么时候完成的；第二句说明工作是在五点钟做的。

（3）商务英语中注意时态与时间不一致的特殊情况

如前所述，判断时态要从“标志”（时间状语）着眼，这是一般规律。但有些情况下，时态与时间（标志）并不一致，在商务英语翻译中应引起足够的重视，做到灵活使用，可视之为特殊“标志”。一些表示来往动作的动词（动向动词）常用进行时表示将来时，常见的这类动词有 arrive，come，go，leave，set off，start 等。例如：Our manager is leaving for Paris next month. 一般现在时在跨文化商务英语中有时可以表示预定的近期将发生的动作或状态，也可用来表示说话时正在进行的动作。例如：Are you free tomorrow？ The meeting starts at17:50 in the evening. 一般过去时在跨文化商务英语中可以表示目前非真实的情况或不能实现的愿望（即虚拟语气）。例如：I wish I could fly to your city to attend the meeting. It's high time you went to the meeting.If I were you，I would go with him. 在含有状语从句的复合句中，当主句是将来时态或是祈使句时，状语从句应用一般现在时或现在完成时代替一般将来时，用一般过去时代替过去将来时。在商务英语翻译中，应用极其广泛，例如：If you have any questions on the details，feel free to ask. He said he would come to sign the contract if he had time. Please tell your manager about it as soon as he comes back. Are you going to play with us when you have finished your project？

在含有宾语从句的复合句中，在商贸英语翻译中要注意主从句动词时态有如下不一致情况。当宾语从句表示科学真理、客观事实、格言或其他不受时间影响、限制的客观存在的事物时，如：Long ago people didn’t know that the earth moves round the sun. Our project leader told us that practice makes perfect. 当宾语从句表示一种反复出现或目前习惯性动作时，如：Our boss said he does morning exercises every day. 当宾语从句中谓语动词的动作在转述时仍在继续，或表示现在时刻仍存在的状态时，如：Li Lei said his leader is attending a meeting in Shanghai. She told me the other day that she is still a staff. 再比如比较状语从句、定语从句等不受主句时态的影响，商务英语翻译人员应根据实际需要，选择适当的时态。例如：Price was cheaper yesterday than it is today.Last night I read the book which you are reading now.

综上所述，对于跨文化商务英语当中时态的翻译，我们可以从概念、结构、标志三个方面去把握，要善于将一些时态加以比较，总结出差异，同时还要注意特殊情况。

第六章　跨文化交际视域下的英语翻译教学

本章主要对跨文化交际视域下英语翻译教学进行阐述，共分为两个方面的内容，分别是跨文化交际视域下英语翻译教学理论构建、跨文化交际视域下英语翻译教学策略研究。

第一节　跨文化交际视域下英语翻译教学理论构建

语言是文化的载体，文化是一个民族思维方式、价值观和社会心态等的共同取向，是民族精神、民族凝聚力和民族智慧的总根源。因此，语言翻译从某种程度上说就是不同民族间文化的沟通、文明的传递。由于各民族所处的自然环境和人文环境的不同，形成了各民族五彩纷呈的文化特色，其中就包括语言文字的差异。而翻译，就是通过缩小这种语言文字间的隔阂，为不同区域的文化交流扫除障碍。译者的文化沟通力不仅决定翻译的质量与水平，还决定能否客观地、真实地实现跨文化传播的深刻内涵与精髓。鉴于此，在翻译教学中，我们必须教会学生理解并认识翻译不仅仅是文字语言符号的转换，而是文化的交流与沟通，这就要着力培养与提升他们在翻译实践中的跨文化沟通能力、传播能力和交际能力。这就是跨文化翻译教学的精髓与主旨。

一、基于翻译视角的文化概述

（一）翻译学视角中的文化

每一门学科都应从本学科的视角出发，来考察与本学科休戚相关的文化问题。例如，哲学对文化的考察侧重于思想和观念的源流、演变和发展；历史学对文化的考察侧重于时代（或朝代）的文明和文化发展轨迹、典章制度及经济形态的沿革、变革和更替脉络；社会学关注文化则集中于多维度的社会结构、人际关系及意识形态、社会体制的结构、发展和功能分析；心理学则主要关注文化心理问题等。

翻译这门学科需要掌握多种知识。我们要做好翻译，就必须了解翻译的文化，熟悉它所涉及内容的背景以及翻译的准则。

1. 将语言视为文化的主体性基本表现手段

语言是翻译学视角中的文化的“主体或主干”（main stay or mainstem）。离开语言，翻译学将无从谈论也无以谈论文化。从翻译学的角度来看，语言是贯穿整个翻译过程中不可或缺的元素，如果我们不顾及语言直接来研究文化的话，那么这样的翻译在翻译学中就像是钻火得冰。

原语语言是传达其文化信息的主体手段和基本维度。翻译家并不需要也并不期望借助其他手段（如图像、图表、图画、影像等以及除语言以外的符码），来感受、领悟、把握、再现原语中的文化信息。下面的一则原语语段是关于《醉拳》（A Drunkard’s Boxing）“把式”的介绍：

第一段：

预备势：

面对南方，站立在拳场的西端，两腿站直，两脚靠拢，两臂垂于身体两侧，两手五指并拢贴在腿侧。

要领说明：头要端正，下颌内收，眼向前平视；挺胸，直背，松肩，两臂自然下垂；精神贯注，神情安舒。

翻译家只需要以语言为依据就可以明了文中所描绘的一招一式，进入翻译操作过程，而不必等待言者或作者提供其他文化传递手段。

SECTION I

Starting Position

Stand upright to face the south at the west end of the court，with both legs straightened，feet closed together，hands hanging at sides of the body，and fingers stretching together with palms close to thighs.

Points to note：Keep head erect，chin tucked in，and eyes looking straight ahead；hold chest thrown out，back erect，shoulders relaxed and arms comfortably hanging down；concentrate attention and keep perfectly relieved and at ease.

细心地做双语对照阅读就可以发现，汉语所描绘的那种典型的中国式开拳把式已呈现到了英语中。不仅如此，翻译还可以完全凭借语言手段将原语中变化多端、动势感极强的电影蒙太奇场景和盘托出。

2. 以意义为凭借，探索文本的文化心理

翻译几乎时时刻刻要面对文本的文化心理问题。因此，这里所谓“求索”是指文化翻译中对意义的探索，从而准确地把握并恰如其分地表现语言文字（原文文本）所蕴含的文化心理。翻译学视角中的文化将语言作为关注的主体，语言中又将意义作为关注的主体，而意义则是一个非常复杂的课题。

语言文字的有机组成形式是语句（词语和句子）。语句是意义外化的结果（或“终端”），语言哲学家称为“表现式”。意义外化为表现式时绝不是常言所说的“想到什么说什么”，而是经历了一个非常复杂的整合过程，参与意义的外化整合者，共有四个成分，如下所述：

（1）意义

所谓“意义”，本身就是一个复合结构，包括概念意义、内涵意义、联想意义、情态意义、搭配（词语联立）意义、语境（在上下文和特定社会情景中的）意义、文化意义和审美意义等。

（2）意向

西方哲学家和语言哲学家认为所有的意义都有意向问题，没有意向性的意义犹如“无的之矢”，意义是失了“指向性”“对象性”。

哲学家认为“无意向意义”实际上是不存在的。正是由于有意向的参与，语义外化为表现式时才表现出意有所指乃至色彩纷呈。对此，德国哲学家布伦塔诺（F.Brentano，1838—1917）有一段中肯的论述：①

Intentionality means reference to something that is distinct; in the case of psychical acts, reference to a content, an object (this does not mean that the object must be real). Thinking is always thinking of something; feeling is feeling something; wanting is wanting something; loving or hating is loving or hating something, Thus, every psychical act is directed toward an object; the object may not exist, as when I

① J.Marias, S.Appelbaum and C.Strawbridge.History of Philosophy, Eng.transl[M].NY: Dover Publications, 1967.

think of a centaur or of the squared circle or the regular pentahedron; however, both the squared circle and the regular pentahedron exist as correlatives of my thought, as objects indicated by my act of imagining or thinking.（意向性指心理行为的独特性或某一内涵的对象性——这里的对象并不必须是实实在在的东西。人的思维总是“有所思”的，情感总是“有所感染力”的，欲求总是“有所求”的，爱与恨也总是“有所爱”与“有所恨”的。因此，人的每一个心理行为都是指向某一对象，这个对象也可能并不存在，例如，希腊神话里半神半马的怪物，或者方形圆周，或者等边五面体。然而不管怎么说，方形圆周和等边五面体在与我的思维相互关联的事物中确实是作为一种对象存在着，它们是我的想象或思维行为中的对象。）

布伦塔诺的“心理行为”（psychical acts）意向论实际上是胡塞尔现象学的先声，对语言学而言也具有重要意义，它指出意向也就是意义的对象性——语言的意义总是有所指的。

（3）语言心理或语言文化心理

语言心理是意向的深层参照系，它虽然“显而不露”却参与并深深影响着意义外化为表现式的过程。按照布伦塔诺的研究，一般心理行为的深层分类是：表象（representation）、判断（judgments）、情感（emotions）。从翻译学的视角来看，对表现式起重要的调节、定型作用的语言文化心理分为个体及群体的心理取向，具体表现为：思维方式，比布伦塔诺的“表象”范围宽泛；价值系统，相当于布氏的“判断”；伦理观念，这在西方语言心理中呈弱势；情感系统，与布氏所指相同；审美价值系统，这是语言文化心理问题中很重要的课题。

（4）审美取向

审美取向也是基于某种价值判断（以特定语境产生的审美诉求为依据的判断），因此，可以结合文化心理而论之。但考虑到审美取向对翻译具有特殊的重要性，因此，它理应成为翻译学视角中文化的重要课题。

3. 坚持整体性文化战略考量，并使之与时俱进

通常情况下，人们都是通过翻译这一手段来宣传本国的文化，然后在翻译的过程中为国家以及民族带来一定的利益。这就是所谓的“文化翻译的政治观”。五四运动以前，中国翻译史上的几次高潮，即汉唐时期的佛经翻译、明末清初的科技翻译以及鸦片战争以后的西学翻译，无不具有鲜明的文化战略目标。

据此，我们在研究文化翻译中必须清醒地认识到“翻译的政治观”，也就是文化翻译的政治视角。从功能主义的翻译观来看也是这个道理：世界上没有绝对的非功利的翻译事业，翻译作为一个整体总是服务于某种特定的文化战略目标。当代中国恰逢由经济全球化带来的历史性机遇。这个机遇给中国翻译界带来前所未有的重要任务。我们的文化翻译必须旗帜鲜明地服务于中华民族的文化复兴和民族文化建设事业的发展。

（二）文化的本体论特征

文化作为一种“原本性的存在”，具有其本体论特征，我们将分项论之。

1. 文化的民族性

我国古代楚人与中原汉族人的生活方式大体是一致的，“文化内容各方面的共性”（如语言文字等）也大体相同。但中原汉族的哲学家、文学家、诗人却绝对写不出《老子》《庄子》，也写不出《楚辞》来。中原文化素以正宗心态为精神支柱，所谓“吾国泱泱，威震八方”。与中原文化进行对比，就可以看出因荆楚地缘政治、地缘社会与历史背景之不同而形成的楚民族性之不同而表现出来的楚文化特征。《楚文学史》① 一书在分析荆楚文化形成其鲜明的民族特征的深层因素时论证说：“楚文学是楚民族和楚国家的历史的形象反映，楚人在其艰难而曲折、悠久而光荣的历史创造中形成优良传统，也由楚文学作为其基本精神而突显出来。《楚人为诸御己歌》，歌颂了诸御己忧国忧民、爱国爱民的可贵精神和高尚行为。……《老子》《庄子》等楚国诸子之作，都表达了对现实社会戕害人性、危害民生的极大忧虑和深刻批判，其愤世嫉俗之情、憎上悯下之感十分强烈，这也是其忧患意识的强烈表现。”

在长期的历史发展中，地缘政治与地缘社会构成了特定的历史背景，经时间的沉积升华而形成的民族文化精神气质、思维方式和心理特征，这正是文化翻译的重大理论及实践课题之一：它既在我们的“前理解”中起导向作用，又在我们的“表观式”中起定音作用。

2. 文化的传承性

民族文化特征经历了历史的整合而形成某种特定的“格局”，从而具有“整

① 蔡靖泉．楚文学史 [M]. 武汉：湖北教育出版社，1996.

体性”，就可以在这个民族（或社会）中存在千秋万代，成为一种相对稳定的“entropy”（遗传信息量），这就是文化的传承性。文化的传承性和延续性显然是我们在语义解码和文本解读中的重要线索。其实，文化的民族传承性常常在许多方面以各种形式相互印证。

3. 文化的流变性

民族文化虽然具有相当稳定的“entropy”，但这种“entropy”只是相对的：传承可能流变甚至中断。

文化的流变性发展充分地表明“文化”实际上是一个开放系统而不是“封闭系统”（closed system）。特别是从更大的趋势来考察，我们也可以看到文化中存在着很强的“自我校正机制”以补足其稳定性和经久性：如反复的习得和习惯的形成，个人行为模式的大体相同，统合群体生活方式的原则、价值、目标的规范性把握，与规则和信仰一脉相承的强有力的情感纽带等。因此，最典型的是，某一文化体系的任何模式处在孤立状态时总是倾向于大体的“均势”或“自我平衡”。与此类似，在某一文化系统内部发生的通常是缓慢而自发的变化也倾向于保持始终一贯的流向和性质，即所谓“文化流变”。

文化流变性对翻译学的意义是不言而喻的。很多古籍文本到今天之所以难以解读，根本原因在于文化流变。文化在发展过程中促使原有文化序列中断，导致典籍文本中的意义难寻。《天问》就是一个典型的例子。《天问》篇幅仅次于《离骚》，是屈原晚年的愤世之作。论思想、艺术的成熟程度应不逊于《离骚》。《天问》之所以“文义不次序”①，与作者“忧心愁悴”的心境有关系，但更重要的原因是文化流变，很多在屈原的时代仍然是家喻户晓的史实、神话、传说、箴言乃至文辞用语、句读句式至秦汉后已失传，因而导致解读上的困难。

二、全球化趋势下的文化翻译

全球经济一体化使中国在全球范围内扮演着日益重要的经济和政治角色，中国对经济全球化已表现出极大的热情——其间也保持了相对谨慎的心态，但对文化全球化却有明显的疑虑。中国对全球化文化信息（cultural information）的本土化做了大量的有益探索和实践。随着跨文化共享的增多（在这方面翻译功不可

① 王逸，夏剑钦．楚辞章句补注·楚辞集注 [M]. 长沙：岳麓书社，2013.

没——大量的翻译积累使其成为可能），我们在对国外的一些著作，尤其是西方著作进行翻译的时候，由于地区间的文化差异所产生的一些阻碍也在相对降低，在这种环境下，不同文化间的交流以及融合也得到了长远的发展。因此，在翻译的过程中，各种文化都交织在一起，出现了百花齐放的盛况，而且通过翻译之间的交流，也展示了各种文化的魅力和政治倾向。由于全球与本土的力量相互影响与作用，所以文化差异及如何制定翻译策略等相关问题，应置于全球、本土化的跨文化语境下审视和关注。

在文化信息不断的交流中，本土化和全球化这两种文化出现了完全不同的情形，这也恰恰展示了，通过不一样的角度来观察世界，会发现其实他们是存在共生演变的关系。全球一体化让世界各个地区的人民能够在不同的文化以及领域进行全方位的交流。由于各国之间贸易的开展，也就使得各国间的文化和语言不断地在进行交流与融合，这也为全球一体化作出了重要的贡献。在这个循环链中，翻译是不可或缺的，它的出现，极大地推进了全球一体化，更多翻译作品的产生也是全球化可以预见的结果。全球调整（restructuring）和殖民历史均对本土身份有巨大的影响。全球化常被视为对民族精神或民族个性的攻击，因此不断引发文化焦虑。全球化的迅猛推进致使本土文化迷失和移位，很多本土危机就是由主权国家的重组（realignment）而触发的。

由于全球化常被视为具有预先确定（predetermined）和恒久不变的性质，所以有减少甚至消除本土差异的潜在危险。在当下的现实环境中，就要求当地文化要对自我进行重新定位，要在全球化的这个环境中来展示本土文化的魅力，同时也要让当地文化具有鲜明的标志。与此同时，受外域或全球文化的影响也被重新解读或内化于本土化的实践之中。

当前，不断增长的商业全球化刺激了对翻译服务的需求。翻译不单单代表着本土文化的不断发展，还存有一定的差异性。但随着时光的流逝，这些差异因为这种或那种原因，自愿或是被强迫地融入了其他文化。在全球化的不断发展下，为了避免本土文化在文化交流中丧失原有的特色，所以在翻译过程中有选择性地对其他文化进行吸收，因此翻译的作品备受欢迎。通过这种方法，来避免其他文化的侵犯而导致文化的同质化。这意味着在面临被同质化的威胁时，民族国家难逃“无地域性”的困境。与此同时，“去区域化”和“再区域化”之间的不断而强有力的相互作用，以至全球本土化的话语得到强化。显然，推崇全球本土化的人将这一趋势视为对抗全球化的措施，视为一系列新的全球本土化形式的前奏。因此，有必要在全球本土化的跨文化语境中探究翻译过程中的文化和政治张力，并考察其中对所谓的文化全球化产生的焦虑心态。

无论人们对全球化持有何种态度，它都会对每个国家产生一定的影响。与翻译相关的是文化全球化已成为令人不安的倾向，照这种情况发展下去，后果会更令人害怕不已。对文化全球化的对立立场和“全球连通性”存在的危机是同时存在的。日益严重的全球化让翻译工作变得更加艰难，是该选择富有特色的本土化，还是该选择具有商业价值的全球化。每个国家都开始发现了这一趋势，所以希望借助文化保护主义这种方式来与全球化进行对抗，从而减少全球化对本土文化各个方面的影响，这种方法其实也是不明智的，并且也是螳臂当车。翻译一直存在于不同的国家、不同的文化之中，它促进了整个世界文化的大融合。每个地区与地区之间的文化通过翻译这种方式变得更加的丰富多彩。而且要想避免文化同质化，文化多元化是个不错的选择。在进行全球本土化时，由于文化身份一直在变换，全球主义也开始慢慢适应于本土化。当然，要想实现本土化也需要吸收全球的知识，但还是存在着与此对立的观点，认为全球化的发展也得益于本土化，因为本土化的首要任务是增加它的可达性，而全球化在容纳本土化的过程中，也可能发生改变。

三、跨文化翻译教学整合体系

（一）跨文化翻译教学体系

在翻译教学创新中，不少教师强调真实环境下的协作式翻译教学模式。我们可以建立一个跨文化翻译教学“理论 + 知识 + 技巧”模块化体系，该模块体系涵盖了双语能力、非语言能力、翻译专业知识、专业操作能力等 6 大类能力。各模块内容有待充实，教师可在研究实践中进一步加以丰富。这个模块体系的提出不仅有利于教师的教学，还对学生的研究学习、实际操作上也有很大的帮助。它的重心就是理论基础结合实际操作，个人经验结合理性判断。借助这个体系，教师认真地工作，并且在平日的教学中不断地积累经验，在教学上必定取得较大的进步。开放性模块或研究范畴可拓展出N个子（次）范畴，可由师生共建，即要求学生在小组潜能开发报告或课后实践中，围绕其中某些子（次）范畴的典型翻译问题进行语料收集和研习性讨论，对相关问题进行定性归纳，总结出相应经验和操作技能。通过对学生报告中典型问题认真、细致地评析和译文加工，教师不仅能有效拓宽学生视野，还能有效提高自身实践能力，积累更多感性材料，为自己的翻译理论与实践研究收集有价值的材料，为将教学与科研紧密结合找到一条有效途径。

（二）跨文化翻译教学策略和教学环节

跨文化翻译教学的原则和策略是为了让学生更好地理解、应用和掌握不同语言和文化之间的差异，以确保在翻译工作中能够有效地传达信息。以下是一些跨文化翻译教学的原则和策略：

跨文化翻译教学需要强调每种文化中的特定元素，包括语言、社会习俗、价值观和信仰等，以确保学生充分了解源文化和目标文化之间的区别和联系。

良好的语言技能对于跨文化翻译至关重要，因为它有助于学生更好地理解和应用源语言和目标语言之间的文化差异。通过针对性的语言培训和实战演练，能够提高学生的口语和书写能力。

跨文化翻译教学需要培养学生的文化意识，包括思考方式、信仰和价值观等方面。这可以通过阅读和讨论来实现，比如让学生了解不同国家和地区的文化背景和传统，以及人们在各种情境下如何表达自己的情感和感受。

跨文化翻译需要学习一定的交际技巧，包括沟通、解决问题和处理纷争等。这可以通过模拟真实场景来进行训练，例如角色扮演和组织模拟翻译任务等。

跨文化翻译教学应该关注实践和反馈的重要性。通过实际翻译案例和评估，能够让学生深入理解翻译过程中需要遵循的规则和标准，从而更好地应用此知识到实际工作中。

跨文化翻译教学需要时刻保持更新和开放的思维，包括不断更新教材、引入最新的技术和工具，以及促进学生对新兴语言和文化的理解。此外，学生也需要保持开放的思维，在面对不同文化和语言时，避免产生偏见和受偏见的影响。

总而言之，跨文化翻译教学的原则和策略在于关注语言、文化、交际技巧和实践反馈等方面，以促进学生更好地理解、应用和掌握不同语言和文化之间的差异，确保在翻译工作中能够有效地传达信息。

第二节　跨文化交际视域下英语翻译教学策略研究

一、翻译与跨文化传播

（一）全球一体化与文化多元化语境下的现实写照

信息技术越来越发达，现在的时代是一个全球化的时代，经济的全球化趋势已经越来越明显，文化的种类也是越来越多。地球上的空间距离减少，整个地球就像是一个村落，全球化已经是未来社会发展的必然走向，在这种环境下，怎样将外国的文化通过翻译引入国内是我们要特别关注的一个问题，但是如何使这些引入的文化最大限度地对我国的传统和本土的文化产生积极的作用更为重要。

1. 文化传播和沟通的桥梁

在如今社会中，文化多元化与经济全球化如同两匹并驾齐驱的骏马，驰骋在当今世界。要在这种经济和文化环境下理性地识别不同点并找出来，将不同意见保留下来，要促进不同区域、不同国家的文化交流与传播，就必须有一个沟通的渠道——翻译。

在文化的交流、传播和翻译的过程中经常会出现文化方面的抗衡和矛盾，这是一种非常正常而且常见的现象，因为各种文化本身就存在很大的差异。这种因文化差异而引发的冲突，其存在是必然的，因为每个人对其自身的文化都是具有一定情结的，那么他们在对待翻译文化时的态度带有一定的主观思想也是情有可原的。翻译文化的冲突既可以带来好的结果，也可以带来不好的结果，如果结果是不好的，那也只能说明各种文化之间存在差异性，跨区域的文化在传播的方式上选用得不合理，却无法用来说明各种文化的不可融合性，否则要想融合东西方的文化并对其进行拓展就会阻力重重。事实证明，不同的文化是可以融合的，世界上很多文化体系都已经进行了融合传播，不同文化的融合已经是未来社会发展的必然走向。

不同文化之间的差异是客观存在的，而且会一直存在下去。我们必须思考，怎样才能让这种跨文化的交流开展下去？也许可以通过武力征服，但是会伤害无辜，这并不是一个好计谋；也许还可以通过经贸合作，但是进度缓慢；和平平等的文化翻译既没有伤害进度还很快，这是我们在进行跨文化传播和交流的一种非常可取的方法。所以，我们要想尽一切办法来确保这种方法能够顺利地实行，如怎么样才可以将源语文化渗入翻译文化之中？怎么样建立起不同文化之间传播和交流的桥梁？怎么样才能够最大可能地提高不同文化之间交流和沟通的效率？这些不仅需要策略更是一个很艰巨的任务，是需要我们大家坚持不懈的努力，发挥自己聪明才智的一项大工程。

2. 译语社会文化变迁的动力和催化剂

所谓文化翻译，实际上就是跨文化传播的过程，一个社会吸取其他社会的文化并将其整合本社会文化之中，这一过程也是自身文化进步和发展的一个过程。当今，全球化的速度越来越快，国家与国家之间，民族与民族之间的来往越来越紧密，就一般情况来说，相同种类的文化相互交流沟通可以使此类文化更加稳固，发生的改变只是数据上的变化。不同种类的文化之间相互交流传播不仅可以使双方在数据上发生改变，还可以使其从本质上发生改变。所以，从某种意义上来说，只有跨文化的交流和传播才能够推动社会文化的发展和进步，而这种推动力的来源恰恰就是翻译。历史上已经有很多事实可以证明，翻译是跨文化传播最有效的方法，同时翻译也推动并催化着人类文化的发展和进步。

中国迎接八方宾客的时候，人们了解到华夏民族上下五千年的灿烂文化时，他们就会发现我们中华民族的文化每时每刻都在发生着变化。促成这种变化的原因有两种，一种是自身发展的需要，另一种就是为了和其他文化相适应、共同存在。

全球化是一个连续的过程，在这个快速发展的过程中，世界上各个国家的经济、政治、文化、政府、制度、社会、组织、团体、个人等，会产生一系列非常复杂的联系，这一过程将有利于文化的交流与融合，同时也使目前这个多元的文化一直发生着变化。具体表现为，第一，全球化使得处于不同文化环境之中的人们所拥有的交流机会是史无前例的，这就使得各个民族、各个国家和各个地区之间的文化快速传播；第二，全球化使得经济和文化资源的传播、交流、重新整合的速度都提高了，在这种情况下，文化发展的趋势是高度融合和高度分化并存。这一切说明，跨文化传播就是全球多元文化的外部征象，所揭露的是全世界的各种文化变化的本质，跨文化传播决定了人类文化在发展的现状以及未来的趋势。不可否定的是，在目前这种大环境下，翻译已经是跨文化传播外部征象中的一种非常常见的现象，对当下全世界范围内的文化和社会生存的状态正在进行着改变，对于各种文化的深层结构也造成了一定的影响。在这个网络信息、电子信息发达的年代，翻译在各种不同文化、不同语言的交流和传播中充当着载体的角色，跨越时间、空间，还有各种文化的共同体，引导并推动着各种不同文化之间的融合与碰撞，这里的文化信息具有容量大、密度高的特点，通过这些来使各种异质文化的认知体系以及价值观都得到改变，进而使各种文化的内部体系进行着重组甚至是重建，这个体系一般都是极其复杂的，这样一来，各种文化的变迁也就是顺理成章的事了。

（二）从文化到跨文化

理解一种外来文化，翻译是不可或缺的。语言之间存在差异，但是语言的背后存在“意义”，翻译就是跨越语言找到“意义”，并在假设人类是可以沟通的，可以意义共享的理论前提下，把意义再现出来，人们跨越不同文化，进行沟通。从个人交流的角度而言，文化决定或影响着个人解码和编码、个人信息传递的媒介选择、个人对信息的解读等。交际不仅仅涉及语言选择，还涉及社会特性、思维模式、群体文化等。

学习异文化最好的方式就是生活在异文化当中，就像是要在游泳中学习游泳，在骑马中学习骑马。但是，并不是生活在异文化的人都可以更好地理解不同的文化。由于不同的人往往具有认识偏见，认为自身文化更加优越，在文化认同、文化接触时难免具有偏见和狭隘的倾向。而现实情况是，文化的先进与否往往和经济上的先进与否相关联。

随着跨文化交流不断推进，不同的文化之间的交往越来越频繁和深入。地球正在变得越来越小，正如麦克卢汉所预言的那样，整个地球正在变成一个“村落”；以往主要是以国家为单位的交流主体正在演化为以公司和团体、个体为主体的跨国交流主体，国际传播（international communication）正在变成全球传播（global communication）。

随着经济全球化、政治全球化的推进，不同文化之间的交流和融合的步伐在不断地推进。不仅欧盟国家之间的融合和几大经济圈内部一体化，整个世界的交往程度也正在深化。跨国公司携带其产品和服务、价值观念和管理方法，正进入世界的各个角落。

（三）跨文化传播学的发轫

从文化到跨文化的发展，也是认知发展同现实需求互动的结果。美国政府于1946年成立了“外国服务所”（Foreign Service Institute）。

我国学者在20世纪80年代开始关注跨文化传播学这一学科，早期的研究者大多是从事外语教学的人士，大多关注外语教学与文化的关系，所采用的术语多是“跨文化交际学”，以后跨文化交际和跨文化传播交替使用。

跨文化传播/交际（intercultural communication）是全球传播的一种形式（a form of global communication），它所描述的问题是由于团体中的个人因其具有不同的宗教、社会、种族和教育背景的差异而引发的交际问题，以寻求理解来自不同国家和不同文化的人们是如何行动（act）、如何沟通（communicate）以及如何认知周遭世界的（perceive the world around them），简单而言，就是不同文化背景的人们的言行、世界观及思考方式。

跨文化传播根据参与传播活动者的范围可以分为三个层次，即来自不同文化背景的个体、群体或组织、国家之间进行的交流活动。

个体是跨文化交际的主体，在全球化的信息时代，来自不同文化背景的人们不仅仅需要进行短暂的沟通，随着贸易、留学等的需要，短居者（sojourners）需要在寄居国（host country）进行短暂的停留，为了完成工作和学习任务，他们需要进行跨文化适应，任务结束，回到自己国家时，还存在适应调整问题（reentry adjustment）。旅居他国身处不同文化的跨文化者需要文化适应和调适（acculturation and adjustment），只有克服在不同文化中所带来的不确定性和焦虑，才能在两种文化中成功地生存。大量的移民也带来了语言文化的冲突及适应难题、文化身份的建构问题。这部分是西方跨文化交际研究的重点，研究着重开展如何提升个人跨文化传播能力，深入到社会学和心理学层面，多采用量化的方式，开展跨文化能力的培训课题或工作室，目的是交流以及提高跨文化交流技巧，寻找应对文化适应中的压力方法，及克服跨文化交流障碍的方法和途径。跨文化交际大多是旅居异文化中的文化融入，没有切身体会，解决不了实际问题。

群体和组织的跨文化传播多与商业组织相关，随着商业公司的跨国经营和员工的国际化，这些组织不但要在管理中探讨如何管理和激励来自不同文化的员工，更重要的是，如何把他们的产品销售到不同的文化中，从而获取更大的利润。这部分多是跨文化商业管理的研究范畴，但涉及文化部分，也是跨文化学者的研究领域。例如电视节目跨文化交流的特性研究、好莱坞影片的跨文化传播战略等，都是在经济领域中突出的跨文化传播问题。组织层面的跨文化交际侧重对跨文化交流过程中具体问题的实证考察，并在此基础上提出跨文化传播的一定规律。

如果以国家为一个整体，国与国之间的交换就是最高层次的跨文化交流活动了。我国的学者也把交流主体是国家的跨文化信息传递划分为国际传播。虽然被定义为“穿越国界的传播”，但20世纪后期出现的传播和信息技术的进步拓宽了国际传播的空间，超越了政府和政府之间的传播，而在全球的范围之内融入了商业和商业，以及人与人之间的互动沟通。我国研究者比较关注的是国家形象在跨文化交际中的树立，以及在跨文化交际中，如何保持自身文化安全。中国在随着经济增长的同时也需要积极传递正面的信息，以国家为主体的传播研究正契合了国家的战略需要，因而研究正盛。

即使是交叉学科，在理论上，我们也需要探讨学科的归属问题，学科归属最终可以确定该专业的主要研究领域，揭示其独特之处，以及其作为一门独立学科或学术分支的必要性。研究者一定程度上能决定学科的归属，因为研究者的背景和学术积累，可以决定其学术关注点，保证其学术的开展。但是，能成为一门独立学科主要是由于问题的存在，而不是什么人来研究。往往是由于问题的存在，才激发出人们的研究兴趣。一个学科奠基者往往是关注这些问题，并寻求解决问题之道。以传播学的奠基者来说，传播学在美国的创建和繁荣，始于美国“二战”时的战争宣传需要。杜威（John Dewey）、库利（Charles Horton Cooley）、帕克（Robert Ezla Park）、米德（George Herbert Mead），他们最初不是传播学者，杜威是美国著名实用主义哲学家和教育学家，库利是美国著名社会学家，帕克是杜威的学生，也是社会学芝加哥学派的代表人物，米德也是芝加哥学派中的重要人物，也是社会心理学中符号互动理论的创始人之一，但是他们每一位都对人类传播科学提出开创性的观点，对于首批美国传播学者而言，一个人如何了解信息，如何赋予信息意义，是传播过程的一个重要方向……另外，他们更寄希望于当时的大众传播能对社会改良有所帮助。

现实的需求往往会刺激大量资金的投入，传播学在美国的发展和繁荣也是当时的社会需求的结果。第二次世界大战，使得战争宣传、士气鼓舞、媒体利用等方面的研究成为迫切的问题，并受到政府的资助。拉斯韦尔、霍夫兰等学者都是配合美国政府的工作，参与美国的战时研究小组，其成果直接转换为传播学的奠基理论。当然，一些客观条件，例如当时大众媒介的发展、在法西斯德国暴政的驱赶下，欧洲知识精英在美国聚集，这些都促进了传播学在美国的发展及繁荣。

跨文化传播可算是一个真正的交叉学科：首先，它偏重语言和文化层面的关系；其次，随着研究向多层次的深入，它也借助于社会学、心理学、管理学、国际关系等研究成果。大量的其他学科从自身的角度出发介入跨文化传播的研究领域，包括新闻类、文学、教育学等，并以横向拓展与学科交叉为主，表现出较为明显的学科构建意识。

文化是一个复杂的现象，对于异文化的学习者来说，至少要做到两个“c”：一是要 being conscious，要意识到文化的复杂性，不能以文化的表层来看待文化的深层，以“台前”代替“台后”；二是要 being critical，要以批判的态度来学习异文化，毕竟，文明的融合需要在不断冲突的过程之中演进。

二、英语翻译教学中的文化差异

翻译要求译者要充分了解语言对象国的历史与现状，对语言对象国人们的信仰、价值观念、生活方式与行为习惯做到真正理解，才能进行深入细致的跨文化交流。

（一）主体意识和客体意识

1. 主体意识

传统的中国哲学以提高人的精神境界为主要任务，中国哲学的出发点是研究人和社会，以人的为人之道为重中之重。

这种思维差异在汉英语言上体现为英语重物称，汉语重人称，汉语经常用表“人”的词、词组、短语作主语，主动句多，省略句多。汉语常将主体作为中心进行主体与客体之间关系的表述，使主体突出，而不是主语，对主动或被动不表示。

2. 客体意识

西方人主张心物二分，主体意识和客体意识的对立。西方人严格区分主体与客体，目的是通过“远观”客观世界，探索和寻求自然的规律及科学真理。理性主义是把主体放在旁观者的位置上，对于客体尤其是本质世界进行探究。西方人的思维因注重理性分析强调客观事物对人的作用和影响，严格地区分主体和客体，常持客观审视的态度，以“事物”（客体）为中心，为主语，对其进行客观、冷静的剖析和描述，属于认知型思维。

在语言表现上，英语重物称，英语则常以不能主动发出动作的或是无生命的事物作为主语使用。因而英语中大部分句子，都不是以人作主语的，多用抽象名词或事物名称作为主语使用，被动句多，完整句多。

3. 时间思维

英语的时间性特质和汉语的空间性特质形成了鲜明的差异。英语的称谓简单、模糊，很多种关系通常用一个词就能表达。英语构词是线型的，从左到右的，在英语中动词往往是词法、句法及语法的焦点；汉语构词形式往往是叠床架屋式的，且汉语的构句方式与构词方式基本类似，“词法即句法，句法即词法”。英语是强调时间性的，是线性的、一维的语言，更关注在时间上具有不可逆性的事件（activity/event），因而往往聚焦事物的行为变化，以动词为中心。

在时间先后概念上，英语中“back”是指过去的时间，而“forward”是指未来的时间。因而，英美人区分时间先后都是面向未来进行区分的。英语的“back”和“forward”与汉语的“前”和“后”同义。中国是礼仪之邦，多人聚会时总会有一番礼让，常说“您先请”；而英语的常用说法是“After you”。

英语国家的人做方位表达时是“北”为先的。若将汉语“南屋”译成英语“a room with a southern exposure”就是错误的了，正确的译法应该是“a mom with a northern exposure”。视角不同常使英汉语对同一思维内容采用的表达方式也截然不同。东方侧重于综合，而西方则侧重于分析，在英语句子结构上的反应是以主语和谓语为核心，再加上各种短语和从句，西方人的空间领域感较强。“距离”一词以英语民族的视角就是一个用于护卫的“身体缓冲区”。在社交场合或日常生活中，他们对这一“自在区域”（comfortzone）非常重视。

（二）形象思维与抽象思维

1. 形象思维

汉族尤其注重形象思维，直觉和意象等形象为常用，通过形象的表达手法来表达出抽象的概念和含义，以神制形，突出神韵，体现形简神远的特点。汉族多用形象的方法对抽象的概念进行表达，例如汉语的成语、比喻、谚语、歇后语等表达方式会让人产生明确、直接、形象的感觉。

体现在语言层面是汉语多用形象表达法。在汉语中，常用具体表抽象："如果说中国有抽象名词的话，就只有这极少数的几个了。"同时，汉语也不具有构形形态。

2. 抽象思维

西方人更善于抽象思维，从古希腊的亚里士多德为始，一直侧重于哲学思辨。表现在英语的功能性上，抽象表达法在英语里非常普遍。英语常常用不能主动发生动作或无生命的抽象事物作主语，更侧重于抽象思维，善于使用大量含义概括、指称笼统的抽象名词用以表述繁复的理性概念和微妙的情绪，与动词相比，英语偏好名词和形容词，尤其是名词。这样能弱化动词，增加静态特征。而英语的名词都比较灵活，可以从概念上动词化或形容词化。在一定程度上，英语追求精确和简洁的心理定式。名词不仅简洁，而且能使意义客观化，符合西方人以理服人的科学思维习惯。同时，英语属于构形语言，词义虚化手段使用繁多，如词缀，英语中介词的频繁使用要远高于汉语。英语大量使用概括、笼统的抽象名词，而这种宽泛、隐晦的感觉，往往难以用汉语对应翻译。

因此，在翻译过程中，要注重抽象思维到形象思维的转换。英译汉就要化虚为实；汉译英时，就要化实为虚。

英文句子难易翻译程度主要体现在复杂的结构和抽象的表达上。通过分析句子结构，将长句变短、从句变分，结构上的难题就相应被解决。表达抽象就要求译者彻底理解原文的含义，用详细中文进行表述，这对于译者来说意味着巨大的挑战。

译者需要逾越语义概念的层次，进而通过想象描述出原文的场景，然后通过译语进行艺术性的重新呈现。译者进行有效的形象思维有三个必备因素：一是对原文的正确解析，二是自主应用形象思维，三是自己脑海中的形象积累。

三、英语翻译教学的跨文化策略

（一）增强跨文化教育的意识，更新陈旧教育观念

一般来说，教育观念对于教育效果具有直接且深远的影响。对于高校英语翻译教师而言，要及时更新自身陈旧教育观念，特别是要高度关注和重视跨文化教

育，设计合理且科学的英语翻译课程教育方案。在高校英语翻译教学中，如何体现跨文化意识是一个需要认真思考和实践的问题。跨文化意识不仅是一种知识结构，更是一种能力和素养，是指在跨越不同文化背景之间进行沟通和交往时所需具备的一种理解、尊重、包容和关怀他人的能力。

在英语翻译教学中，要求学生通过不同的文化背景来理解源语言和目标语言之间的差异。引导学生了解不同国家和地区的文化特点、传统和价值观，以及影响词汇、句式和表达方式的因素。文化感知能力是指学生对不同文化之间的相互联系和交互影响的理解和洞察力。在英语翻译教学中，可以通过阅读和讨论各种文化现象、事件和文本来培养学生的文化感知能力。例如，让学生分析不同文化之间的交流方式、形式和含义，并明确文化背景对于言语行为的影响。

在英语翻译教学过程中，要引导学生意识到跨文化交际中不同文化背景所产生的误解和冲突，从而培养学生尊重和包容他人文化的意识和能力。例如，在翻译过程中，让学生意识到自己可能因为对目标文化缺乏了解而翻译出错误的含义，以及如何避免这种错误。

语用能力指学生理解、运用并正确处理源语言和目标语言的语境和情景的能力，只有具备准确的语用能力，学生的表达才能体现“准确”和“适当”的原则。在英语翻译教学中，可以通过模拟真实场景、角色扮演等方式培养学生的语用能力。例如，在模拟翻译任务中考虑社交礼仪、贸易规则等跨文化因素，来提高学生的语用能力。

在英语翻译教学中，要引导学生思考如何进行不同文化之间的转换和适应，以及如何通过翻译实现不同文化之间的有效沟通和交流。在讲解翻译过程中，需要强调不同文化之间的差异和共性，以帮助学生更好地理解和应用所学知识。

（二）加强教师教育能力水平，提高教师综合素养

作为英语翻译教师，必须有较强的跨文化意识，在教学中能够充分考虑到文化差异所带来的影响。首先是认知上的跨文化意识，即通过各种途径，了解不同国家和民族的文化、历史、宗教、传统习俗等方面的信息，这样才能更好地理解不同文化下语言习惯与传统方式。其次是情感上的跨文化意识，即拓宽视野，欣赏和尊重其他文化，并在与其他人交流时保持开放和包容，消除不必要的误解和刻板印象。

英语翻译教师需要具备优秀的英语语言能力，既要掌握语法、词汇、语音等基础知识，又要有流利、准确表达的能力。因此，教师应该通过各种途径不断提高自己的英语语言水平，如阅读、听力、口语、写作等方面。另外，还应该了解英语国家的社会习惯和行为规范，学会正确运用礼貌用语、文化隐喻等跨文化交流技巧。

作为一名英语翻译教师，翻译技能是必不可少的，因此，需要在翻译技能上下功夫。首先是对语言和文化的深刻理解，包括语法、词汇、语音等语言方面的知识，以及文化、历史、社会、心理等方面的知识。其次是对翻译过程的认识，包括翻译的目标、方法、策略等方面的知识。最后是翻译实践的锤炼，通过大量的翻译实践来提高翻译技能。

除了需要具备较高的语言和翻译技能外，英语翻译教师还应该具备较强的专业素养。这包括了解教育学、翻译学、语言学等相关学科的基本理论和应用知识，以及教学设计、评估、反思等能力。教师应该注重自我提升，通过参加各种培训、学术交流、教育实践等方式来不断提高自己的专业水平。通过以上各方面的努力，可以有效提升英语翻译教师的综合素养。跨文化理论作为一个指导性理论，给英语翻译教师的研究和实践提供了重要的理论依据和方法支持。同时，英语翻译教师需要在教学实践中不断探索跨文化教学方法、策略、技巧，切实提高课堂教学的质量和效果。

参考文献

[1] 王英鹏 . 跨文化传播视阈下的翻译功能研究 [M]. 上海：上海交通大学出版社，2016.

[2] 秦希贞 . 中美跨文化交际误解分析与体演文化教学法 [M]. 北京：外语教学与研究出版社，2017.

[3] 夏康明 . 汉译英理论与实践：跨文化视角下的汉英翻译研究 [M]. 成都：四川大学出版社，2014.

[4] 张慧宇 . 翻译对比及跨文化启示 [M]. 北京：中译出版社，2016.

[5] 张力群 . 翻译与跨文化交际 [M]. 北京：对外经济贸易大学出版社，2013.

[6] 吴为善，严慧仙 . 跨文化交际概论 [M]. 北京：商务印书馆，2009.

[7] 张力群 . 翻译与跨文化交际 [M]. 北京：对外经济贸易大学出版社，2013.

[8] 高桂莲 . 以跨文化交际为目的的英汉比较与翻译 [M]. 北京：外语教学与研究出版社，2009.

[9] 刘小刚 . 翻译中的创造性叛逆与跨文化交际 [M]. 天津：南开大学出版社 .2014.

[10] 潘卫民 . 全球化语境下的译者素养 [M]. 上海：上海外语教育出版社，2011.

[11] 江金波，祝东江 . 跨文化交际视阈下的翻译研究 [J]. 汉江师范学院学报，2022，42（6）：122–126.

[12] 吴羡 . 跨文化交际中的翻译问题研究 [J]. 山西能源学院学报，2022，35（5）：89–91.

[13] 祝东江，王勤，金玲 . 跨文化交际视角下的汉英翻译 [J]. 襄阳职业技术学院学报，2022，21（3）：109–112，135.

[14] 杨恬 . 东西方思维方式对中英跨文化交际翻译教学的影响 [J]. 海外英语，2019（21）：162–163.

[15] 李艳芳 . 中西文化差异对跨文化交际翻译的影响 [J]. 宿州教育学院学报，

2018，21（6）：17–19.
[16] 肖唐金 . 跨文化交际翻译学：理论基础、原则与实践 [J]. 贵州民族大学学报（哲学社会科学版），2018（3）：23–38.
[17] 苗莉莉 . 跨文化交际翻译中的“错位”现象分析 [J]. 甘肃高师学报，2018，23（1）：54–57.
[18] 王磊 . 跨文化交际翻译的归化与异化 [J]. 现代交际，2017（19）：74.
[19] 李攀科 . 跨文化交际翻译中的差异与融合 [J]. 文化学刊，2017（9）：210–211.
[20] 熊潇，祝东江 . 跨文化交际视阈下的汉英翻译研究与实践 [J]. 汉江师范学院学报，2017，37（3）：77–83.
[21] 李聪聪 . 跨文化交际视角下旅游网页信息英汉翻译实践报告 [D]. 济南：山东大学，2021.
[22] 梁熹 . 从跨文化交际角度看汉英旅游翻译中的文化传递 [D]. 武汉：华中师范大学，2016.
[23] 石于瀚 . 跨文化交际视角下网络流行语翻译的归化与异化策略选择 [D]. 武汉：华中师范大学，2015.
[24] 李颖 . 跨文化交际下导游词的翻译 [D]. 武汉：华中师范大学，2015.
[25] 颜春晖 . 跨文化交际中的新闻英语翻译实践探讨 [D]. 兰州：兰州大学，2013.
[26] 刘冬梅 . 从跨文化交际角度看新闻翻译的归化和异化 [D]. 长春：吉林大学，2010.
[27] 霍萌 . 论跨文化交际翻译 [D]. 上海：上海外国语大学，2009.
[28] 王敏 . 跨文化交际与翻译的可接受性 [D]. 长沙：中南大学，2008.
[29] 王晶 . 从跨文化交际角度看广告翻译 [D]. 太原：太原理工大学，2008.
[30] 余明明 . 跨文化交际视野下的翻译教材建设 [D]. 上海：上海外国语大学，2008.